FLIRTEZ COMME VOUS ÊTES

Publié aux États-Unis en 2024 sous le titre *Big Dating Energy*
par Voracious / Little, Brown and Company
Hachette Book Group

JEFF GUENTHER
KATE HAPP

FLIRTEZ COMME VOUS ÊTES

COMMENT BÂTIR UNE RELATION SAINE ET DURABLE… ET ARRÊTER DE SE POSER TROP DE QUESTIONS

Traduit de l'américain
par Valentine Vignault et Aurélien Blanchard

MARABOUT

Or se connaître soi-même, ne convenons-nous pas que c'est là ce qui constitue la sagesse ?

Platon

Ceci par-dessus tout : sois loyal à toi-même.

William Shakespeare

L'authenticité, c'est toute ma vie.

Selena Gomez

Sommaire

Introduction

Mais qu'est-ce qu'on fiche là ? (alors qu'on pourrait traîner sur TikTok)

Vous voulez que je vous dise ? Les rencontres amoureuses, il n'y a rien de mieux. Voilà. C'est tout.

Non, mais sérieusement : j'adore les rencards. L'embarras. La tension. L'incertitude. Les possibilités infinies.

Avant que vous ne balanciez ce livre à la poubelle, puisqu'il a été manifestement écrit par un taré, sachez-le : je reconnais qu'il y a de nombreux aspects inconfortables dans les rencontres et les relations amoureuses. Mes patient·e·s et moi avons passé un nombre effarant d'heures de thérapie à disséquer le côté obscur des relations amoureuses. Et si ma partenaire me demande encore une fois ce qu'il y a à dîner ce soir, je ne pourrai pas être tenu responsable de mes actes. (Je plaisante. Nous sommes *toujours* responsables de nos actes.)

Donc oui, les relations, ça peut être naze. Mais – et je le crois sincèrement parce que j'ai vu assez de gens réussir à changer dans ce domaine pour savoir que c'est vrai – elles ne sont pas *obligatoirement* nazes.

Le problème, c'est qu'on fait tout de travers. Nous pouvons mieux vivre les relations amoureuses. D'une manière plus légère, parce que nous ne perdrons pas de temps à ruminer des choses qui n'ont pas d'importance. D'une manière qui préserve nos zones de vulnérabilité mais permet quand même une connexion profonde à l'autre. D'une manière où nous sommes pleinement nous-même, simplement, sans toutes les mauvaises habitudes relationnelles que nous avons passé toute une vie à perfectionner.

Ne vous inquiétez pas, ces mauvaises habitudes ne sont pas indépassables, et nous allons les déconstruire ensemble.

Peut-être me connaissez-vous déjà grâce à TikTok ou Instagram, ou peut-être pas (n'hésitez pas à courir vous abonner). Dans tous les cas, bienvenue ! Le type aux manettes du compte « TherapyJeff », c'est moi, Jeff Guenther. Je suis un thérapeute professionnel agréé ; ce n'est pas un simple rôle que je joue sur les réseaux sociaux.

J'ai une licence en sciences du développement de l'enfant et de la famille ainsi qu'un Master of Science en thérapie conjugale et familiale (avec mention très bien, sans vouloir me vanter). J'ai dirigé des cours sur la parentalité et j'ai à mon actif plus de quinze mille heures de thérapie avec des enfants, des adolescents, des adultes, des couples et des familles.

Durant mes vingt années de pratique libérale, j'ai aidé des centaines de patient·e·s aux prises avec toutes les questions amoureuses que vous pouvez imaginer. Ajoutez à cela les milliers de messages et de questions sur des thèmes similaires que je reçois sur les réseaux sociaux, et vous verrez émerger un schéma très net.

- Pourquoi est-ce que je n'arrive pas à établir le genre de connexion dont je rêve ?
- Suis-je suffisamment « équilibré·e » pour être dans une relation amoureuse ?
- Est-ce que cela vaut le coup, franchement ?
- Comment puis-je savoir si cette personne mérite que je lui consacre du temps ?
- À partir de quand les compromis deviennent-ils du renoncement ?
- Puis-je faire confiance à cette personne ?
- Est-ce qu'on se dispute trop ?
- Est-ce qu'on fait assez l'amour ?
- Ma relation amoureuse est-elle saine ?
- Devrait-on se séparer ?
- Et enfin, LA question : est-ce qu'il y a quelque chose qui cloche chez moi ?

Nous les aborderons toutes, mais je veux régler ce dernier point immédiatement, une bonne fois pour toutes. Il n'y a absolument rien qui cloche chez vous. Vous êtes fantastique ! Et vous méritez d'être avec quelqu'un de génial, qui non seulement sait que le vrai vous, honnête et sans fard, est une perle rare du genre qu'on ne rencontre qu'une fois dans sa vie, mais qui est en outre prêt·e à faire un petit effort pour développer une relation épanouissante et durable.

Et il se trouve que c'est la raison pour laquelle j'ai décidé d'écrire ce livre.

Une grande partie de la torture des rencontres tourne autour de la peur de ne pas être aimé·e, la peur du rejet, de « l'échec ». Mais c'est là que nous nous trompons du tout au tout – au lieu d'utiliser les rencontres comme une mise à l'épreuve de votre propre capacité d'attraction universelle (non, mon chou), nous allons renverser la situation et nous servir des rencontres comme d'un moyen de découvrir exactement ce qui vous plaît, ce que vous souhaitez, *vous*, et ensuite nous irons le chercher. Je vais vous indiquer précisément comment vous présenter sous votre meilleur jour, le plus authentiquement possible, en accordant une attention particulière à vos propres besoins et désirs à chaque étape du parcours amoureux. Je vous fournirai également un arsenal d'outils simples qui encourageront (gentiment, mais sans compromis) votre ou vos partenaire potentiel·le·s ou actuel·le·s à faire de même.

Beaucoup de livres de développement personnel sur le couple insistent sur tout le travail que vous devez faire sur vous-même avant de pouvoir vivre une relation épanouissante. Et le travail sur soi, c'est génial ! On adore ! Mais – et c'est un « mais » délicat – si l'on s'y prend correctement, le travail sur soi ne s'arrête jamais, et le couple est l'un des meilleurs endroits pour le pratiquer. Vous n'avez pas à attendre d'avoir atteint la version la plus parfaite et la plus sincère de vous-même pour entretenir une relation amoureuse épanouie. En réalité, l'amour est une composante essentielle du processus de guérison pour la plupart d'entre nous. C'est pour cela qu'il est si important de trouver un ou une partenaire avec qui on peut apprendre et mûrir.

Alors restez avec moi pour les quelques centaines de pages qui vont suivre (promis, je ferai court), et je vous assure que vous deviendrez aussi insupportable que moi lorsque je dis à mes potes : « Je ne comprends pas pourquoi vous vous plaignez autant des relations amoureuses; honnêtement, c'est super sympa ! »

PLUS DE DÉTAILS SUR MA PRATIQUE

Pour ce livre, tout comme dans ma pratique libérale depuis plusieurs décennies, je puise dans un mélange éclectique de théories et de méthodologies, ce qui fait de moi un thérapeute avec une « approche intégrative ». Sans vouloir étaler ma science, ce serait une négligence de ma part de ne pas mentionner quelques-uns de mes styles d'intervention préférés. Si l'une de ces approches vous parle, n'hésitez pas à creuser avec votre propre thérapeute ou avec un bon livre qui approfondira la théorie.

***Thérapies cognitivo-comportementales (TCC)** : les TCC sont des techniques classiques de thérapie par la parole qui aident à prendre conscience des pensées négatives afin de mieux gérer les situations difficiles. En plus d'aider les personnes qui souffrent de troubles mentaux (comme l'anxiété ou la dépression), les TCC sont super utiles pour quiconque cherche à apprendre à gérer les situations stressantes (comme, oh, je ne sais pas… les rencontres amoureuses, par exemple !). Cela dit, il y a des inconvénients. Certains thérapeutes sont très critiqués (à juste titre, à mon avis) parce qu'ils s'appuient trop sur les TCC alors que celles-ci ne tiennent pas compte du fait que le monde est horrible (ainsi que d'autres facteurs externes ayant un impact sur notre santé mentale). Parfois, savoir reformuler nos pensées ne suffit pas ! C'est pourquoi j'intègre les TCC avec plusieurs autres méthodologies éprouvées dans ma propre pratique.*

Psychodynamique : *la thérapie psychodynamique est une alternative à la psychanalyse, bien plus simple et moins chronophage. Comme sa cousine qui nous allonge trois fois par semaine sur le divan, la thérapie psychodynamique cherche à révéler le contenu inconscient de nos psychés pour soulager la tension psychique. Je ne sais pas pour vous, mais moi, je me passerais volontiers d'un peu de tension psychique ! Cette technique accroît la conscience de soi et développe notre compréhension de l'influence du passé sur notre comportement présent. Et elle est méga-efficace pour abandonner les habitudes ou les comportements qui ne nous sont d'aucune utilité dans nos vies amoureuses.*

Féministe : *fondée sur la théorie et la philosophie féministes, cette approche se concentre sur la compréhension des expériences, des difficultés et des facteurs sociaux spécifiques rencontrés par les femmes. C'est une approche qui admet que votre connaissance de vous-même dépasse tout ce qu'un thérapeute pourrait vous dire – c'est vous qui détenez l'expertise de votre propre vie ! Je l'aime aussi beaucoup parce qu'elle augmente la capacité d'agir des individus, remet en question les rôles de genre traditionnels et promeut le changement social et l'égalité.*

Approche narrative : *cette approche aide les gens à identifier leurs valeurs et à utiliser les compétences et les connaissances qu'ils possèdent déjà pour vivre plus en adéquation avec ces valeurs. Les problèmes sont traités comme étant distincts des personnes qui les vivent, DIEU MERCI. Nous avons toutes et tous des tonnes de compétences, d'aptitudes, de valeurs, de croyances et d'engagements qui peuvent nous aider à modifier notre relation avec les problèmes affectant notre existence. Lorsque nous écrivons de nouvelles histoires pour nous-même en examinant ces qualités sans les juger, nous pouvons commencer*

à extérioriser les blocages et travailler dessus, au lieu de tout laisser pourrir dans un marais toxique laissé inexploré dans un recoin de notre psyché.
Approche centrée sur la personne (ACP) : *également appelée thérapie rogérienne, cette méthode est axée sur l'empathie. Elle valide nos émotions, maintient un espace émotionnel pour nos pensées, et se concentre sur le fait d'être présent et de comprendre vraiment nos expériences émotionnelles (vous remarquez qu'il y a comme un thème qui se dégage ?).*

Tout comme si nous étions en séance ensemble, tout au long du livre, j'utiliserai une combinaison des méthodes mentionnées ci-dessus pour vous pousser à comprendre le cœur de votre identité. Nous explorerons comment des éléments tels que votre éducation, la société, vos expériences émotionnelles et vos traumatismes passés ont influencé votre vie, ainsi que votre approche des rencontres et vos relations amoureuses. Promis, ce sera plus marrant que ça en a l'air !

L'enfer des rencontres amoureuses modernes

Mais avant d'en arriver là, nous devons rendre hommage au désastre total que sont les rencontres amoureuses de nos jours.

Pour citer les paroles immortelles du génie de la pop Olivia Rodrigo, dont la sagesse n'attend pas le nombre des années : « Quel univers impitoyable. »

L'ambiance générale sur la scène des rencontres est presque brutale. Ce moment particulier de l'histoire humaine, marqué par la pandémie, le stress climatique et les injustices nous paraît complètement dingue ; résultat, nous sommes toutes et tous légèrement détraqué·e·s. C'est compréhensible, assurément, mais il est encore plus difficile qu'avant de se frayer un chemin dans la jungle amoureuse.

Et, bon sang, cette manie qu'ont les applications de subtiliser votre temps ! Être à jour sur Hinge, c'est comme faire un stage non rémunéré à plein temps dans la gestion de photos de bite non sollicitées.

Sans parler des premiers rendez-vous douloureusement maladroits, de la torture d'attendre **ce** message, du *ghosting*, du *gaslighting*[1], du défilé apparemment infini de partenaires potentiel·le·s juste « bien mais pas top », de l'ennui post-lune de miel, des ruptures, et du risque très réel et très effrayant de mettre votre cœur à nu pour finalement vous le faire piétiner.

Une fois de plus.

Comment s'aventurer dans ces eaux troubles sans avoir l'impression qu'il y a une chance sur deux de se faire bouffer par un alligator ?

Ce n'est pas pour les mauviettes.

Heureusement, vous n'êtes pas une mauviette.

Vous plongez tête la première dans le marécage, dans votre quête courageuse d'une connexion authentique !

Bien. Malgré les apparences de ces dernières lignes, ce livre n'est pas un traité à propos de la positivité toxique et autres platitudes. Oui, je veux que vous vous sentiez inspirée[2] et pleine d'espoir, mais je ne suis pas là pour vous bombarder d'un tas d'affirmations sans fondement, ni pour essayer de vous convaincre que les rencontres amoureuses, parfois, ne

---

1. N.d.T. : au sujet du *gaslighting*, voir p. 235.

2. N.d.T. : afin de ne pas trop alourdir le texte par un surcroît de formules inclusives, et histoire de changer un peu du masculin générique, nous avons décidé d'utiliser le féminin générique lorsque Jeff Guenther s'adresse à vous, chère lectrice, cher lecteur. C'est de bonne guerre, non ?

sont pas juste horribles. Nous savons tous les deux que ce n'est pas vrai.

Et pourtant, malgré tout, même de nos jours, avec les bons ajustements, les rencontres sont vraiment l'une des expériences les plus gratifiantes du monde.

Même sur la face cachée et gênante de la lune des rencontres, sur laquelle des bouffons de l'espace indignes de partager votre ascenseur (et encore moins votre vie) ignorent vos messages, vos efforts déployés en quête d'une relation profonde ne sont pas vains.

Parce que chaque fois que vous prenez cette peine, vous vous donnez une occasion de grandir. Une occasion de mieux vous connaître et de clarifier vos désirs et vos besoins. Une occasion d'essayer quelque chose de nouveau. De faire des erreurs et d'en tirer des leçons. Et, espérons-le, de vous amuser un peu.

En résumé, avant que je vous perde : que vous gagniez ou que vous perdiez – futur·e époux·se ou bien histoire hilarante de rendez-vous foireux –, vous fournissez des efforts qui porteront leurs fruits à l'avenir, lorsque toutes vos expériences vous mèneront vers « l'amour consolidé[3] » que vous recherchez.

Vos efforts déployés en quête d'une relation profonde ne sont pas vains.

3. N.d.T. : Au sujet de l'« amour consolidé », voir p. 204.

Comment utiliser ce livre

Êtes-vous le roi ou la reine du premier rendez-vous tout en étant apparemment incapable de passer le second sans encombre ? Ou peut-être vous faites-vous systématiquement ghoster après le quatrième rendez-vous sans réussir à comprendre pourquoi (ce n'est pas vous, c'est elleux). Avez-vous des difficultés avec l'ennui post-lune de miel, ou un problème de libidos mal assorties ?

Aussi unique et colorée que puisse être l'histoire spécifique de chaque individu, les gens cherchent toujours et presque sans exception des réponses aux deux mêmes questions étonnamment simples en matière de rencontres et de relations amoureuses.

Question universelle numéro un :
Comment devrais-je me comporter ?
Réponse de TherapyJeff qui va changer votre vie :
En restant vous-même, bien sûr.

Question universelle numéro deux :
Que devrais-je faire ?
Réponse de TherapyJeff qui va changer votre vie :
Eh bien, cela dépend de la situation.

Facile. Merci beaucoup de m'avoir lu. Fin.

Non. Attendez ! Revenez, s'il vous plaît ! C'était pour vous charrier. Déterminer les réponses à ces deux questions délicates à chaque étape de votre parcours amoureux (aboutissant à une relation durable et mutuellement satisfaisante, quelle qu'en soit votre définition), c'est précisément ce que nous allons faire ici.

Dans ce livre, vous apprendrez à apparaître en tant que vous-même – et pour vous-même – et à affiner votre capacité à identifier les personnes prêtes à en faire autant. Dans les pages suivantes, je vous présenterai des outils et des exercices faciles à mettre en œuvre qui s'ancrent dans les méthodes thérapeutiques éprouvées les plus récentes ; ils sont enrichis de ma longue expérience de thérapeute ayant aidé toutes sortes de couples et d'individus à surmonter efficacement leurs propres difficultés relationnelles.

Soyons honnêtes, les livres de conseils en vie amoureuse sont parfois une tannée. Une grande partie de ce qui se fait en la matière est profondément enracinée dans des concepts dépassés visant à maintenir l'hégémonie du couple hétéronormé, quoi qu'il en coûte. Même les titres les plus récents et les plus à la mode ont tendance à verser franchement soit dans une positivité toxique, soit dans l'amour vache et autoritaire. Bien que ces approches parlent incontestablement à certaines personnes, le message sous-jacent est souvent une déclinaison de « *si vous voulez de l'amour, vous devez changer* ».

Non seulement c'est un ramassis de conneries, mais en plus, c'est nuisible et contre-productif.

Flirtez comme vous êtes vous prend comme vous êtes et vous montre comment rester fidèle à vous-même tout en devenant la meilleure défenseuse de votre cause. Plus que cela : à force de suivre les exercices et les conseils pratiques du livre correspondant à divers scénarios relationnels courants, vous allez acquérir une véritable expérience en pratiquant les principes fondamentaux d'une relation solide et enrichissante. Cette pratique et la sagesse que vous en tirerez vous serviront toujours… même si votre relation actuelle (ou la prochaine) ne fonctionne pas.

Nous commencerons par examiner certaines raisons pour lesquelles vous pourriez vous prendre les pieds dans le tapis : la dynamique relationnelle de vos parents et les mensonges qu'on vous a racontés (le capitalisme, Disney, Hollywood et *Bachelor in Paradise* n'épargnent personne). Lorsque vous aurez compris comment vous en êtes arrivée là où vous vous trouvez, et le rôle que le passé a joué dans le façonnage du présent, vous vous exercerez à déterminer le type de relation que vous souhaitez, en reconnaissant qu'il en existe de toutes sortes qui fonctionnent très bien et se situent en dehors du cadre historiquement acceptable mais ridiculement limitant de la monogamie.

Ensuite, je vous guiderai au cours de chaque étape du cycle de rencontre-relation, en vous indiquant exactement comment présenter votre moi le plus authentique, ce qui est honnêtement la seule façon de forger des liens véritables menant à des relations durables.

Enfin, je vous donnerai des outils pour évaluer si une relation touche à sa fin, un plan de rupture, et des moyens de vous ressourcer et de guérir afin de pouvoir tourner la page et tenter votre chance à nouveau – encore plus résiliente et mieux équipée que la fois précédente.

À la fin de chaque chapitre, je vous demanderai de répondre à une série de douze questions conçues pour vous aider à faire le point avec vous-même et à puiser dans votre propre énergie amoureuse à chacune des étapes du parcours. Alors sortez un stylo et un papier (ou bien ouvrez une nouvelle note sur votre téléphone) et préparez-vous à faire connaissance avec vous-même comme jamais auparavant. N'ayez pas peur : vous êtes formidable !

C'est votre aventure, et ce livre a été conçu pour être lu de la manière qui vous convient le mieux. Sautez d'un chapitre à l'autre. Commencez par le chapitre qui attire votre attention (ou, juste une idée comme ça, par le plus pertinent pour vos besoins particuliers du moment). Vous avez ma bénédiction pour vous faire plaisir (comme si vous en aviez besoin).

Mais revenez en arrière lorsque l'envie vous en prendra. Bien que nous ayons essayé de faciliter au maximum l'accès à la section la plus pertinente pour le cercle du purgatoire amoureux dans lequel vous êtes actuellement en carafe, chaque chapitre est tout de même construit à partir du précédent, et ainsi de suite. D'après mon expérience, on ne sait jamais ce qui va résonner en soi. Et puis, vous ne voudriez tout de même pas louper les références aux blagues des pages précédentes, n'est-ce pas ?

À la fin de ce livre, vous serez au clair sur ce dont vous avez besoin et ce que vous voulez. Vous serez capable d'identifier et d'éliminer les habitudes et les schémas amoureux négatifs. Vous disposerez des stratégies nécessaires pour trouver, construire et faire durer la relation qui vous convient le mieux. Avec une préparation adéquate, les rendez-vous amoureux ne seront plus la corvée consistant à passer d'une ou d'un ringard bouffeur de kebabs au suivant. Enfin, plus seulement. Ils seront un excellent moyen d'en apprendre davantage sur vous-même, vos besoins et vos désirs, et de clarifier ce que vous souhaitez *vraiment* – afin que, lorsque vous dégoterez le ou la ringard·e bouffeur·se de kebabs de vos rêves, vous soyez prête à saisir ce petit quatre-heures. Et en attendant ? Quelqu'un doit bien animer le groupe de discussion.

À propos de privilèges

Je bénéficie de privilèges significatifs.

Je suis un homme blanc, cisgenre, hétérosexuel. Écœurant, je sais.

Je n'ai jamais fait l'expérience de la minorité, je n'ai jamais subi de persécutions, ni été victime de racisme, de sexisme ou de tout autre préjugé systémique.

Je le mentionne parce que même s'il est important pour moi que ce livre soit inclusif et délivre des points de vue autres que les miens, il est presque certain qu'il sera incomplet. Parce qu'il y a de fortes chances que vous qui me lisez ayez des identités incarnées ou des expériences de vie que je ne peux pas comprendre, car je ne les ai pas vécues dans ma chair.

Toutes ces dynamiques ont une influence sur votre relation avec vous-même, sur la manière dont vous évoluez dans le monde et sur votre façon d'aborder les relations avec les autres. Elles influenceront également votre réception de ce livre.

En tant que thérapeute (mais malheureusement, pas *votre* thérapeute), mon approche ici se concentrera sur des points communs universels tels que l'amour, la connexion aux autres, le sentiment d'être vue et comprise, et celui d'être choisie. D'après mon expérience, ce sont des choses que nous désirons et méritons toutes et tous, d'où que nous venions.

Mais je vous encourage à utiliser votre esprit critique pour laisser de côté tout contenu qui ne vous concerne pas. Ce livre est thérapeutique, mais il n'est pas une thérapie – la distinction est importante.

Si quelque chose que vous lisez ici vous blesse, sachez que ce n'était pas mon intention (ce qui en fait n'a aucune importance ; nous aborderons plus tard la question de l'intention par rapport à l'effet produit), et que je suis désolé. Si vous souhaitez me faire part de votre expérience de lecture, j'espère que vous envisagerez de m'écrire à jeff@therapyjeff.com. Mais je ne vous mets pas la pression.

J'écris ce livre avec ma talentueuse et magnifique partenaire d'écriture de longue date, Kate (une femme blanche, cisgenre, hétérosexuelle). Il se trouve qu'elle est aussi mon ex. Vous vous souvenez quand j'ai dit qu'il n'était jamais vain de consacrer de l'énergie à ses relations amoureuses ? Bien que notre partenariat amoureux ait pris fin, Kate fait partie de ma famille. Ensemble, nous avons beaucoup appris, beaucoup grandi, et nous vivons maintenant tous les deux une vie plus satisfaisante et plus enrichissante qu'avant de nous rencontrer.

La preuve par l'exemple !

Alors, qu'est-ce qui vous amène aujourd'hui ?

Ce livre s'adresse à toute personne ayant déjà été frustrée par les rencontres amoureuses et les relations qui s'ensuivent. Il est destiné à quiconque désire un ou une partenaire mais ne sait pas par où commencer. Il est pour mes adorables chatons angoissés qui ont même trop peur pour se créer ce profil sur Hinge. Il convient aussi à mes petits canards en sucre adeptes de l'évitement, trop allergiques à la vulnérabilité et aux émotions pour s'autoriser à tisser des liens profonds. Il est destiné à votre meilleur·e ami·e, qui est absolument génial·e mais semble incapable de briser le cycle des relations courtes qui s'essoufflent après deux ou trois mois, aussi inéluctables que la mort ou les impôts. Il est destiné à chaque lectrice, chaque lecteur ayant une pile de livres de développement personnel sur sa table de chevet et ne parvenant toujours pas à trouver une relation saine. Il est destiné à toutes les patientes et tous les patients désespérés qui se présentent dans mon bureau, avec la certitude qu'il n'y aura jamais personne pour apprécier leur genre de bizarrerie. C'est faux. Je vous le promets.

Allez, au travail !

Mais d'abord, prenez quelques minutes pour noter vos réponses aux questions suivantes. Aucun problème si vous n'avez pas de réponses claires pour chacune (ne vous torturez jamais avec ces questions), et il est tout à fait courant que les réponses varient d'un jour à l'autre. Si cela vous aide, ajoutez « à cet instant précis » à la fin de chaque phrase. Êtes-vous d'humeur positive et ouverte ? Ou vous sentez-vous plus sombre et sur la défensive ? Tout ce qui importe vraiment ici, c'est que vous soyez honnête et sincère quant à l'endroit où vous en êtes à l'instant T. Développer cette pratique de pause pour faire le point avec soi-même est un outil étonnamment puissant, et il est très enrichissant de prendre ces quelques minutes d'observation et de réflexion. Cela vous permettra également de conserver une trace de votre parcours, que nous pourrons revisiter tout au long du livre.

1. **Comment décririez-vous votre attitude générale envers les rencontres et les relations amoureuses ?**
2. **Qu'est-ce qui s'est bien passé dans vos relations précédentes ?**
3. **Qu'est-ce qui a moins bien marché dans ces relations ?**
4. **Est-ce que vous vous aimez bien quand vous fréquentez quelqu'un ?**
5. **Vous est-il facile ou difficile de rester vous-même lors d'un rencard ?**
6. **Exprimez-vous vos besoins et vos désirs avec assurance ?**
7. **Vous sentez-vous prête pour une relation ?**
8. **Avez-vous correctement fait le deuil de vos relations passées ?**
9. **Quelles sont vos peurs en matière de rencontres amoureuses ?**
10. **Qu'appréciez-vous le plus en matière de rencontres amoureuses ?**
11. **Vous croyez-vous capable de trouver quelqu'un qui vous corresponde ?**
12. **Qu'espérez-vous que ce livre vous apportera ?**

1

C'est la faute de vos parents !

Avant de pouvoir profiter d'un avenir radieux où vous vous jouerez de chaque écueil relationnel avec brio – et où vous serez devenue experte pour présenter la version la plus authentique de vous-même dans cette quête d'une relation épanouie –, nous allons fouiller un peu dans le passé pour essayer de comprendre ce qui, jusqu'ici, vous a empêchée d'avancer. En guise de point de départ, je ne vois rien de mieux que de mettre ça sur le dos des principaux responsables : votre famille débile !

Même les parents les plus bienveillants transmettent des schémas négatifs à leurs enfants, et la plupart d'entre nous avons grandi dans des foyers où les adultes qui s'occupaient de nous étaient loin d'être parfaits. Vos frères et sœurs (ou leur absence) jouent également un rôle important dans la façon dont vous vivez en tant qu'adulte. Et il ne faut pas minimiser l'importance des éventuels traumatismes que vous avez pu vivre dans votre enfance ou votre adolescence.

Dans ce chapitre, vous comprendrez comment certains événements de votre enfance peuvent hanter vos relations amoureuses, et vous commencerez à développer des outils pour alléger le rôle que jouent vos casseroles familiales dans votre cheminement.

Affaires familiales

Qu'on le veuille ou non (et personnellement, je ne préférerais pas !), nos parents ou principaux adultes référents ont un impact énorme sur notre façon d'aborder nos relations amoureuses. Peu importe que vous vous souveniez de chaque détail de votre enfance avec limpidité, ou que tout soit flou et perdu dans la brume du temps. Dans tous les cas, il y a une ligne directe entre vos premières expériences et votre moi actuel.

Quand vous étiez enfant, les adultes de votre entourage vous ont montré ce qu'était une relation étroite à travers leur manière d'interagir avec vous et entre eux. Votre cerveau d'adorable petit bébé était alors juste un tas de glaise hautement influençable, prêt à être modelé selon n'importe quel schéma relationnel qu'on lui présenterait. Votre schéma était peut-être une merveille d'ingénierie conçue pour durer, avec des angles parfaits et de l'acier trempé. Ou peut-être était-ce un gourbi foireux qui tenait avec des bouts de scotch et menaçait de s'effondrer au premier coup de vent. La plupart d'entre nous se trouvent quelque part entre les deux.

Voici quelque chose que nous devons toutes et tous entendre : **vos parents ont fait de leur mieux, mais vous méritiez mieux.**

Il y a l'espace pour tout un monde de nuances et de zones grises dans cette simple phrase. Malgré cela, il est tout à fait normal que votre esprit se mette immédiatement à contre-argumenter lorsque vous lisez la première moitié de cette déclaration. Oui, vous avez raison, ils auraient pu essayer plus. Ils auraient pu faire mieux. Ils auraient pu vous montrer un meilleur exemple. Cependant, même s'il est certain que vous méritiez mieux, on ne peut pas changer le passé. De plus, ce livre parle de vous, pas de vos parents, et l'idée qu'ils ont fait de leur mieux avec les moyens dont ils disposaient à l'époque est un concept incroyablement guérisseur. Il ne s'agit pas de les dédouaner ; il s'agit de *vous* dédouaner par rapport à ce qu'ils ont fait ou n'ont pas fait.

Qu'est-ce que j'entends par là ? Eh bien : si vous pouvez vous extraire de la colère stérile (dans laquelle nous restons souvent coincés en matière d'historique familial) pour aller vers le deuil, et enfin l'acceptation, vous serez plus heureuse en général *et* vous aurez plus de succès en amour.

Il existe de nombreuses versions de l'idée (attribuée à beaucoup de monde, de Bouddha à Nelson Mandela) selon laquelle entretenir la colère et le ressentiment revient à boire du poison en espérant que l'autre personne en meure. Je suis on ne peut plus d'accord avec cette vision des choses. Si vous restez coincée avec votre colère et votre frustration vis-à-vis de vos parents, cela ne fait de mal qu'à vous, et cela se manifeste dans tous les domaines de votre vie, notamment votre vie amoureuse. Vous continuerez à essayer de combler les vides que vos parents ont créés (TOUT LE MONDE en a) par le biais d'autres personnes. Elles finiront par vous décevoir, ce qui renforcera vos schémas et récits négatifs. En travaillant pour accepter vos parents et toute leur humanité imparfaite et défaillante, vous pouvez (et vous allez) vous rapprocher de l'acceptation de cette même humanité en vous. Et chez vos partenaires potentiel·le·s.

Méritiez-vous que chacun de vos besoins soit comblé par les personnes qui ont choisi de vous mettre au monde ? À cent pour cent. Surtout quand vous étiez cet adorable petit bouchon ! C'est triste à admettre, mais aucun adulte, même le plus à l'écoute de son enfant, ne peut répondre en permanence à tous les besoins émotionnels et physiques de celui-ci, pas plus qu'un amoureux ou une amoureuse n'en sera capable.

Malheureusement, lorsque quelque chose déraille dans notre enfance, que ce soit grave ou sans importance, notre cerveau débutant assimile immédiatement l'accident de parcours, s'en tient responsable et développe des mécanismes d'adaptation qui nous collent à la peau jusqu'à l'âge adulte, qu'ils nous servent toujours ou non.

N'est-ce pas merveilleux ?

Croyez-en mon expérience de thérapeute avec un diplôme en développement de l'enfant : la seule façon de comprendre le monde quand on est gosse, c'est de supposer que si l'on n'obtient pas ce que l'on voudrait, ce doit être parce qu'il y a quelque chose qui cloche chez nous.

Pas vrai, les enfants ? Oh allez, grandissez, un peu !

Sauf qu'en appuyant sur « avance rapide » jusqu'à l'âge adulte, vous voilà toujours convaincue qu'il y a quelque chose qui ne va pas chez vous, sous prétexte que vous n'avez pas les moyens de passer tout l'été entre Ibiza et Saint-Tropez. Ou parce que vous n'êtes pas confortablement blottie sur le canapé avec votre grand amour pour enchaîner les versions longues du *Seigneur des Anneaux* (bande de geeks).

En tant que thérapeute avec des décennies d'expérience auprès des adultes, je peux vous dire que ce n'est pas de votre faute, qu'il n'y a rien qui cloche chez vous, et que s'efforcer de comprendre comment vos parents se sont occupés de vous est l'un des meilleurs outils que nous avons pour surmonter toutes les conneries qu'ils ont faites en cours de route.

Par ailleurs, nous ne pouvons pas totalement négliger la manière dont nos gènes et la chimie innée de notre cerveau influencent notre tempérament et notre personnalité. C'est nature contre culture, mes lapins, et votre ADN a son mot à dire. Vous pourriez passer des années en thérapie à déballer comment votre combinaison unique de gènes associée à vos premières expériences infantiles ont façonné la personne spécifique que vous êtes aujourd'hui. Mais pour notre propos, nous allons nous pencher sur l'un des indicateurs les plus directement liés à notre façon de nous comporter dans les relations amoureuses adultes : comment vos parents ou les adultes qui s'occupaient de vous ont-ils réagi lorsqu'une rupture a eu lieu ?

Pardon, une quoi ?

Le terme *rupture*, dans le jargon thérapeutique, désigne tout événement provoquant une rupture du lien parent-enfant. Une rupture peut survenir lorsque vous ne vous sentez pas considérée ou comprise. Cela s'est produit chaque fois que votre moi enfant a eu un besoin non satisfait. Une rupture peut venir d'un petit malentendu, d'une embrouille modérée, d'une dispute monstrueuse, ou de tout ce qu'on trouvera d'un bout à l'autre de ce spectre. Voici quelques exemples :

- Un bambin veut un autre biscuit et on lui dit « non, plus de biscuits », alors il se roule par terre en hurlant comme un cochon qu'on égorge. *Argh, quelle trahison !*
- Une enfant de quatre ans est interrompue alors qu'elle essaie de raconter une histoire. *Très impoli !*

- Un parent ne remarque pas les signes non verbaux indiquant que son enfant de sept ans passe une sale journée. *Fais attention à moi !*
- Un parent fait quelque chose qui effraie une enfant. *Pourquoi as-tu crié comme ça sur Papa ?*

Les ruptures se produisent tout le temps. Personne ne traverse la vie sans connaître de stress, et aucune relation parent-enfant n'est exempte de moments de tension et de conflit. Les ruptures font en réalité partie intégrante de notre croissance et de notre développement. Elles nous aident à cultiver la résilience et nous apprennent comment agir dans les relations adultes. Ce qui est important (et je parie que vous devinez où je veux en venir), c'est comment vos parents ont **réagi** face à ces ruptures inévitables.

HÉ BÉBÉ, C'EST QUOI TON STYLE D'ATTACHEMENT ?

La théorie de l'attachement, ce concept de psychologie développé pour la première fois par John Bowlby dans les années 1950, a sans aucun doute imprégné la culture populaire. #DatingTok l'a bien compris. Selon cette théorie, l'attachement n'est pas un événement ponctuel, mais un processus continu qui commence à la naissance et se poursuit au cours des premières années de la vie. Au fondement de la théorie de l'attachement se trouve la croyance que la relation d'un enfant avec les adultes qui s'occupent de lui influence son style d'attachement pour le restant de sa vie. Oui, les problèmes d'attachement non résolus ou non sécures vécus dans l'enfance peuvent avoir un impact négatif sur les relations à l'âge adulte et pourraient également expliquer pourquoi vous n'arrivez pas à arrêter de fréquenter des connasses ou connards immatures. Des recherches ont montré que le simple fait de connaître votre style d'attachement peut vous être utile[4]*. Quel qu'il soit, ne vous découragez pas. C'est un bon moyen de commencer à comprendre certains des obstacles que vous avez rencontrés, mais le style d'attachement peut changer avec le temps en fonction de la situation, de vos expériences, de vos besoins d'évolution et de votre désir de croissance.*

Histoires de ruptures

Une des premières questions que je pose à mes nouveaux et nouvelles patient·e·s est la suivante : comment avez-vous été reçu·e quand vous étiez en quête de réconfort émotionnel ? Vous a-t-on offert de l'amour, de la chaleur, une attention bienveillante, de l'affection ? Ou a-t-on plutôt choisi de vous ignorer, de vous rejeter, de vous mettre de côté ? Avez-vous senti que vous étiez considéré·e ou bien repoussé·e ? Avez-vous reçu le message que vos sentiments méritaient de l'attention, ou bien qu'ils débordaient beaucoup trop ?

C'est extrêmement important ! Parce qu'il existe un lien direct entre la façon dont les adultes ont réagi avec vous quand vous étiez enfant, tout particulièrement après une rupture, et ce que vous attendez de vos partenaires comme type de réaction à votre égard ; et ce, que vous en soyez consciente ou non.

4. Si vous n'êtes pas sûre de savoir quel est le vôtre, vous pouvez lire le livre d'Amir Levine et Rachel Heller, *Êtes-vous faits l'un pour l'autre ? Les clés de l'attachement*, Bruxelles, Ixelles éditions, 2015 (ou cherchez « lien d'attachement quiz » sur votre moteur de recherche).

Tous les parents se plantent parfois. Comme tout le monde, ils ont des journées de merde où leur propre réservoir de résilience émotionnelle est à sec. Même les meilleurs parents échouent parfois à trouver la bonne longueur d'onde pour s'occuper de leur enfant de manière parfaitement harmonieuse à toute heure du jour et de la nuit. Mais ce qui importe, c'est le climat général de réponse émotionnelle que vous avez connu pendant votre enfance. En d'autres termes, comment répondait-on *le plus souvent* à vos besoins ?

Si vous avez un **attachement sécure** avec vos parents, alors la plupart du temps, ils remarquaient quand une rupture se produisait et cherchaient à y remédier sans tarder. Cela signifie également qu'ils savaient à peu près *comment* s'y prendre pour que vous n'ayez pas l'impression que le lien était rompu ou que vous ne vous sentiez pas contrariée trop longtemps. À l'extrémité du spectre, ces parents modèles ont réparé les ruptures avec tant de chaleur et d'amour que le lien parent-enfant s'est renforcé à chaque crise. Vous êtes contrariée par quelque chose (et, vraiment, ça pourrait être n'importe quoi) ? Vos émotions sont valables ! Réfléchissons à ce problème et voyons si nous pouvons le résoudre ensemble.

Si vous lisez ce qui précède en hochant la tête genre « *Ouais, ouais, c'est bien moi et mes deux meilleurs amis, Papa et Maman* », eh bien, je suis ravi pour vous ! Et jaloux, aussi.

Si vous avez un **attachement non sécure** avec vos parents, alors il est possible qu'ils n'aient même pas remarqué les ruptures, la plupart du temps. Ou, s'ils les ont remarquées, ils manquaient de compétences, de temps, d'énergie ou d'intérêt pour les réparer. Dans tous les cas, votre moi enfant a été laissé pour compte chaque fois qu'il a été question de gérer les contrariétés normales et quotidiennes qui surviennent au sein des familles. Submergée par vos émotions ? Dépassée ? Abandonnée ? Avec le sentiment de ne pas être en sécurité ? Tant pis pour toi ! Va dans ta chambre et ne reviens que quand tu auras fini d'être une sale gosse.

Si vous avez un attachement non sécure, cela ne veut pas dire que vous souffrez d'une pathologie qui vous empêche de fonctionner de façon tout à fait performante. Et ça ne signifie pas non plus que vous êtes incapable de vivre une relation amoureuse équilibrée. La plupart d'entre nous avons un attachement non sécure au moins partiel, moi y compris. Cela veut simplement dire qu'enfant, vous avez dû vous débrouiller toute seule pour trouver comment survivre émotionnellement, ou peut-être même physiquement, à certaines situations. Pour ce faire, vous avez développé des mécanismes de compensation qui vous ont aidée à supporter des émotions inconfortables. Ces mécanismes vous ont permis de réussir à surmonter l'enfance. Vos besoins n'étaient pas entièrement satisfaits, alors vous avez trouvé comment vous en occuper vous-même. Ce qui est hyper-impressionnant quand on y réfléchit. Je suis si fier de nous !

Alors, qu'est-ce que cela implique par rapport à vos relations amoureuses adultes ?

Tout d'abord, ces mécanismes d'adaptation, de compensation et de défense élaborés dans l'enfance ont probablement conduit à des comportements bancals qui sont venus vous mettre des bâtons dans les roues lorsque vous avez développé des attachements sécures une fois adulte. Tôt dans votre vie, vous avez appris que dans les relations intimes, vous aviez besoin de compter sur ces défenses pour vous protéger. Certes, c'était vrai à l'époque, mais ce n'est probablement plus le cas aujourd'hui. Votre cœur et votre cerveau, cependant, n'ont peut-être pas eu l'info. Ils ont été programmés d'une telle manière que le pilote automatique s'enclenche et déploie ces défenses à chaque surchauffe émotionnelle.

Cela peut impliquer que vous soyez davantage sur la réserve dans ces moments-là. À raison, vous ne faites pas confiance au système (dans ce cas, à la relation) pour assurer vos arrières ! Vous avez le sentiment que les relations (amoureuses ou autres) ne pourront pas vous donner ce dont vous avez besoin, quand vous en avez besoin. Et vous ne faites pas confiance à vos partenaires pour réparer la relation, tout en ne sachant pas vraiment non plus comment le faire vous-même. À cause de cela, vous n'aborderez pas les relations amoureuses de la même manière qu'une personne ayant développé un style d'attachement sécure.

Si vous avez un attachement non sécure et que quelque chose va de travers dans la relation, il est possible que vous pensiez d'abord à vous : « *Je vais faire tout ce que je peux pour satisfaire mes besoins, et j'espère que tu trouveras comment satisfaire les tiens. Bonne chance à nous deux !* »

Ou à l'inverse, vous penserez peut-être à vous en dernier, enfouissant vos propres besoins si profondément que vous y aurez tout juste encore accès, de crainte qu'il soit risqué de les exprimer : « *Des besoins ? Quels besoins ? Je ne vois pas de quoi vous parlez.* »

L'idée, c'est que votre premier instinct ne va pas collaborer tranquillement et se montrer curieux de la façon dont le système peut changer ou s'adapter pour satisfaire les besoins de *tout le monde*. La panique ou l'anxiété risquent de surgir, mélangées à l'inquiétude de savoir comment vous allez réparer la rupture. Les mécanismes de défense que vous avez développés enfant (et renforcés dans d'autres relations) vont s'activer. Si votre principal mécanisme de défense consister à reculer, c'est ce que vous ferez. Si c'est de demander davantage à l'autre, c'est ce que vous ferez. Si c'est de faire des clowneries, c'est ce que vous ferez. Si c'est de devenir un influenceur TikTok et Instagram qui l'ouvre sans arrêt sur le sujet des besoins à satisfaire, ce qui est clairement juste une façon d'obtenir de l'attention et de se faire mousser, c'est ce que vous ferez.

Une personne qui a un attachement sécure (la barbe) a naturellement confiance dans le fait que si quelque chose déraille dans la relation, on pourra trouver une solution. Quand les choses tournent en eau de boudin, la personne avec un attachement sécure se dira *grosso modo* : « *Quels changements peut-on envisager chacun·e pour répondre aux besoins de l'autre ? Comment le système (la relation) peut s'équilibrer pour que tout le monde soit content ?* » Ces personnes verront :

- si des compromis sont nécessaires,
- si des sentiments nécessitent d'être reconnus comme légitimes,
- si des problèmes ont besoin d'être résolus.

Pas mal, hein ?

Tout ça pour dire que si vous êtes sécure, vous vous débrouillez probablement à merveille et n'êtes même pas en train de lire ce livre, et je suis désolé pour vous parce que vous n'avez rien à faire et que c'est bien triste. Et aussi, vous êtes mon modèle.

Si vous n'êtes pas sécure, bienvenue ! Vous êtes comme la plupart d'entre nous. Vous voulez que les choses changent, et vous êtes ici pour prendre le taureau par les cornes. La bonne nouvelle, c'est que vous avez du pouvoir sur les comportements qui affectent vos relations. Certes, rien ne peut annuler les dégâts provoqués durant votre enfance et vous transformer en une personne cent pour cent sécure en l'espace d'une nuit. Mais dans ce livre, je vous donnerai des outils pour identifier et modifier les schémas destructeurs, et je vous montrerai comment mettre en avant votre moi le plus authentique de façon à cesser de choisir des partenaires qui renforcent continuellement votre manque de confiance en vous.

VOUS NE VOUS RAPPELEZ PAS ?

Ce que vous ne vous rappelez PAS a autant de signification que ce que vous vous rappelez. Si vous avez du mal à vous souvenir du genre de réaction que vous receviez de votre famille quand vous cherchiez du soutien, c'est une information précieuse !
Une équipe de recherche de l'université de Californie, à Irvine, a mené une étude démontrant le lien entre mémoire émotionnelle et style d'attachement, ce que ma pratique privée m'a confirmé. La plupart de mes patientes et patients évitants[5] *ont peu de souvenirs d'enfance, particulièrement lorsqu'il est question de soutien émotionnel. C'est le signe qu'ils et elles ont appris très tôt à refouler leurs émotions dans un coin hors de leur conscience dans le but de tendre vers l'autosuffisance. Dans les relations adultes, cela peut se manifester par un caractère plus renfermé et une tendance à éviter l'intimité.*

5. N.d.T : l'un des quatre types d'attachement en psychologie du développement, avec l'attachement sécure, ambivalent/résistant et désorganisé. Pour plus d'informations à ce sujet, voir par exemple : https://www.cairn.info/revue-enfances-et-psy-2015-2-page-14.htm.

En revanche, celles et ceux qui penchent plus vers l'anxiété se rappellent pratiquement tout. Ces individus ont appris à satisfaire leurs besoins en développant une hypervigilance vis-à-vis des paroles et comportements de leurs parents. Dans nos relations de grandes personnes, il est possible que nous donnions la priorité aux besoins de notre partenaire plutôt qu'aux nôtres, ou que nous nous inquiétions d'être trop en demande ou trop « pot de colle ».

Dans ce livre, je vous donnerai des outils pour identifier et modifier les schémas destructeurs, et je vous montrerai comment mettre en avant votre moi le plus authentique de façon à cesser de choisir des partenaires qui renforcent continuellement votre manque de confiance en vous.

Mais attendez ! Ce n'est pas tout

Votre éducation contribue d'innombrables façons à votre manière d'être au monde.

Le conflit en est une, et non des moindres. Vous souvenez-vous de vos parents quand ils se disputaient devant vous ? Étaient-ils passifs-agressifs ? Hurlaient-ils en cassant des assiettes ? Claquaient-ils les portes ? Ou l'ambiance était-elle plutôt au silence lourd de reproches dans le foyer de votre enfance ?

Vos parents réglaient-ils leurs différends en douceur mais derrière une porte fermée ? Beaucoup de disputes commencent devant les enfants mais se résolvent en privé. C'est très fréquent, et hyper-décevant, parce que les enfants se retrouvent privés de la meilleure partie de la dispute : la résolution du conflit.

Vous étiez aux premières loges pour voir ce qui se passe dans une relation intime – la seule relation intime qui vous importait à l'époque. Et quelle que soit la façon dont vos parents réglaient leurs embrouilles entre eux, il y a cent pour cent de chances pour que votre moi enfant l'ait intégrée.

Vos parents se sont-ils séparés, ont-ils divorcé ? Y a-t-il eu des infidélités ? Y avait-il une sécurité financière ? Est-ce que l'un des deux ou bien les deux sont décédés alors que vous étiez encore enfant ? Voulaient-ils réellement des enfants ? Étaient-ils fiers de vos réussites, ou bien trop absorbés par leur propre vie ?

Tous ces paramètres (et bien d'autres encore) vont affecter votre manière d'aborder les relations en tant qu'adulte.

Je ne suis pas immunisé. Ma propre mère est également thérapeute ! Et si vous croyez que ça n'a pas influencé mes propres choix professionnels, vous vous fourrez le doigt dans l'œil.

J'ai été interviewé par NPR, CNN, par les magazines *Rolling Stone* et *Time* ainsi que par d'innombrables autres publications qui m'ont sollicité pour mon avis d'expert. Je ne compte pas pour des prunes, voilà ce que je dis. Pourtant, j'aurais besoin que l'un ou l'une d'entre vous l'explique à ma mère, s'il vous plaît, parce que tout ça ne l'impressionne pas du tout, et ça m'éneeerve !

Ce manque de reconnaissance de mes parents m'a poussé vers le succès tout en entretenant chez moi une soif inextinguible d'approbation, même dans mes relations, moyennant quoi je dois rester très vigilant quant à cette tendance.

Vous en voulez à vos parents maintenant ? Et *ma* mère ? Est-ce que vous lui en voulez, à ma mère ? Super. Je savais qu'on avait plein de choses en commun. Plus important encore : vous demandez-vous si quiconque devrait avoir l'autorisation d'élever des enfants, vous y compris ? À moins d'avoir autant de qualités parentales que Michelle Obama, réfléchissez bien !

La bonne nouvelle, c'est que toutes les conneries héritées de nos parents peuvent être désapprises. Il faut commencer par reconnaître que vous avez été influencée, puis comprendre dans les grandes lignes comment ces influences se manifestent, et décider si c'est un sujet sur lequel vous désirez travailler.

Les occasions ne manqueront pas tout au long de ce livre, à mesure que nous explorerons des manières plus saines d'aborder des choses comme la communication, le conflit ou les conversations difficiles où l'on est très vulnérable. Chaque interaction, chaque instant du parcours amoureux sont des occasions de faire le point et de vous demander : est-ce que c'est mon moi authentique ? Ou bien des conneries que je tiens de ma famille à la noix ?

Toutes les conneries héritées de nos parents peuvent être désapprises. Il faut commencer par reconnaître que vous avez été influencée, puis comprendre dans les grandes lignes comment ces influences se manifestent, et décider si c'est un sujet sur lequel vous désirez travailler.

Votre méchante grande sœur n'est pas tirée d'affaire pour autant !

N'oublions pas l'impact des frères et sœurs. Nous pouvons, eux aussi, les tenir responsables de nos problèmes relationnels ! Même si votre capacité à former facilement (ou pas) des attachements amoureux sécures vient principalement de vos parents, la dynamique liée à la fratrie a une grande influence sur votre gestion des conflits.

Vos frères et sœurs ont été les premières relations avec des pairs que vous avez essayé de négocier. Vous étiez obligés de vivre ensemble, autant dire que les occasions d'être en désaccord ne manquaient pas. Il est probable que vous vous soyez enfermée dans un style très spécifique de gestion des conflits, et ce style spécifique va avoir un effet indéniable sur votre façon de les gérer dans vos relations amoureuses à l'âge adulte.

Repensez à toutes les petites et grandes disputes que vous avez eues avec vos frères et sœurs. Avez-vous été capable de trouver, malgré votre désaccord, un moyen de le résoudre par la coopération et le compromis (bande de licornes) ? Ou était-ce plutôt à qui hurlerait le plus fort avec concours de baffes en option ? Peut-être vous évitiez-vous pour bouder chacun de votre côté, et vos problèmes n'ont-ils jamais été résolus (ou alors c'est juste moi) ?

Malheureusement, si vous êtes fille unique, c'est foutu, vous ne serez jamais heureuse en couple. Vous feriez peut-être mieux de poser ce livre et de vous trouver un nouveau passe-temps, le jardinage peut-être ? Je rigole, je rigole. Si vous n'avez pas de frères et sœurs, essayez de repenser aux relations proches que vous aviez avec les enfants de votre âge que vous côtoyiez fréquemment : cousin·e·s, copain·ine·s ou même ami·e imaginaire. Comment régliez-vous – ou tentiez-vous de régler – les conflits avec ces enfants ?

Pour schématiser : vous serriez-vous les coudes avec vos frères et sœurs ou bien avez-vous le sentiment que vous étiez constamment en guerre ? Croyez-le ou non, mais il existe des fratries qui apprennent très tôt à résoudre des différends, ce qui les prépare à une bonne communication avec de futurs partenaires. Mais si vous avez souffert de la rivalité typique entre frères et sœurs, il y a fort à parier que vous trimballez une hostilité profondément enracinée dans ces disputes et que vous projetez de vieilles dynamiques périmées dans vos relations. La prise de conscience est le premier pas, mes petits chats…

Traumas non résolus et autres mèmes

N'importe quel type de traumatisme va affecter la façon dont vous apparaissez dans le cadre d'une relation. Je crois que nous avons toutes et tous subi divers traumatismes au cours de notre existence. Certains sont légers, d'autres, énormes. Certains sont encore présents dans notre mémoire, d'autres non. Nos traumatismes façonnent la personne que nous sommes. Ce sont les éléments constitutifs de notre personnalité, donc, d'une certaine manière, c'est ce qui nous rend intéressant·es ! Et tout comme avec nos parents et nos frères et sœurs, nous mettons au point des moyens nécessaires pour nous protéger.

Ce n'est pas toujours un problème. Non seulement cela nous fournit d'innombrables occasions de pratiquer l'humour noir, mais en outre, si l'on a subi un traumatisme, nous ne voulons plus jamais connaître à nouveau cette blessure, alors nous avons trouvé comment nous en préserver. C'est de bonne guerre.

Cependant, lorsque les défenses que nous avons construites au fil de notre histoire traumatique nous empêchent systématiquement d'avoir des relations heureuses et épanouies, il nous faut les examiner de plus près pour comprendre en quoi elles nous sont utiles. Cela peut être quelque chose de très difficile à réaliser. C'est douloureux d'abandonner une défense quand on a passé autant de temps ensemble. Surtout si elle vous a permis de rester en sécurité.

Si vous avez subi un traumatisme majeur dont vous pensez qu'il vous empêche d'avoir le type de relation amoureuse que vous souhaitez, je vous encourage à consulter un·e thérapeute (bien que ce ne soit pas toujours quelque chose de facile à mettre en place, je sais).

Guérir est un voyage qui dure toute la vie, et la thérapie n'est que l'une des routes que l'on peut emprunter. Mais ce n'est pas la seule route. Même la thérapie n'est pas parfaite. Ce sont des hommes blancs et riches de plus de cinquante ans qui ont inventé la psychologie, et le gros de la pratique est encore enraciné dans des méthodes développées il y a un siècle.

Un traumatisme ne signifie pas que vous serez incapable de vivre une belle histoire d'amour. Le traumatisme ne vous définit pas. Et il existe bien des façons de commencer à le traiter dès à présent par vous-même. Faites preuve de douceur et de compassion envers vous-même. Essayez le journal intime, la méditation ou même les substances psychédéliques (si elles sont légales là où vous vivez. Je ne veux pas d'ennuis !). Le temps guérit vraiment toutes les blessures (existe-t-il une phrase plus énervante que celle-ci ?).

Rappelez-vous aussi que vous n'avez pas à « guérir » de votre passé pour trouver une relation épanouissante aujourd'hui. Il n'y a rien qui cloche chez vous, rien de rebutant dans votre manière d'être à cet instant. Et des relations saines vous aideront à guérir !

Et après ?

Qu'est-ce que vous êtes censée faire de tout ça, maintenant ?

Votre pote Freud – qui est problématique à bien des égards, d'ailleurs vous devriez sans doute en changer, même si ce n'est pas pour rien que c'est lui le boss, et qu'il reste pertinent sur quelques points encore aujourd'hui – Freud, donc, affirme que le but de la thérapie est de conscientiser l'inconscient. Je suis bien d'accord ! Et c'est ce que nous faisons ici : nous amenons à la conscience des pensées, des émotions et des schémas dissimulés ou refoulés. Je ne vous demande pas de résoudre des vieux drames avec votre idiote de sœur, ni de pardonner à vos parents de vous avoir indéniablement foutue en l'air. Venez, on va plutôt faire du mauvais esprit pour le restant de nos jours ! C'est marrant.

Mais vous connaissez le célèbre dicton : la vengeance est un plat qui se mange… en prenant conscience des défenses nécessaires que vous avez construites dans l'enfance et du mode de résolution de conflits que vous avez pratiqué avec vos frères et sœurs, puis en utilisant ces informations pour être vigilante la prochaine fois que votre partenaire ou votre *date* ravivera des émotions intempestives. Vous l'avez déjà entendu ce dicton, n'est-ce pas ?

Reprenons : vous pouvez conscientiser les effets que votre passé a sur vous, et choisir de vous comporter différemment avec les nouvelles personnes que vous aimez. Pour commencer et avant de passer à la suite, réfléchissez aux questions ci-contre.

?

1. **Vous souvenez-vous précisément de votre enfance, ou pas du tout ? Essayez de lister quelques-uns de vos tout premiers souvenirs d'intimité et de proximité avec vos parents ou les adultes qui s'occupaient de vous.**
2. **Qu'est-ce que vos parents auraient dû faire mieux ? (Celle-là est très amusante.)**
3. **Quels étaient les principaux points de friction dans votre famille ?**
4. **Comment vos parents réagissaient-ils lorsque survenait une rupture ? Faisaient-ils preuve de chaleur et de compréhension, ou bien étaient-ils dans une posture de rejet et de critique ?**
5. **Quelles défenses nécessaires et quels mécanismes d'adaptation avez-vous mis en place pour compenser vos besoins qui n'étaient pas satisfaits ?**
6. **Comment vos parents résolvaient-ils les conflits dans leur propre relation ? Selon vous, quel impact cela a-t-il eu sur votre façon d'aborder les désaccords une fois adulte ?**
7. **Quelle relation aviez-vous avec vos frères et sœurs ? Étiez-vous du genre à vous soutenir mutuellement ou bien à vous écharper ?**

8. **Comment résolviez-vous les conflits avec vos frères et sœurs (ou avec vos pairs) ?**
9. **Quelles défenses, quels mécanismes d'adaptation ne fonctionnent plus pour vous dans votre vie amoureuse ?**
10. **Comment auriez-vous aimé que vos parents ou tuteurs vous réconfortent lorsque vous étiez contrariée ? Pouvez-vous vous apporter ce réconfort vous-même ?**
11. **Quelles blessures d'enfance, quels traumatismes sont réactivés lorsque vous commencez à vous rapprocher d'une personne qui vous attire ?**
12. **Pouvez-vous avoir de l'empathie pour vos parents, ou leur pardonner de vous avoir déçue ? Pouvez-vous être compréhensive et accepter qu'ils aient fait de leur mieux avec les informations et la lucidité dont ils disposaient ? (Aucun problème si la réponse est « Pas moyen ».)**

2

C'est la faute à la société !

À présent qu'on a compris *grosso modo* comment les casseroles de l'enfance et de la famille nous affectent, voyons comment la nature même de notre société nous prédispose (par toutes sortes de biais vicieux) à échouer dans nos relations amoureuses. On va s'éclater !

On ne peut pas surestimer l'influence que les principes du capitalisme, la culture populaire et les réseaux sociaux ont eue sur nos attentes en matière de relations amoureuses. D'ici la fin de ce chapitre, vous aurez les idées plus claires sur la façon insidicuse dont l'état d'esprit « moi d'abord » du capitalisme vous a influencée, à la fois consciemment et inconsciemment. Nous identifierons également, d'une part les grosses ficelles de Hollywood (qui a bien embobiné tout le monde en nous faisant croire au destin, au coup de foudre et aux fins de contes de fées exemptes de toute querelle amoureuse), et d'autre part le rôle plus subtil mais tout aussi préjudiciable des récits sur le couple dont on nous gave depuis la naissance et qui ont programmé notre cerveau n'importe comment. En déconstruisant peu à peu ces croyances erronées, vous pourrez commencer à vous faire une idée de ce que vous désirez vraiment au sein d'une relation, même si ça ne ressemble pas exactement à ce que l'on vous avait toujours préconisé.

C'est ça le capitalisme, camarade

Que nous en ayons conscience ou pas, le capitalisme a profondément structuré notre façon de nous lier les un·es aux autres.

Est-ce que j'aime le capitalisme ? Oh que non ! C'est un système fondamentalement inégalitaire et fondé sur l'exploitation. Nos vies avant leurs profits ! Taxez les riches ! Philippe Poutou président !

Cependant, est-ce que je vis dans une société capitaliste où la seule manière de survivre est d'être un robot travailleur et productif, ce qui me permettra de satisfaire mes goûts extravagants en matière de meubles ? Oui. Je kiffe les meubles. Faites-moi un procès (dans une société capitaliste, c'est sûrement possible. Beurk !).

Mais tant qu'on n'aura pas réussi à renverser les nantis au pouvoir et à éradiquer les milliardaires, on ne pourra pas faire grand-chose pour la vie sous le capitalisme. Il y a cependant un endroit où l'on peut agir : l'effet du capitalisme sur nos psychés et, plus spécifiquement, sur notre façon de nous comporter en amour.

Dans la seconde qui suit notre naissance, notre endoctrinement avec les idéaux et les valeurs capitalistes commence. Qu'ils proviennent du gouvernement, de notre famille ou de la culture en général, nous recevons des messages nous indiquant ce que cela signifie d'être « bon » ou « bonne ». Être une personne de « valeur » sous le capitalisme consiste à être aussi productive que possible, et on nous apprend très tôt que notre succès sera récompensé si nous jouons selon les règles de ce système (qui ne sont qu'un tas de conneries injustes et biaisées).

Examinons les compétences et les traits de caractère encouragés par le capitalisme :

- prouver que vous êtes mieux que tout le monde;
- exercer du pouvoir sur votre environnement;
- parler plus fort que les autres;
- aimer la compétition et rabaisser les autres;
- abandonner ou changer de cap si quelque chose ne fonctionne pas.

C'est agressif, pas vrai ? Mais si nous voulons réussir dans ce monde, il paraît que ce sont ces qualités-là qui nous propulseront au sommet. Même que parfois, ça marche, que ce soit grâce à vos privilèges, à votre talent ou à la chance (ou, plus vraisemblablement, à une combinaison des trois). Tant que nous sommes d'accord pour jouer le jeu et prendre part à cette lutte, une poignée d'entre nous pourra profiter des fruits de notre travail. Et non, on ne partagera pas. Ce sont *mes* frites. Joue le jeu du capitalisme et gagne les tiennes, espèce de parasite!

Oui, n'importe quel étudiant en première année d'éco pourrait et d'ailleurs n'hésiterait pas (TMTC) à chanter les louanges de l'innovation, de la croissance économique, du rendement, du choix, de la production de richesse, *et cetera, et cetera, et cetera*. Le capitalisme fonctionne pour certains (mâles, blancs), alors pourquoi Pierre-Alexandre ne serait-il pas tout frétillant d'enthousiasme face à l'avenir ? Et il n'aura jamais besoin de partager ses frites! Mais tout le monde ne peut pas être un Pierre-Alexandre, et malheureusement, le capitalisme implique un grand succès pour une minorité et une vaste souffrance pour le plus grand nombre, à savoir une main-d'œuvre exploitée, des groupes marginalisés et des communautés manquant généralement de ressources, la diminution des petites entreprises locales et de la cohésion sociale qui les accompagne, des dégâts sur ce putain d'environnement (!) et une détérioration de la santé mentale. C'est éminemment stressant d'avoir les yeux rivés sur le succès matériel !

L'une des caractéristiques majeures du stade avancé où se trouve le capitalisme américain est le refus catégorique pour beaucoup d'examiner leur propre système de croyances avec curiosité : cette culture est tellement obsédée par la quête absurde du profit qu'elle s'infiltre jusque dans notre manière d'aborder l'amour. La focalisation excessive sur le triomphe de l'individu plutôt que sur le bien-être collectif nous empêche de grandir vraiment et de tisser le genre de liens profonds que nous désirons.

Je ne dis pas que vous ne devriez pas viser le succès, quoi que cela signifie pour vous. Et il n'y a rien de mal dans le fait de gagner de l'argent. Faites-vous payer pour vos efforts, mes lapins. Non au travail gratuit ! Mais lorsqu'on prend ces mêmes « compétences de réussite » et qu'on les applique à nos relations personnelles, elles acquièrent une forme légèrement différente :

- placer les désirs de l'individu au-dessus des besoins de la relation ;
- chercher à avoir toujours raison ;
- exercer du contrôle sur son partenaire ;
- avoir de maigres capacités d'écoute ;
- se venger en cas de blessure ;

- se mettre en retrait de la relation ou y mettre fin au moindre désagrément.

Tout le monde a connu des gens comme ça. N'y allons pas par quatre chemins : nous avons probablement nous-mêmes manifesté l'une ou l'autre de ces caractéristiques à l'occasion.

Le capitalisme nous oblige à considérer l'amour et les relations à la fois comme une chose à conquérir ou à posséder, mais aussi comme une forme d'arrangement économique.

La plupart des personnes que je vois pour une thérapie de couple sont là pour des raisons au moins indirectement liées à la liste ci-dessus. Et c'est compréhensible. Nous croulons en permanence sous des injonctions à attraper la vie par les couilles pour la tordre à notre avantage. Il y a un truc déplaisant ou qui déraille dans le réel ? PLIEZ-LE À VOTRE VOLONTÉ SUPRÊME.

Inévitablement, ces comportements vont s'insinuer dans nos relations amoureuses. L'astuce, c'est d'en prendre conscience et de choisir délibérément d'autres options.

Dans ce livre, je vais vous suggérer des manières plus douces et plus saines d'honorer votre moi authentique (et non le moi que vous **dicte** la société), pour que vous puissiez apparaître différemment dans les relations. Voici un aperçu :

- Personne n'a besoin d'avoir « raison ». Les expériences de chacun·e sont réelles et valables.
- Ne cherchez pas à contrôler votre partenaire. Cocréez un environnement où chacun·e se sent suffisamment en sécurité pour être authentique.

- Privilégiez l'écoute réflective de façon que tout le monde se sente entendu et compris.
- Exprimez votre douleur en cas de blessure et laissez à votre partenaire la possibilité de vous aider à vous sentir mieux.
- Coltinez-vous le dur travail de gestion et de résolution des problèmes afin de gagner en force et en intimité.

C'est intimidant ? Ne vous inquiétez pas, chaque chose en son temps.

D'ici là, essayons d'arrêter de juger les gens, et particulièrement leur valeur en tant que partenaires à l'aune de leur profession et de leur capacité à tirer leur épingle du jeu – capitaliste, donc injuste. D'après mon expérience, rien de tout cela ne prédit le succès d'une relation. Vous préoccuper de la profession d'un·e partenaire potentiel·le relève d'une mentalité intrinsèquement classiste que vous pouvez commencer à déconstruire dès à présent.

Le capitalisme, dans sa nature même, récompense des comportements facilement mesurables en tant que marqueurs de succès. Et que vous en ayez conscience ou non, le fait est que cela a eu tendance à nous obliger à considérer les rencontres amoureuses comme un marché compétitif et un jeu à gagner. Des attributs comme la taille, la jeunesse, des fringues cool et un gros compte en banque sont récompensés sur le marché amoureux ; soit ils exercent sur nous une force d'attraction puissante résultant d'années de propagande, soit nous les exhibons comme « arguments de vente » à la fois subtils et explicites sur nos profils de rencontre.

Suis-je en train de dire que vous devriez cesser d'être attirée par les mecs grands ou les filles bien sapées ? Pas nécessairement. Mais j'insiste sur le fait que vous devriez examiner le « pourquoi » de cette attirance et comprendre que les qualités qui nourrissent véritablement une relation sont celles que le capitalisme dévalorise : la gentillesse, la générosité, la compassion, la créativité et l'empathie.

Dans le capitalisme, nous apprenons dès le plus jeune âge que c'est en présentant des versions idéalisées de nous-même et en mettant en avant nos « caractéristiques vendeuses » qu'on remporte la partie, plutôt qu'en nous connectant à notre moi authentique et à nos besoins profonds. Devinez quoi ? Si vous cherchez une relation saine et au long cours, ce n'est pas comme ça que ça marche !

Quelle que soit votre orientation politique, je vous encourage vivement à adopter une mentalité plus socialiste en matière de relations amoureuses. Le socialisme met l'accent sur le bien-être collectif : il s'agit de satisfaire les besoins de tout le monde dans la relation, et pas seulement ceux de l'individu. Il valorise des comportements comme la coopération, le compromis, le soutien mutuel et la compréhension. Le socialisme, c'est aussi la répartition des tâches et la redistribution des ressources, ce qui, dans une relation saine, signifie l'équité en matière de travail domestique, de parentalité, de finances et de charge émotionnelle.

Bon, je n'essaie pas de vous convaincre de tourner 100 % gauche radicale (je garde ça pour mon prochain livre, *Flirtez avec l'anticapitalisme*). Ce que j'essaie de transmettre ici comme idée, c'est que si vous mettez de côté l'attitude capitaliste du chacun pour soi et que vous laissez se produire la rencontre amoureuse, vous vous engagerez sur un chemin d'introspection au cours duquel vous apprendrez vraiment à vous connaître et à comprendre ce dont vous avez besoin.

Encore une chose à propos du capitalisme. J'encourage l'ensemble de ma patientèle ainsi que chacune d'entre vous à lutter pour le changement, l'inclusivité, l'équité et l'égalité par tous les moyens qui ont du sens pour vous : voter (sans blague), soutenir des candidat·e·s progressistes, donner, manifester, faire du bénévolat, s'impliquer dans des organismes d'intérêt général, envoyer des poissons à ces orques qui attaquent les bateaux. Cela peut sembler vain parfois, mais nous devons absolument nous améliorer pour prendre soin des autres. Parce que le capitalisme ne s'en chargera pas pour nous. S'efforcer de faire partie de la solution aide énormément à rendre la vie plus supportable, alors n'abandonnez pas la lutte, car notre cause est juste, et à bientôt dans les tranchées. Et puis, ce n'est pas pour dire, mais s'engager activement dans des communautés qui partagent vos valeurs n'est pas la pire manière de rencontrer quelqu'un… Et se soucier d'autrui, c'est sexy.

C'est ça le show-biz, bébé

C'est indéniable. Les relations saines et sécures sont incroyablement chiantes à suivre. Personne ne va accrocher à l'histoire d'un couple qui règle un désaccord de bon aloi en quinze minutes de conversation mature avant de se câliner sur le canapé. Ronpiche, ronpiche. Il n'est intéressant de regarder une relation se dérouler devant nous que s'il y a du drame, des conflits et du chaos.

Je ne fais pas exception ! Envoyez les violons, les baisers torrides, les boissons jetées au visage de l'autre et les grosses chialades. Je suis venu pour ça.

Le problème, c'est que personne ne nous prend à part quand nous sommes enfants pour nous expliquer que ce que nous regardons là, c'est du divertissement, pas de l'éducation. Ou bien, si ça arrive, l'immense pouvoir du rouleau compresseur de la culture populaire sur les jeunes cerveaux en développement l'emporte sur les messages même des parents les plus hippies, les mieux intentionnés, les plus stricts sur le temps d'écran. À tous les coups.

Les façons saines de résoudre une dispute ou de flirter avec un *crush* sont rarement représentées dans les médias *mainstream*. Le temps qu'on ait assez de bouteille pour comprendre vraiment la différence, il est trop tard. Le mal est fait, même si nous n'en avons pas conscience. C'est pour cela qu'une partie de nous, parfois conséquente, a soif de drame dans la relation ou, du moins, l'accepte comme une norme à un certain niveau. Penchons-nous sur quelques-uns des principaux coupables qui nous ont fait subir un lavage de cerveau en nous persuadant que c'était une bonne idée de sacrifier toute notre identité pour recevoir un baiser du héros imparfait qui peut, ou pas, n'en avoir absolument rien à carrer de ce que nous sommes réellement.

Les méchants de Disney

Au risque de trahir mon âge, ma principale baby-sitter entre 1985 et 1987 a été un carton de cassettes VHS de dessins animés Disney (enregistrées directement sur les chaînes du câble, comme Dieu l'a voulu). Qu'est-ce que j'aimais ces daubes ! Mais ce qui semblait être un divertissement inoffensif et adapté à notre âge pour les adultes à l'époque nous a donné des idées assez tordues sur les relations.

Tout d'abord, cent pour cent de ces films tournent autour de deux hétéros, femme et homme ou fille et garçon, qui tombent amoureux. Donc dès le départ, pas beaucoup de diversité, de complexité ou d'espace pour des relations moins conventionnelles.

Ensuite ? La vache, ces films, c'est vraiment *open bar* question absence du consentement et de la capacité d'agir des femmes ! Des hommes qui galochent des femmes inconscientes ? J'ai au moins deux exemples qui me viennent spontanément à l'esprit. Sacrifier sa voix pour avoir une chance de montrer ses jambes à un prince fadasse ? Vous vous êtes reconnues, les Ariel. Et pour finir, peut-être le discours le plus dévastateur qu'on puisse tenir aux femmes : d'accord, c'est une bête, mais moi je peux le changer !

Un autre thème commun chez Disney, c'est la fille qui se languit du garçon, le croise une fois et se dit après : « *Nan mais c'est clair, je veux passer le reste de ma vie avec ce mec rasoir ! T'as vu ses cheveux ?* » Non seulement ça, mais elle a en outre besoin qu'il la sauve de sa famille abusive, puisqu'elle est manifestement incapable de se sortir toute seule d'une situation toxique, vu comme elle est faible et sans défense. Beurk !

La vitesse à laquelle ces films passent de « Je craque pour toi » à « Je renoncerais à mon héritage et ma famille sur-le-champ pour être avec toi à tout jamais, même si on a eu deux conversations en tout » est sidérante.

Bien sûr, nous méritons toutes et tous de trouver l'amour et le bonheur. Mais on ne s'y prend pas en sacrifiant son identité et en s'engageant avec quelqu'un qui ne sait rien de vous, au-delà du fait qu'il apprécie votre plastique.

En tant qu'adultes à l'esprit rationnel, nous savons cela. Mais l'enfant en nous qui a subi ce lavage de cerveau s'entête à croire que les choses **devraient** être aussi simples que ça. Que nous en ayons conscience ou non, c'est l'une des raisons qui font qu'il est si difficile de présenter son moi authentique dans les relations amoureuses. Si la principale technique de drague de Cendrillon consiste à être super belle et savamment apprêtée pour aller au bal, alors ça ira bien pour moi aussi!

Je ne cherche pas à gâcher vos produits culturels d'enfance préférés (ma coautrice revendique sans honte son béguin persistant pour un certain renard suave de la forêt de Sherwood). Et Disney produit aujourd'hui des films légèrement meilleurs (au moins, on a un brin de diversité et quelques héroïnes dignes d'admiration dans le cocktail), mais l'impact négatif des fins de conte de fées dont on nous a abreuvés dans notre enfance est enraciné dans notre ADN.

Le prince Éric n'existe pas pour de vrai, et si c'est le cas, c'est un gros bébé privilégié qui est littéralement tombé « amoureux » de la seule femme se trouvant dans l'incapacité d'exprimer ses besoins et ses désirs. Gros *red flag*, non? Ces scénarios renforcent subrepticement les croyances toxiques, comme celle selon laquelle le Prince charmant va débarquer d'un jour à l'autre pour vous emmener sur son beau cheval blanc; donc franchement, à quoi bon s'embêter à sortir avec ce gentil garçon de la compta qui se rappelle toujours l'anniversaire de votre chat mais n'est peut-être pas destiné à hériter d'un royaume? Ou peut-être ne faites-vous pas vraiment d'efforts dans vos relations parce que Disney vous a seriné qu'après ce premier baiser qui a bouleversé votre existence, tout irait comme sur des roulettes; donc le fait que vous aimiez le vin alors que l'autre préfère la bière signifie probablement que cette relation est vouée à l'échec.

Nous comprenons bien l'attrait qu'exercent ces heureux tourtereaux qui chevauchent vers le soleil couchant après avoir terrassé le dragon, carrément prêts à découvrir le nom de famille de l'autre. Mais savez-vous ce qui est plus gratifiant que l'idée limitée et limitante d'un *happy end* ? C'est de développer une relation amoureuse profonde et durable avec quelqu'un, fondée sur une connexion authentique. Ce n'est pas pour me la jouer « ce n'est pas la destination qui compte, mais le chemin », néanmoins : c'est carrément le chemin qui compte. Se connaître soi-même, se mettre à l'épreuve pour évoluer et former de vraies relations prend du temps. La véritable récompense, c'est de pouvoir se retourner sur une vie ou sur une relation riche d'expériences partagées, bonnes et mauvaises, et de tirer satisfaction et fierté de la façon dont nous avons mené notre barque.

Tout le monde aime le Bachelor

Les émissions de téléréalité centrées sur les rencontres amoureuses sont un cauchemar absolu, une horreur pour notre psyché collective, et elles m'obsèdent.

Posez-moi dans un manoir sur une île magnifique. Servez-moi des cocktails toute la journée. Envoyez-moi explorer des grottes sous-marines ou faire du saut à l'élastique naturiste. Incitez-moi à rivaliser pour attirer l'attention. Ce n'est pas particulièrement aberrant de penser que je développerais (moi ou quiconque parmi nous) des sentiments pour les autres personnes charmantes coincées sur cette île avec moi. Ou, au minimum, que je tomberais encore plus profondément amoureux de moi-même et de mon image de marque (le capitalisme !).

Les producteurs savent très bien ce qu'ils font. Ils fabriquent de toutes pièces des situations qui font monter l'adrénaline et stimulent la dopamine pour créer l'illusion d'une vraie connexion. Et c'est aussi un pur plaisir à regarder.

Mais quelle sorte de message cela nous envoie-t-il à nous, les téléspectateurs et téléspectatrices ?

- Que l'on peut trouver le véritable amour en quelques semaines.
- Que les relations sont fondées sur une démonstration de vulnérabilité.
- Que vous devriez dire : « Merci, on vous rappellera » à une personne qui vous plaît à la seconde où elle montre une imperfection.

Nous autres, adultes matures et équilibré·e·s, savons que ce n'est pas vrai. Mais savez-vous qui d'autre a regardé ces émissions et intégré leur vision du monde boiteuse ?

Nous, quand nous étions ados !

Tout comme Disney le fait avec les jeunes enfants, la téléréalité enseigne les relations amoureuses aux ados. Ce qui est ennuyeux si vous n'avez pas de parents ou d'autres adultes pour vous expliquer à quel point ces émissions sont bidons et problématiques (ce qui fut clairement mon cas).

Ce type de téléréalité est séduisant parce qu'il caresse dans le sens du poil l'incorrigible romantique qui sommeille en nous, et qui veut croire au « coup de foudre » et aux « âmes sœurs ». Et quoique ces idées soient bien jolies, quand elles sont assimilées à un jeune âge, elles font peser des attentes irréalistes tant sur vous que sur vos partenaires potentiel·le·s : former un « couple idéal » plutôt que d'être deux personnes réelles, imparfaites mais authentiques.

Il faut plus de quelques semaines pour connaître vraiment quelqu'un. La véritable connexion s'établit souvent bien après la lune de miel. Les comportements de parade, les déclarations d'amour intempestives et la vulnérabilité mise en scène qui sont à l'honneur dans ces émissions pourraient vous valoir beaucoup de relations de courte durée, mais ne vous seront d'aucune aide pour les relations longues.

Et vous le savez déjà. Mais même en le sachant, c'est difficile de renoncer à l'idée du « coup de foudre ». Ce qui ne veut pas dire qu'il est impossible ou déraisonnable de tomber rapidement amoureuse ; assurez-vous seulement que votre connexion est fondée sur votre moi véritable et pas sur une image trafiquée de vous-même. Le vrai vous, compliqué et multifacette, est bien mieux.

Cela étant dit : moi, le *Bachelor*, j'adore.

QUAND ÇA CRÉPITE SANS BRÛLER

Savez-vous pourquoi ces émissions nous font croire (ainsi qu'à leurs participant·e·s) que les gens y tombent vraiment amoureux ? C'est parce que l'équipe de production est très douée pour fabriquer « l'étincelle » : cette alchimie intense, magnétique et palpable qui jaillit pratiquement hors de l'écran.

Entendons-nous bien. Les étincelles, c'est très agréable. Mais dans les émissions de téléréalité où la compétition, la peur, les quinze minutes de célébrité et l'anxiété se font passer pour de l'excitation, cette étincelle est généralement fabriquée en usine au lieu de fuser spontanément. Ne tombez pas dans le piège, les amies !

Par ailleurs, si votre relation tient de la gerbe d'étincelles, gare ! Les étincelles devraient être la cerise sur un gâteau déjà savoureux. Si en dehors de cela, votre connexion n'a pas de substance (autrement dit si elle « crépite sans brûler »), vous n'êtes pas partie pour une relation durable et profonde.

Si l'étincelle paraît enivrante et de nature à bouleverser votre vie alors que vous venez tout juste de rencontrer cette personne, ralentissez. À moins que vous ne participiez à une émission de téléréalité où les étincelles sont délibérément créées pour l'audience et la tension dramatique, auquel cas allez-y À FOND, MON CHOU. (Je ne suis pas un monstre. Je vous souhaite de pouvoir passer une nuit dans la suite !)

Amour, gloire et beauté

Vous pensez peut-être que vous voulez être riche et célèbre, mais croyez-moi, vous voulez seulement être riche. Ça a l'air horrible, la célébrité ! Et nous, en tant que société, n'en avons jamais assez.

Si jamais je deviens un jour un célèbre thérapeute pour stars (c'est inévitable, j'en suis convaincu), je ferai de mon mieux pour montrer des exemples de relations saines et réalistes. Ce qui sera difficile, vu toutes les attentes délirantes que la culture *people* a gravé dans le marbre en l'espace d'un siècle.

Les stars ont accès à des outils dont nous ne disposons pas (des équipes entières de relations publiques, par exemple), ce qui leur permet de contrôler leur image jusqu'à un certain point. Sans surprise, elles se présentent généralement dans des relations parfaites, faciles et exemptes de conflits, avec une autre personne sublime et talentueuse. (Même quand les deux portent en pendentif une fiole contenant le sang de l'autre[6].)

On a pigé ! C'est un business, et les stars protègent leur image publique. C'est ainsi qu'elles gagnent leur vie (*tousse*

6. N.d.T : mais si, rappelez-vous ! Angelina Jolie et Billy Bob Thornton faisaient ça en 2001.

capitalisme *tousse*). Sauf que les relations demandent clairement du travail et connaissent des hauts et des bas, donc ce n'est pas une représentation très juste.

D'un autre côté, quand les célébrités perdent le contrôle du récit qu'elles veulent présenter, leurs relations apparaissent parfois comme de véritables naufrages. Et on ne peut pas détourner le regard. Ce qui ne fait que renforcer la banalisation des fonctionnements toxiques comme la codépendance, le comportement contrôlant et l'abus émotionnel. Cela accentue en outre l'association que l'on établit entre drame et amour. Même si leurs conduites problématiques et perturbantes nous révulsent, le spectacle de ces personnes célèbres vivant des histoires malsaines normalise ces comportements.

Et puis, les célébrités semblent avoir des relations jetables. Prenons ce bon vieux Leonardo DiCaprio. Le Roméo de Baz Luhrmann est en réalité une personne relativement secrète. Il ne donne pratiquement jamais d'interviews et semble se foutre éperdument de ce qu'on pense de sa vie sentimentale. Malgré tout, on adore suivre les frasques de M. Titanic. On en raffole. On objectifie ses relations ; on juge son choix de partenaires, et on se moque ou on porte un jugement moral quand il en change. On peut se mettre d'accord là-dessus : ça la fout mal de quitter sa meuf chaque fois qu'elle a le mauvais goût de dépasser les vingt-cinq ans (grandis un peu, Gilbert Grape !). Mais le Loup de Wall Street s'en soucie-t-il ? Non. Il va très bien. Il fait la fête sur un yacht et ne participe même pas au débat (du Gatsby 100 % pur jus).

Encore une fois, nous ne sommes pas des imbéciles. Nous **savons** que les relations couvertes par les médias de masse – que ce soit la une d'un magazine *people* ou une tribune intello – ne sont pas la vraie vie. Mais puisque les célébrités sont de vraies personnes que nous avons le sentiment de connaître d'une certaine manière, les récits de ce qui est désirable, acceptable et raisonnable continuent d'infuser dans les recoins de notre conscience.

Même quand on ne s'intéresse à la politique de rotation des stocks de Leo que pour la critiquer, se repaître de ces potins peut avoir des effets très réels sur notre manière d'aborder les relations amoureuses. La culture des célébrités met particulièrement l'accent sur l'apparence physique et traite souvent les femmes comme des objets jetables ou remplaçables, ce qui peut nuire à l'image que vous avez de votre corps. Les relations des stars sont notoirement bourrées de drama, ce qui peut nous donner parfois l'impression que nos propres relations devraient atteindre des niveaux similaires de conflit et d'excitation. Même le concept « d'objectif de couple » émane de couples célèbres et de leurs manifestations publiques de tendresse, ce qui peut nous donner des attentes irréalistes concernant ce à quoi nous devrions aspirer dans nos propres relations.

Il n'y a pas de mal à suivre l'actualité des artistes que vous appréciez et à vous investir émotionnellement dans ce qui leur arrive. Mais tâchez d'être consciente de la manière dont cela influence vos propres discours sur les relations amoureuses.

Personnellement, je suis toujours vaguement dévasté par la rupture de Phoebe Bridgers et Paul Mescal.

C'est ça les réseaux sociaux, mon twittcœur

Aaah, les réseaux sociaux. Toute la promesse de connexions significatives avec zéro effort. À moins que vous ne suiviez

TherapyJeff (n'oubliez pas de liker et de commenter !), les réseaux sociaux nous font paradoxalement nous sentir plus solitaires, pas moins.

Les publications et les photos de couples des autres peuvent susciter des sentiments de jalousie et des réflexes de comparaison très agaçants. Pourquoi ces blaireaux ont-ils le droit d'avoir une relation heureuse et esthétiquement satisfaisante alors que j'en suis toujours à swiper sans fin sur les applis de rencontre ?

Et maintenant que tout le monde connaît son meilleur profil pour les selfies et sait glisser en MP en toute décontraction, on a tout à coup l'impression qu'il faut surveiller attentivement qui notre partenaire suit, et pourquoi. Voici l'une des questions les plus fréquentes qu'on me pose en thérapie : « Qu'est-ce que je peux faire au sujet de toutes les bombasses que mon ou ma partenaire suit sur les réseaux sociaux ? Parce que ça me rend dingue ! » (Ma réponse : Avez-vous essayé d'être honnête à ce sujet et de lui dire que ça vous dérangeait ?)

Rappelez-vous que les réseaux sociaux livrent une version lourdement filtrée de la réalité, tout en sourires et vacances à la plage. Il ne faut pas que les compilations des meilleurs moments d'une quelconque personne vous fassent remettre en question vos propres réussites dans l'un ou l'autre domaine de votre vie – amoureuse tout particulièrement. Ce n'est pas parce que tout le monde sourit avec beaucoup trop de dents sur les photos que *ce* couple-*là* vit un bonheur sans nuages 365 jours par an. Son quotidien est peut-être affreux derrière la façade. Ce qu'il faut retenir, c'est qu'on n'en sait rien.

Mon meilleur conseil est de consommer les réseaux sociaux de façon responsable et avec modération. Plus facile à dire qu'à faire, mais l'une des meilleures manières de garder un ancrage dans le présent est de limiter le temps que vous y consacrez. Ils épuisent notre société, ils sont horribles pour les relations, et il faudra me passer sur le corps pour me les retirer.

Notre définition de l'authenticité

J'ai beaucoup parlé des obstacles à l'authenticité dans ces deux premiers chapitres. Nos expériences personnelles passées et les messages extérieurs qui nous sont bombardés de tous côtés font qu'il est particulièrement difficile de faire preuve d'authenticité à notre époque.

Mais de quoi diable puis-je bien parler lorsque je vous recommande d'être « authentique » ?

Être authentique signifie être fidèle à vous-même et agir en accord avec votre personnalité, vos valeurs et vos croyances fondamentales. La personnalité, les valeurs et les croyances fondamentales que vous avez décidé de cultiver, pas celles que le capitalisme, la culture populaire et les réseaux sociaux vont ont martelées toute votre vie. Cela demande un peu de travail de démêler tout ça, avec tout le bruit autour… Référez-vous à ma fabuleuse liste de questions à la fin de chaque chapitre.

Lorsque vous êtes authentique, vous exprimez sincèrement vos pensées, vos sentiments et vos opinions sans craindre le jugement ou les pressions de la société.

Être sincère et authentique, c'est sexy. C'est littéralement le truc le plus sexy que vous puissiez faire, et celui qui vous donne les meilleures chances de rencontrer quelqu'un avec qui ça collera dans tous les domaines. Être authentique conduit à avoir davantage conscience de soi et à mieux s'accepter, ce qui donne lieu à des relations plus significatives et plus satisfaisantes - ce qui est la raison pour laquelle nous sommes ici. Être authentique peut faire peur parfois, mais quand on s'y prend bien, c'est libérateur.

Dans le chapitre suivant, je vous guiderai à l'aide d'une série d'exercices où vous examinerez vos valeurs et ferez preuve d'honnêteté sur vous-même et sur ce que vous recherchez (quoi que ce soit, vous le méritez). Mais avant cela, prenez quelques minutes pour répondre aux questions ci-contre.

?

1. **Comment les compétences et les traits de caractère récompensés ou dévalorisés par le capitalisme se manifestent-ils dans votre propre vie et vos relations personnelles ?**
2. **Avez-vous tendance à valoriser les aspects négatifs du capitalisme (l'importance accordée au superficiel par rapport à ce qui favorise le bien-être collectif) à votre propre détriment ?**
3. **Par quels moyens pourriez-vous délibérément contrebalancer les effets du capitalisme dans votre approche des relations ?**
4. **Quel est l'un des premiers films que vous vous rappelez avoir vu étant enfant ? Quels messages en avez-vous retenus concernant les relations amoureuses ?**
5. **Qui étaient vos personnages de romans/séries/films préférés autrefois ? Qu'avez-vous appris d'eux (en bien et en mal) ?**

6. Êtes-vous aussi obsédée que moi par les émissions de téléréalité traitant des rencontres amoureuses ? Dans quelle mesure pensez-vous avoir pu intégrer certains des messages irréalistes qu'elles nous transmettent en matière de relations ?
7. Quel âge aviez-vous quand vous avez ouvert votre premier compte sur un réseau social ? Quel impact cela a-t-il pu avoir sur vous, à votre avis ?
8. L'examen de votre relation aux réseaux sociaux est un excellent exercice de connexion à votre moi authentique. Posez-vous les questions suivantes : y a-t-il des comptes que je suis pour le plaisir de les détester ? Que se passerait-il si je prenais un quart d'heure pour me désabonner de tous les comptes qui n'apportent rien à ma vie ? Que se passerait-il si je m'absentais des réseaux sociaux pendant cinq jours ? Qu'est-ce que je ferais à la place ? À quelles activités donnerais-je la priorité si j'avais X minutes supplémentaires (ce chiffre est CONFIDENTIEL) pour moi chaque jour ?
9. Tombez-vous dans le piège des réseaux sociaux consistant à « jeter un œil » sur vos ex ? Quels sentiments cette pratique suscite-t-elle chez vous, et que ressentez-vous à l'idée d'y mettre un terme, là, comme ça, brutalement ?
10. Dévorez-vous les actualités sur les relations de certaines célébrités comme si elles étaient des amies intimes ? Lesquelles et pourquoi ?

11. Avec notre définition de l'authenticité en tête, qui est la personne la plus authentique dans votre vie ? Est-ce également la personne avec qui vous êtes le plus authentiquement vous-même ? Dans le cas contraire, à quoi pensez-vous que ce soit dû ?
12. Avez-vous l'impression de vivre en accord avec votre moi le plus authentique en général ? Sinon, pourquoi ? Y a-t-il des choses que vous cachez ou que vous craignez de montrer ? Pourquoi ? Et par quels moyens pourriez-vous vous rapprocher d'une représentation plus juste de vous-même ?

3

Suivez vos tout doux listes

Nous pourrions passer une éternité à étudier l'environnement extérieur, à accuser nos familles et la société de toutes les ordures qu'elles nous ont déversées dans la tête. Bon sang, qu'est-ce que c'est satisfaisant ! Cependant, si nous voulons faire de véritables progrès en matière de relations authentiques et connaître les connexions profondes dont nous rêvons, il est temps de passer à l'introspection.

Pour toutes les raisons que nous avons examinées au chapitre précédent, nous sommes beaucoup à espérer qu'au détour d'une rencontre, nous tomberons par hasard sur la bonne relation/la bonne personne, et qu'elle nous emportera alors dans un grand tourbillon amoureux. J'adore cet optimisme ! Mais la clé d'une relation épanouissante est de savoir qui vous êtes, ce que vous cherchez, et de vous laisser guider par *ça*. Voyez les choses ainsi : si vous partez faire les courses sans liste et que vous vous attendez à ce que les bons produits se révèlent d'eux-mêmes dans les rayons, à tous les coups vous allez rentrer chez vous avec un sachet de bonbons, un bocal d'olives de luxe et un paquet de biscottes. Techniquement, ce ne sont bien que des choses qui se mangent, mais ça ne vous tiendra pas longtemps au corps.

Dans ce chapitre, étant désormais au fait de la façon dont votre passé et le monde extérieur vous ont influencée, vous allez entreprendre une série d'exercices conçus pour vous aider à fouiller dans les zones plus troubles de votre psyché afin d'obtenir un portrait plus complet de votre moi véritable. Ensuite, concernant ce que vous recherchez chez un·e partenaire, vous distinguerez ce qui est « un plus » de ce qui est « indispensable ». D'ici la fin du chapitre, vous aurez une vision claire et intransigeante des caractéristiques que vous – le vrai vous, avec ses bizarreries, ses mécanismes de défense, ses peurs et tout le reste – valorisez le plus chez un·e partenaire potentielle.

Si vous êtes comme moi, votre réaction à un chapitre rempli d'exercices pourrait être quelque chose du genre « *Pff, encore des devoirs. C'est nul, m'sieur ! On peut faire cours dehors ?* » Mais je vais me référer au travail effectué dans ce chapitre tout au long du livre, alors ne faites pas l'impasse dessus. Allez à votre rythme, soyez indulgente avec vous-même, et croyez-moi : ça en vaut la peine.

Laissez votre énergie amoureuse s'exprimer

Avant de plonger, prenons un moment pour nous rappeler ce que nous faisons ici. Le fait de puiser dans votre énergie amoureuse ne consiste pas à changer votre personnalité afin de trouver le ou la partenaire idéal·e. Ce dont il s'agit ici, c'est de comprendre vraiment qui vous êtes, défauts inclus, et de laisser cette version authentique de vous-même prendre les rênes pour trouver une relation qui vous soutienne et vous guérisse plutôt que de vous blesser et de réactiver des traumatismes.

Explorer certaines des choses que nous pourrions ne pas aimer le plus chez nous-même – comme nos peurs les plus profondes – peut être effrayant, et nous pouvons nous sentir très vulnérable en faisant la liste des qualités que nous recherchons chez nos partenaires. Oh, bien sûr, vous pouvez simplement vous laisser porter, ne pas réfléchir à votre vie et vous en remettre à l'univers pour décider de tout à votre place. Il y a un confort indéniable dans l'idée que tout est au-delà de notre contrôle. Mais en fin de compte, c'est une cocréation avec l'univers qui vous permettra d'obtenir ce dont vous avez envie et besoin, et pour ce faire, nous devons d'abord nous livrer à une petite séance d'introspection.

Quand je travaille avec des patient·e·s à mon cabinet et que nous exhumons un mécanisme de défense en lien avec une peur enfantine profondément enracinée, je vois typiquement deux cas de figure se produire. Soit la personne veut mettre absolument toute sa vie sur pause et vouer l'intégralité de son temps et de son énergie à « résoudre » le défaut perçu jusqu'à ce qu'il soit « guéri », ou bien elle ne veut plus jamais y repenser, et encore moins en reparler. Honnêtement ? Ça peut se comprendre !

Mais il ne s'agit ni d'ignorer des parties essentielles de votre être, ni de passer un nombre prédéterminé d'heures de thérapie à gagner votre certificat « Complètement guérie et prête pour une relation » (SI SEULEMENT !).

Vous n'avez pas besoin de changer votre moi authentique pour guérir, mûrir et entrer dans une relation amoureuse sérieuse. Si vous savez qui vous êtes et ce que vous recherchez, vous serez capable de grandir et de guérir sans le soutien d'une relation. Je l'ai déjà dit, mais ça mérite d'être répété :

les relations sont en réalité l'une des meilleures situations pour travailler sur soi-même.

Vous n'avez pas besoin de changer votre moi authentique pour guérir, mûrir et entrer dans une relation amoureuse sérieuse.

Flirtez comme vous êtes traite de la magie qui opère lorsque vous développez une capacité d'agir dans votre approche des rencontres et des relations amoureuses. Je parle de reconnaître le pouvoir sans limites que vous avez sur votre propre existence. Je l'ai vu maintes et maintes fois au cours de mes décennies de pratique : quand un·e patient·e prend sa vie en main, le changement réel et positif devient inévitable. Bonus : cet effort et la clarté qu'il apporte vous serviront dans tous les autres domaines de votre vie, même si vous décidez que rester célibataire est le bon choix pour vous, en ce moment ou pour toujours !

Lorsque nous commençons à reconnaître l'influence qu'ont eue sur nous les constructions sociales et nos expériences vécues (notre enfance, notre dynamique familiale, nos traumatismes), nous sommes alors en mesure d'identifier et de prendre en compte les peurs et les défenses qui sont d'inévitables et authentiques parties de nous-même, **mais aussi** de décider consciemment de chercher un·e partenaire qui comblera nos besoins et complétera notre moi véritable. Le pouvoir de *Flirtez comme vous êtes* était là, en vous depuis le début, mes poussins !

Ce livre traite de rencontres et de relations, aussi est-il essentiel d'être parfaitement au clair sur ce que vous recherchez chez votre partenaire. Mais nous allons tout d'abord prendre un moment pour réaliser un petit auto-examen afin de nous recentrer sur l'authenticité. Cela nous aidera à adopter le bon état d'esprit pour identifier les qualités dont nous pensons qu'elles nous apporteront des connexions profondes, encourageantes et propices à la guérison.

Vous vous rappelez, quand j'ai annoncé que j'allais vous donner des outils pour vous permettre de vous connecter à votre véritable moi d'une manière saine et douce ? Les deux premiers exercices de ce chapitre sont justement prévus pour ça. D'accord ? Alors on s'y met !

Abaisser ses défenses

Mettre le doigt sur vos principales défenses est une étape nécessaire pour explorer votre moi authentique. Elle est en lien direct avec ce à quoi vous pourriez envisager de donner la priorité chez vos partenaires.

Mais comment s'y prendre ?

Eh bien, nous avons pris de l'avance quand nous avons examiné comment notre enfance et la société avaient créé des mécanismes de défense et des obstacles à l'authenticité. Ces défenses sont encore plus exagérées dans les relations amoureuses. Rappel : elles ont été construites pour vous éviter de vous faire mal. Merci, les copines ! Le problème, si on ne les garde pas à l'œil, c'est qu'elles peuvent se mettre à saboter insidieusement votre vie en vous empêchant de trouver l'amour et la relation que vous méritez.

L'idée n'est pas d'éliminer systématiquement toutes les défenses, mais de comprendre comment elles vous affectent et de les faire travailler pour vous plutôt que contre vous. Ce qu'il faut, c'est que vous ayez une relation avec vos défenses au lieu de faire comme si elles n'existaient pas. Ignorer ces petites saletés ne fait que les renforcer.

Et revoilà ce salaud de Freud : il s'agit de conscientiser l'inconscient.

Lorsque vous êtes consciente de vos mécanismes de défense, vous pouvez faire le choix réfléchi de les activer ou de les désactiver. Dans le cas contraire ? Vous êtes à leur merci.

Peut-être que vous êtes du genre à ghoster les gens, peut-être êtes-vous tellement pot de colle que c'en est gênant, ou bien encore vous êtes tellement sur vos gardes que vous avez tout de la forteresse imprenable.

Toutes ces possibilités, et bien d'autres encore, sont parfaitement normales. Les gens sont tous un peu tordus, chacun à leur façon, sans quoi on s'emmerderait, non ?

Nous recourons à des mécanismes de défense lorsque nous nous sentons menacées, vulnérables ou exposées. Si vous avez peur d'être rejetée, abandonnée ou blessée (qui n'en a pas peur ?), vous allez vous défendre émotionnellement. Des mécanismes de défense qui n'ont pas été examinés surgiront aussi en réaction à des conflits mineurs ou à ces petites querelles insignifiantes qui surviennent dans toute relation.

Oh, tu as commencé une nouvelle série télé sans m'en parler ?

(LARGUEZ-LE.)

Fondamentalement, toute situation (broutille ou sujet majeur) qui déclenche un inconfort émotionnel ou un sentiment d'insécurité peut activer nos mécanismes de défense.

Repensez à une dispute ou un désaccord que vous avez eu avec un ami, une partenaire ou un membre de votre famille. Un conflit que vous n'avez pas pu résoudre facilement.

Le genre où vous êtes clairement partie vous coucher en colère ou mécontente.

C'est bon, vous l'avez ?

Comment avez-vous réagi le lendemain matin, lorsqu'au réveil vous étiez encore contrariée ? De quelle(s) manière(s) vous êtes-vous instinctivement protégée ?

Voici mon top treize des mécanismes de défense les plus populaires (trop cool comme liste !). Cochez ceux que vous reconnaissez.

❒ Le déni : ça n'existe PAS, et quand bien même, je ne VEUX PAS en parler.

❒ La projection : ce n'est pas moi le problème. C'est toi le problème !

❒ La rationalisation : écoute, tous les couples se disputent. C'est normal ! On n'est pas obligé·e·s de résoudre tous les petits problèmes.

❒ Le déplacement : on s'est disputé·e·s parce qu'on était tou·te·s les deux fatigué·e·s, donc pas besoin de revenir sur ce qui s'est passé.

❒ Le refoulement : ah bon, on s'est engueulé·e·s hier soir ? Tu en es sûr·e ? C'est bizarre. Franchement, je n'en ai aucun souvenir.

❒ La sublimation : je pars faire un petit footing de trois heures, salut !

❒ La régression : je m'en fiche qu'on se soit disputé·e·s. Je ne veux pas en parler, d'abord. Je m'en fiche de tout. Et puis t'es qu'un connard/une conne, et puisque c'est comme ça, je vais aller glander avec mes potes au centre commercial, salut ! *claque la porte*

❒ L'intellectualisation : prenons un peu de recul pour analyser comment on en est arrivé·e·s là, mais sans sombrer dans l'émotion ni se montrer vulnérables, merci.

- ❑ L'évitement : café, darling ?
- ❑ La minimisation : oh, ça ? Ce n'était rien. Pas de quoi en faire un fromage.
- ❑ L'*acting-out* : *pose brutalement le jus d'orange sur la table. Débarrasse la table avec brusquerie. Monte bruyamment l'escalier. Claque la porte de la chambre.*
- ❑ Le comportement passif-agressif : j'adore ta manière de te laisser complètement aller quand on se dispute et de dire tout ce qui te passe par la tête sans aucune considération pour mon ressenti. Ça doit être vraiment libérateur pour toi.
- ❑ L'idéalisation : tout est de ma faute. Tu as totalement raison. J'avais tort, comme toujours. Je vais essayer de m'améliorer. Je ne te mérite pas.

Ma préférée, perso, c'est la régression. Celle-là a tout pour plaire.

Tout le monde se laisse aller à ce genre de comportements parfois. Et, comme je l'ai dit plus tôt, ces mécanismes de défense sont la façon qu'a votre esprit de vous protéger de sentiments douloureux ou inconfortables. Mais bien entendu, ils peuvent être contre-productifs si vous vous reposez dessus en permanence. Le truc, c'est qu'une fois qu'on a pris l'habitude de recourir à nos préférés, la partie la plus inquiète et la moins assurée de notre être a vraiment très, très envie de continuer à les utiliser. Dans le chapitre 9, nous étudierons comment contrecarrer ces petits casse-pieds en travaillant sur des réactions alternatives, des mécanismes de défense plus sains et de meilleures stratégies de communication. Mais pour l'instant, nous cherchons simplement à cerner *grosso modo* les mécanismes de défense que nous employons le plus fréquemment, pour nous aider à réfléchir aux qualités que nous recherchons dans une relation bienveillante.

La seule chose à craindre c'est… à peu près tout

Vos mécanismes de défense constituent une réaction à une vulnérabilité majeure. Derrière chaque défense se tapit la peur. La question étant : de quoi avez-vous peur ?

Cochez toutes les craintes qui résonnent en vous.

- ❑ J'ai peur d'être vulnérable et qu'on me fasse souffrir.
- ❑ J'ai peur du rejet et de l'abandon.
- ❑ J'ai peur de ne pas être assez bien, de ne pas être digne d'amour.
- ❑ J'ai peur d'être trop indépendante.
- ❑ J'ai peur de décevoir.
- ❑ J'ai peur de trop m'attacher à la « mauvaise personne ».
- ❑ J'ai peur d'étouffer, de me sentir prise au piège.
- ❑ J'ai peur du conflit et des disputes.
- ❑ J'ai peur du jugement, des critiques.
- ❑ J'ai peur d'être trop sensible, d'être un fardeau.
- ❑ J'ai peur de ne pas être désirable, pas suffisamment attirante.
- ❑ J'ai peur de ne pas être aimée pour ce que je suis réellement.

Avez-vous coché plus d'une case ? Moi aussi. Parce que franchement : qui n'a pas au moins un tout petit peu peur de choses comme le rejet ou la souffrance ? À moins d'être un robot, tout le monde a peur parfois. C'est humain d'avoir peur, et je ne vais pas essayer de vous « guérir » de toutes vos craintes. Ce n'est pas faisable, et quiconque vous dira le contraire vend certainement de la poudre de perlimpinpin ou des appartements en multipropriété.

Tout le monde a peur, et tout le monde mérite d'être aimé. Vous méritez une relation saine même si vous avez des peurs profondément ancrées en vous. On ne peut pas éviter systématiquement le risque de réactiver un traumatisme, mais on peut se concentrer sur le fait de trouver quelqu'un qui fera preuve de compassion envers nos peurs et n'en remettra pas une couche lorsque nous nous retrouverons sur la défensive.

Et qui, exactement, serait cette licorne ? Découvrons-le ensemble !

LA MEILLEURE FAÇON DE PENSER

Je ne serai pas vexé si vous êtes tentée de faire les exercices de ce chapitre « dans votre tête » au lieu de coucher vos réponses sur le papier. Néanmoins, je vous encourage à vaincre cette résistance. Le fait d'écrire les choses a des bénéfices significatifs. L'acte physique d'écrire (à l'aide d'un stylo ou d'un clavier d'ordinateur) implique des zones cérébrales différentes de celles qui sont activées par la seule réflexion ; il renforce des connexions neuronales et facilite la mémorisation des informations. Lorsque vous mettez par écrit vos objectifs et vos projets, vous clarifiez vos intentions, vous créez une feuille de route pour passer à l'action et vous augmentez de manière quantifiable la probabilité de réaliser ce que vous avez noté.

Vous ne me croyez pas ? Désolé, c'est scientifique.

Dans une étude menée par le Dr Gail Matthews, professeur en psychologie, les participants et participantes ayant rédigé leurs objectifs étaient à 42 % plus susceptibles de les atteindre que celles et ceux qui n'avaient rien noté. C'est un très gros pourcentage ! Et une étude publiée dans le Journal of Experimental Psychology: Learning, Memory, and Cognition *a montré que lorsque nous écrivons nos pensées, nos sentiments et nos idées, nous produisons davantage de solutions créatives à nos problèmes. Réaliser ces exercices par écrit vous aidera en outre à suivre vos progrès et à engager votre responsabilité. CQFD !*

Les trois listes clés

Dans les pages qui suivent, vous allez créer un ensemble de trois listes interconnectées qui vous prépareront à entrer dans la danse des rencontres amoureuses de manière intentionnelle. Mettre de l'intention dans vos rencontres signifie que vous procédez à des choix délibérés directement en lien avec vos objectifs et vos priorités. C'est vous qui choisissez avec qui vous passez du temps ; vous avez à peu près cerné vos défenses et vos peurs, et lorsque vous décidez de faire des compromis, vous agissez en toute lucidité.

Sans intention, nous finissons souvent par retomber encore et toujours sur le même genre de personne. Quelqu'un de probablement très bien (vous pouvez faire mieux), mais qui, si vous êtes honnête avec vous-même, ne vous convient pas. Nos cerveaux stupides sont attirés comme des aimants par les personnes qui continuent de titiller nos peurs, de déclencher nos mécanismes de défense et de remuer le couteau dans nos vieilles plaies. Et bien qu'il soit quasiment impossible d'éradiquer complètement la peur et tous les reliquats de réflexes défensifs qu'elle suscite, il est possible de trouver un·e partenaire avec qui vous pouvez cocréer une relation réconfortante et apaisante qui favorisera la guérison et vous permettra de surmonter vos peurs et vos défenses. La première étape, cruciale, consiste à imaginer à quoi cela pourrait ressembler.

Ce qui nous amène à…

Première liste : les peurs et les défenses

Réfléchissez à la manière dont vous aimeriez que votre partenaire réagisse lorsque l'une de vos peurs est réactivée. Quand vous déploierez inévitablement l'un de vos mécanismes de défense, comment cette personne réagira-t-elle ? Comment vous soutiendra-t-elle émotionnellement ?

Je commence. Disons que mes peurs les plus profondes sont l'abandon et le rejet, ainsi que la crainte d'être trop sensible. Les mécanismes de défense auxquels j'ai le plus souvent recours sont l'*acting-out* et le comportement passif-agressif. Quelle combinaison de choc ! Je peux être pénible et j'adore ça. Voici la liste des qualités que je recherche chez une partenaire, qui m'aidera à guérir et n'aggravera pas activement mes peurs et mes défenses.

1. Quelqu'un qui n'est pas évitant. Si je sors avec quelqu'un d'évitant, alors ma peur de l'abandon sera sans cesse attisée. Qui a le temps pour ça ? Avec la conjoncture actuelle, et tout ?
2. Quelqu'un qui ne s'effarouchera pas quand je tempête. Non, quitter brutalement la pièce en claquant la porte n'est pas la réaction la plus mature, mais si je sors avec quelqu'un qui pense que j'ai pété une durite simplement parce que j'apprécie le pouvoir thérapeutique d'un bon claquement de porte ou le cri

primal en tant que pratique purificatrice pour l'âme, la relation risque de tourner court.

3. Quelqu'un qui trouvera mon comportement passif-agressif amusant. Oui, je suis ridicule, et ça m'aide quand je suis avec quelqu'un qui peut apporter de la légèreté aux disputes en soulignant ce qu'elles ont de drôle. Ça ne marche peut-être pas pour vous, mais pour moi, oui.
4. Quelqu'un qui trouvera mes émotions charmantes et attirantes. Si je sors avec quelqu'un qui m'ignore pendant trois jours chaque fois que j'exprime mes émotions, cela ne fera que renforcer ma peur d'être trop sensible (sans parler de celle de l'abandon). À l'inverse, si je suis avec quelqu'un qui trouve ça mignon quand mes émotions débordent, je pourrai commencer à guérir de toute honte associée à l'expérience de mes émotions.
5. Quelqu'un d'aussi sensible que moi. Ainsi, notre dynamique sera équilibrée, et nous pourrons tous les deux prendre de l'espace émotionnel dans la relation. Tu portes toute la douleur du monde sur tes épaules les mardis et jeudis, moi je prends les lundis et les mercredis (les week-ends sont réservés aux gaufres).
6. Quelqu'un qui partagera le travail émotionnel. J'ai beau être thérapeute, je ne souhaite pas être celui qui convoque systématiquement les sommets sur « l'état de la relation ». Prends ta part !

À présent, faites votre propre liste. Visez entre trois et sept traits de caractère, qualités ou comportements que vous souhaiteriez trouver chez votre partenaire, en lien avec les peurs et les défenses que vous avez cochées plus tôt dans ce chapitre. Comment cette personne vous soutiendrait-elle dans les moments où vous galérez ? Vous pouvez lister des choses que vous voulez OU des choses que vous ne voulez pas. Utilisez votre passé comme matière première ; tout est permis, et on a même le droit de s'amuser un peu.

Cette liste est importante parce qu'elle détaille le genre de correspondance émotionnelle que vous recherchez. Une bonne correspondance émotionnelle est une relation qui n'est pas chaotique et ne vous retraumatisera pas constamment.

Revenons sur terre : il est possible que vous ne trouviez pas la ou le partenaire qui pourra vous apporter à tout instant le soutien émotionnel idéal que vous réclamez. Mais vous pouvez rencontrer quelqu'un qui aura envie de vraiment vous connaître, de vous accepter comme vous êtes, et qui sera capable de travailler un peu. Dans les relations saines, les partenaires s'entraînent mutuellement aux formes spécifiques de soutien qu'iels aimeraient recevoir de l'autre.

Deuxième liste : le non-négociable

Celle-là est marrante. Je vous demande d'établir la liste de toutes les choses positives dont votre partenaire DOIT faire état. Les trucs vraiment importants (non matériels). Tellement importants que si cette personne ne coche pas ces cases, vous mettrez fin à la relation.

Voici ma liste.

1. Une personne gentille et généreuse.
2. Une personne intègre qui va au bout de ses idées.
3. Une personne qui partage mes valeurs fondamentales.
4. Une personne qui a de l'empathie pour les êtres humains et les animaux.

5. Une personne qui ne refusera pas d'apprendre à devenir une meilleure partenaire pour moi.
6. Une personne qui a un système d'entraide solide et un réseau fiable.
7. Une personne qui aime rire et a le même genre d'humour que moi.
8. Une personne qui ne voudra jamais partir camper parce que le camping c'est horrible et pourquoi dormir sur un sol dur et froid alors qu'on pourrait se prélasser dans un bon lit douillet ?

Vous pensez peut-être que la dernière est une blague. Je vous assure qu'il n'en est rien.

Il s'agit d'une liste sur laquelle vous ne ferez pas de compromis. Visez cinq à dix éléments. Encore une fois, ce ne sont pas des choses dont vous avez *envie*, mais des choses dont vous avez *besoin* (j'ai désespérément besoin de ne plus jamais dormir sous une tente). C'est très bien si votre liste est remplie de choses basiques. Satisfaire vos besoins fondamentaux ne devrait pas être une idée qui vous vient après coup !

Troisième liste : les défauts rédhibitoires

Vous devez être au clair sur ce que vous ne supporterez absolument pas. Un défaut rédhibitoire **est** rédhibitoire. Vous seriez surprise (ou pas tant que ça) de savoir à quel point nous avons souvent besoin de nous le rappeler. Si votre rencard correspond ne serait-ce qu'à un seul de ces points, alors merci, mais non merci.

Ma liste ressemble à ça.

1. Une personne secrète et menteuse

2. Une personne qui n'aime pas mes amis ou que mes amis n'aiment pas.
3. Une personne dont les idées politiques sont à l'opposé des miennes.
4. Une personne prompte à se mettre en colère, ou abusive sous quelque forme que ce soit.
5. Une personne incapable d'empathie vis-à-vis de mon expérience.
6. Une personne dangereusement irresponsable avec les stupéfiants, l'alcool ou l'argent.

Trouvez au moins trois éléments, mais n'ayez pas peur d'être sévère dans cette liste. Rappelez-vous seulement que les défauts rédhibitoires sont différents des petits défauts et des imperfections. Un petit défaut, c'est quelque chose de très agaçant, comme aimer Trois Cafés Gourmands ou les aubergines (alors que beurk). Vous pouvez tolérer un petit défaut. Vous pouvez même vous mettre à l'apprécier (à part cette histoire d'aubergine, évidemment). Un défaut rédhibitoire met automatiquement fin à la relation.

Étape suivante : demandez à votre BFF d'établir les mêmes listes et comparez vos notes.

Les relations peuvent soigner

Alors pourquoi ces listes ? Eh bien, nous ne cherchons pas seulement une relation qui soit chouette (bien que ce soit l'intérêt principal). Nous voulons également qu'elle nous soigne. Une relation intime rend vulnérable. Elle fera ressortir des blessures d'enfance et des cicatrices de relations passées. Elle vous exposera comme vous ne l'auriez jamais imaginé.

Quand ces moments de vulnérabilité surviennent, soit la relation vous encourage à grandir, à évoluer et à guérir, soit… rien de tout ça.

Voici une prédiction pour laquelle je suis assez sûr de moi : à un moment donné, votre prochaine relation réveillera forcément un traumatisme chez vous, et vous mobiliserez vos défenses. À ce moment-là, vous pourriez avoir envie de mettre un terme à la relation, ou tout du moins de vous retrancher derrière une réaction peu constructive.

Faites une pause. Respirez profondément. Reprenez vos listes.

- Cette personne possède-t-elle les qualités dont vous avez besoin ?
- Est-elle exempte de tout défaut rédhibitoire ?
- Vous correspond-elle bien selon les critères que vous venez d'établir (beau boulot, au fait) ?

Si la réponse à ces trois questions est oui, alors il est possible que vous vous comportiez de manière défensive. Oh, juste un brin, évidemment. Une fois que vous êtes en mesure de le reconnaître, ce n'est pas grave d'être un peu vulnérable. Vous pouvez vous adoucir. Vous pouvez admettre que votre réaction était peut-être un poil disproportionnée. Le monde ne va pas s'écrouler pour autant. Et lorsque vous avez admis cela, vous pouvez commencer à réfléchir avec votre partenaire à ce qu'il faudrait modifier ou ajuster dans le système (alias la relation) pour que les choses puissent continuer à rouler et au final, à s'améliorer. **Oui**, il est possible de réparer les choses dans la relation et de devenir encore plus proches, mais cela demande du travail, des prises de conscience et un peu (d'accord, beaucoup) de vulnérabilité.

Je vous inviterai à revoir ces listes à certains moments clés tout au long de ce livre, ainsi vous vous entraînerez à les utiliser avant d'être relâchée dans la nature.

En parlant de listes, vous avez vu ? Je ne vous donne pas de questionnaire à la fin de ce chapitre. Vous avez travaillé dur toute la semaine, on laisse tomber les devoirs ! Passez un bon week-end, reposez-vous bien. Et on ne court pas dans les couloirs !

4

Swiper ou ne pas swiper

À présent que vous avez commencé à mettre le doigt sur ce qui vous a posé problème dans le passé (et pourquoi), et que vous avez une petite idée de ce que vous cherchez (et, tout aussi important, de ce que vous ne cherchez pas), vous voilà prête à plonger dans l'océan des rencontres. Mais comment diable êtes-vous censée trouver des poissons à peu près décents sur lesquels exercer votre nouveau savoir ? Pour vous répondre en deux mots : avec de la pratique. Pour développer un tout petit peu : ce n'est pas le choix qui manque !

Bien sûr, vous pourriez aborder quelqu'un dans un bar, une librairie ou à votre salle d'escalade. Mais on est où, là ? En 2007 ?

Je plaisante, je plaisante. Il y a en réalité beaucoup de très bonnes alternatives aux applis de rencontre si la simple mention de Bumble vous donne envie de balancer votre téléphone dans la benne à ordures (alors n'y mettez pas le feu tout de suite). Rappelez-vous : dans cette maison, on honore son moi authentique !

Dans ce chapitre, nous allons explorer cette merveille du XXIe siècle que sont les rencontres en ligne : comment créer un profil authentique qui marche, quoi vérifier en évaluant un potentiel match, et comment maintenir une vie équilibrée en s'immergeant dans le Far West des applis de rencontre.

Vous êtes très peu connectée ? Aucun problème (mais envoyez-nous un pigeon voyageur pour nous raconter ce que ça fait d'être mieux que tout le monde). Contrairement à une opinion très répandue, les rencontres en ligne ne sont pas l'unique manière de trouver l'amour. Nous allons également explorer des zones négligées d'interactions IRL et définir des stratégies pour rencontrer des partenaires en dehors des applications. Devriez-vous mettre vos ami·e·s sur le coup ? (Oui !) Draguer cette jolie serveuse ou ce charmant vendeur ? (Allez-y ! Mais ne soyez pas lourdingue.)

Aussi, même si vous avez déjà décidé que les rencontres en ligne n'étaient PAS POUR VOUS (je ne vous jette pas la pierre), venez pour m'écouter déblatérer sur les applis, et restez pour les astuces pratiques et les outils que vous pourrez utiliser en face-à-face.

Les applis, c'est l'ennemi

Aaah, les joies (validation instantanée) et les misères (pratiquement tout le reste) des rencontres en ligne.

Soyons honnêtes : ces applis sont « chaotiques et mauvaises ». Elles sont détenues par des sociétés franchement douteuses et conçues par une clique d'ingénieurs dont le but est de vous empêcher de les supprimer, même si leurs campagnes de pub malhonnêtes vous vantent le contraire. Chacune a été optimisée dans un seul but : que les investisseurs fassent le maximum de fric avec votre faim d'amour et votre soif de luxure.

Les principales applis appartiennent pour la plupart à la même société mère, Match Group. Waouh, malin comme nom ! Ils ont lancé match.com, bien entendu, puis ils ont méthodiquement englouti la concurrence jusqu'à dominer le marché. Ils possèdent Tinder, Meetic, OkCupid, Hinge, Plenty of Fish, DisonsDemain, et plus de quarante-cinq (!) autres sociétés de rencontres. D'ici à ce que ce livre sorte en librairie, ce chiffre aura certainement augmenté. Est-ce qu'ils ont réussi à t'avoir, Bumble ?

Les gros bonnets du secteur se fichent que vous trouviez l'amour. D'ailleurs, pour leur chiffre d'affaires, il vaut mieux que vous ne le trouviez pas.

Cela étant dit, en étant authentique dès le départ et en vous appuyant sur le travail que vous avez fait au chapitre précédent, vous pouvez tout à fait utiliser ces applis à votre avantage. La clé, c'est de les aborder avec une stratégie, de façon qu'elles ne deviennent pas une manière supplémentaire de gaspiller votre temps sur votre téléphone. N'engraissez pas les actionnaires !

Tinder *vs* bumble

Chaque appli a son propre style, et vous allez en choisir une ou deux en fonction de ce que vous recherchez. Chacune a ses avantages et ses inconvénients, bien entendu ; mais selon les recherches hautement scientifiques (et évaluées par des pairs) que ma patientèle et moi avons menées pendant des années, voici l'ambiance générale que vous rencontrerez sur les principales applications :

- Tinder : on prévoit seulement de pécho… mais qui sait ?

- Hinge : nous sommes des adultes à la recherche d'autres adultes partageant les mêmes idées pour nous installer ensemble dans des espaces esthétiquement plaisants… mais aussi, on est cool, alors peut-être qu'on peut juste pécho ?
- Bumble : on cherche quelque chose de sérieux sur le long terme, tout en étant vaguement féministe, j'imagine ?
- Feeld : À BAS LA MONOGAMIE TOXIQUE !
- OkCupid : réservé à la génération X, merci.
- Match : on existe toujours, et maintenant on est pour les vieux !
- eHarmony : sommes-nous une secte ? Sommes-nous très religieux ? Non, non, mais ça ne nous gêne pas du tout si c'est ce que vous croyez !
- Plenty of Fish : pour les gens normaux entre deux âges qui aiment les calembours.
- Facebook Rencontres : j'imagine qu'ils essaient d'être la nouvelle tendance ? Le petit Zuckerberg doit rester dans la course à tout prix. Si vous aimez Facebook, vous aimerez probablement Facebook Rencontres !
- Raya : nous avons bien reçu votre demande d'inscription, et nous sommes en train de délibérer avec un échantillon des pires personnes au monde pour décider si vous êtes aussi horrible qu'elles.

C'est ce que j'appelle une évaluation irréprochable !

Il existe aussi environ un millier d'applis de niche qui essaient de changer la donne en étant ultra-spécifiques. Vous aimez le cannabis ? Essayez 420 Singles. Emo ? Allez faire un tour sur GothicMatch. Avez-vous écrit « doit porter la moustache » dans votre liste du non-négociable ? Alors Stache Passions pourrait vous convenir. Je jure que je n'ai pas inventé cette appli. Elle existe vraiment, et c'est magnifique.

J'encourage tous ces coups de pied dans la fourmilière, alors n'hésitez pas à mener votre enquête et n'ayez pas peur de vous plonger dans un univers nouveau ou bizarre, surtout si cela correspond aux qualités que vous avez identifiées comme importantes.

Comment créer un profil gagnant

Il est tentant d'utiliser Tinder ou Feeld pour la bagatelle tout en cherchant simultanément une relation « sérieuse » sur Bumble ou Hinge. Dans un souci de gain de temps et d'efficacité, je ne recommande pas cette approche. Mais si c'est pour celle-ci que vous devez opter, assurez-vous de toujours présenter un moi authentique et cohérent d'une plate-forme à l'autre. Je vous garantis que les gens le remarqueront sinon. Même dans les grandes villes, le vivier de rencontres n'est pas aussi vaste qu'on aimerait le croire, et quand les autres personnes multi-inscrites verront que vous ne montrez pas le même visage selon l'appli utilisée, il est fort possible qu'elles n'aient pas confiance en ce que vous mettez en avant.

Comme nous ne sommes plus en 2007, vous savez probablement déjà comment créer un profil de rencontre. Réfléchissez-y un peu, et évitez le mauvais esprit. Fin.

Bon, pour de vrai, si vous le faites sérieusement en restant fidèle à vous-même, je sais que vous créerez un profil merveilleux qui fera chavirer tous les cœurs. Mais ce n'est pas si facile, n'est-ce pas ?

Bien avant de « passer en direct » – quand c'est encore juste entre vous et votre téléphone et que vous vous décarcassez pour remplir les questionnaires divers et variés de l'appli de votre choix –, vous pouvez vous sentir très vulnérable en vous montrant telle que vous êtes sur votre profil. C'est tellement plus facile de la jouer désinvolte ou de déformer la vérité pour rentrer dans la case où vous *croyez* qu'il serait bon d'apparaître.

Mais si vous vous compromettez, vous, vos désirs et vos besoins, ou si vous êtes ne serait-ce qu'un tant soit peu dans l'indécision vis-à-vis de tout cela, alors il est très probable qu'on le sentira en consultant votre profil. Moyennant quoi, les applis ne fonctionneront pas pour vous, ce qui confirmera l'idée préconçue que vous en aviez, et toute l'expérience vous laissera un goût amer.

Ne soyez pas cette personne. Essayez vraiment de faire de votre mieux et d'être le plus honnête possible dans ce que vous mettez en avant. Voici quelques méthodes pas trop douloureuses pour faire rayonner votre moi authentique.

Mettez autant de photos que vous pouvez le supporter. Et assurez-vous d'être bien dessus. Les animaux de compagnie, c'est mignon, mais c'est *vous* qui devriez prendre la pose avec Rigatoni le corgi. Ne téléchargez pas de photos de coucher de soleil ou d'enseignes néon très sympas. À moins que les enseignes néon très sympas soient une caractéristique déterminante de votre personnalité, auquel cas allez-y, lâchez-vous. Je valide également l'ajout d'une photo de votre en-cas préféré. Ceux qui savent savent.

Mais les gens sont là pour vous voir, vous, alors donnez-leur ce qu'ils veulent.

Vous n'avez pas besoin d'avoir l'air ultra-canon sur chaque photo. Certain·e·s d'entre nous sont systématiquement sublimes (moi par exemple), mais si vous pensez souffrir d'une malédiction photogénique, ne vous mettez pas la rate au court-bouillon pour autant. Je vous garantis que vous êtes trop dure avec vous-même.

En matière de photos, les clichés au naturel l'emportent sur les poses. Montrez votre personnalité. Ajoutez des images de vous en train de pratiquer vos activités favorites. Il faut que les matchs potentiels puissent s'imaginer facilement à vos côtés sur ces photos. Que ce soit une randonnée (mais pourquoi ?), de la poterie (sexy), votre collection de chapeaux rigolos (tordant !) ou une séance d'éclatement méthodique de papier-bulle (tellement satisfaisant), montrez des choses que vous faites réellement pour que les gens puissent facilement se projeter dans votre vie.

Et une excellente façon de démarrer la conversation consiste à glisser dans le lot une (mais pas plus d'une) photo intrigante qui suscite la curiosité des gens (« Mais qu'est-ce que c'est que ça ? »).

Soyez honnête et transparente sur la personne que vous êtes et ce que vous recherchez. Ben, c'est évident, non ? Oh, vous seriez surprise. Je comprends bien que vous cherchiez à paraître aussi charmante que possible auprès du plus grand nombre, et qu'il soit tentant de cacher ou de minimiser des éléments importants dont vous craignez qu'ils réduisent vos matchs. Mais il faut résister ! Même si c'est d'une façon qui peut vous paraître plutôt insignifiante sur le coup, donner une image fausse de vous-même est la plus grosse perte de temps possible. Épargnez-vous, épargnez-leur cela. Vous n'avez pas besoin de matcher avec des milliers de profils. Vous avez besoin de matcher avec les bons profils.

Inutile de plonger dans les profondeurs de votre âme et d'en ressortir chaque pensée qui vous a jamais traversée. Néanmoins, faites preuve de franchise sur ces sujets :

- vos croyances religieuses ;
- vos opinions politiques ;
- vos intentions en matière de relation (long terme, court terme, pas prise de tête, encore à définir) ;
- le type de relation que vous cherchez (monogame, à peu près monogame, polyamoureuse) ;
- votre âge ;
- votre taille ;
- les enfants (que vous avez, que vous désirez, ou pas) ;
- votre consommation d'alcool, de tabac, de drogues ;
- et surtout, votre signe astrologique. Méfiez-vous des Gémeaux et des Poissons. Je plaisante, j'adore votre sensibilité !

Votre bio est le meilleur endroit pour indiquer ce que vous recherchez. Alors allez-y ! Encore une fois, il sera tentant d'essayer de faire le clown ou la maligne. Mais la meilleure manière d'obtenir ce que vous voulez, c'est… vous savez… de demander ce que vous voulez, tout bêtement. Consultez vos listes ! Utilisez un langage clair et concis pour illustrer ce que vous cherchez chez votre partenaire, et comment vous l'intégreriez à votre vie. Voici quelques modèles de présentation – n'hésitez pas à les personnaliser.

- Je cherche quelqu'un de passionné par la vie, curieux du monde qui l'entoure, et prêt à vivre de nouvelles expériences à deux.

- Je cherche un ou une partenaire pour qui la communication, l'honnêteté et la confiance sont des valeurs aussi importantes que pour moi. Construisons une base solide ensemble.
- Je cherche quelqu'un qui partage mon amour du grand air, de la bonne chère et des conversations profondes. Cheminons ensemble vers de nouveaux horizons.
- Je cherche une âme bienveillante et empathique capable de me défier intellectuellement et de me soutenir émotionnellement. Aidons-nous mutuellement à progresser.
- Je cherche un ou une partenaire désirant investir du temps et de l'énergie pour construire une relation durable. Créons un avenir rempli d'amour et de rires.

Vous n'avez pas besoin de matcher avec des milliers de profils. Vous avez besoin de matcher avec les bons profils.

Facilitez la prise de contact autant que possible. En dehors des faits (sur lesquels vous avez été parfaitement honnête) et de votre présentation (où vous avez clairement indiqué ce que vous recherchiez, en vous fondant sur le travail réalisé au chapitre 3), vous pouvez vous amuser un peu et montrer votre sens de l'humour, ainsi que les côtés les plus bizarres/ridicules de votre personnalité. Écrivez des anecdotes qui appellent des questions. Posez vous-même des questions rigolotes. Faites part d'un point de vue original ou d'une opinion impopulaire sur un élément de la culture populaire. Publiez quelques faits amusants sur vous-même qui susciteront beaucoup de réactions. Ainsi, les gens n'auront pas besoin de trop se creuser la cervelle pour trouver comment entamer la conversation.

Demandez des retours. Je recommande vivement de partager votre profil avec quelques personnes de confiance pour qu'elles vous donnent leur analyse. Les gens qui vous connaissent le mieux seront en mesure de vous dire ce qui se dégage de votre profil. Si vous avez un·e psy, demandez-lui aussi son avis. J'adore aider mes patient·e·s à ce sujet. En plus, vous payez votre psy pour qu'il ou elle soit honnête avec vous, alors autant en avoir pour votre argent.

Jeu, set et match

Il y a une raison pour laquelle vous voyez les matchs que vous voyez. Comme toute technologie utilisant une plateforme de recherche pour fournir du contenu, les applications de rencontre fonctionnent avec des algorithmes. Et si l'algorithme ne vous montre pas les matchs potentiels dignes de votre extraordinaire personne, il existe quelques moyens de contourner le système.

Impliquez-vous davantage. Comme tous les algorithmes, ceux des applis de rencontre veulent vous inciter à revenir. Ils récompensent les utilisateurs et les utilisatrices qui participent activement en leur montrant des matchs potentiels qui s'impliquent également. Alors jouez le jeu de l'algorithme et soyez le brave petit robot qu'il veut que vous soyez : likez, répondez aux messages dans les meilleurs délais et badinez à qui mieux mieux. Est-ce que c'est répugnant de se soumettre aux ordres de

Papa Algorithme ? Oui, oui, absolument. Mais plus vous votre engagement est important, plus l'appli vous donnera la priorité en vous proposant des matchs supplémentaires, augmentant vos chances de trouver quelqu'un qui corresponde à vos critères.

Élargissez vos critères de recherche. Sérieux, faites-le tout de suite. Soyez plus souple sur le critère d'âge et arrêtez de faire une fixette sur la taille. Rappelez-vous les éléments importants que vous avez identifiés en établissant vos listes. Si l'appli vous suggère quelqu'un qui ne se trouve pas tout à fait dans la tranche d'âge désirée ou mesure quelques centimètres de moins que ce que vous souhaitiez mais que cette personne coche toutes les autres cases de votre liste, pour l'amour du ciel, répondez-lui !

Lâchez du lest sur le physique (au moins un peu). Essayez de ne pas trop vous focaliser sur l'attraction physique quand vous êtes sur l'appli avec l'impression de feuilleter un catalogue. C'est important, oui, mais il est impossible d'évaluer avec précision comment s'établira la connexion physique en se fondant simplement sur des photos de profil. En outre, l'attraction se développe avec le temps. Si vous ne sélectionnez que les profils auxquels vous donneriez un dix sur dix, vous passez à côté de quelque chose ! Donnez leur chance à ces six et ces sept.

Surveillez votre tendance à critiquer. C'est très facile (et aussi très amusant) de se moquer des profils des autres. Mais essayez de ne pas juger trop durement. C'est difficile de trouver quoi dire dans un nombre de caractères limité !

Ne prenez pas pour argent comptant les informations que les autres choisissent de partager, mais préparez-vous à prendre leurs révélations au sérieux. Si quelqu'un a manifestement bâclé son profil ou que la lecture de ce dernier est chiante comme la pluie, c'est bon à savoir. Si à la question « Comment me séduire », la personne se contente d'un « Surprends-moi ! », ce n'est pas aussi original qu'elle le croit. Il y a même de fortes chances pour qu'elle soit terriblement ennuyeuse. Ou pire : si cette personne ne joue pas le jeu et qu'elle ne prend pas la peine de remplir son profil, il se pourrait qu'elle soit une feignasse peu disposée à s'engager et à faire sa part du travail nécessaire pour une relation. Ayez un regard critique.

Ensuite, lorsque vous parcourez le profil de quelqu'un qui dit quelque chose du style « Les sandwichs sont la clé de mon cœur », ne partez pas du principe que c'est une plaisanterie. Cette personne aurait pu dire que la clé de son cœur était la thérapie, l'honnêteté, les valeurs communes ou littéralement n'importe quoi d'autre, mais non : elle a choisi les sandwichs.

Prenez en compte le fait que vous pourriez vous retrouver embarquée dans de longues discussions comparant les mérites respectifs des différents sandwichs. Baguette ou pain au levain ? Mayonnaise ou moutarde ? Si le sujet des sandwichs vous indiffère au plus haut point, réfléchissez-y à deux fois ! Mais peut-être adorez-vous les sandwichs, vous aussi ? Il n'y a aucun mal à cela. Jamais sans mon wrap houmous-carottes râpées ! Tout ce que je dis, c'est que vous devrez vous attendre à manger des pans-bagnats plus souvent qu'à votre tour. Croyez les gens quand ils vous disent qui ils sont.

Stressant et relou

Les applis de rencontre sont un outil utile dans votre quête amoureuse. Cependant, elles ne sont pas une fin en soi. Et c'est vraiment la fosse aux lions là-dedans. Il faut se blinder face à la perspective de nombreux râteaux, qui ne seront accompagnés d'aucune explication. Ça n'a rien de personnel, donc ne le prenez pas personnellement, même si c'est plus facile à dire qu'à faire. Mais si vous n'avez pas la résilience émotionnelle ou le cuir assez solide pour supporter l'incertitude, prenez le temps de vous recentrer avant de plonger dans la jungle des applis.

Et si vous décidez de vous lancer dans cette aventure, prenez-la au sérieux. Consacrez-y chaque jour (ou tous les deux jours) un temps défini à l'avance. Envoyez des messages soigneusement rédigés. Soyez présente et ouverte à de nouvelles expériences. Faites de votre mieux pour avoir une attitude positive. Si vous croulez sous les messages (bienvenue au club 😉), ne vous mettez pas la pression pour répondre systématiquement à tout le monde. Il ne faut pas que cela devienne un autre boulot à plein temps qui commence à vous gonfler. Consultez les matchs à votre propre rythme, et ne vous sentez pas coupable de ne pas pouvoir répondre à tout le monde.

Enfin, les applis de rencontre peuvent être addictives. En passant du temps dessus, vous recevez les mêmes bouffées de dopamine que celles que vous fournissent les autres réseaux sociaux. Et du fait qu'elles vous récompensent en dopamine de manière aléatoire, ces applis sont conçues pour vous inciter à y revenir toujours plus souvent. Il est important de savoir s'en éloigner parfois. Si vous voyez qu'elles ont un effet globalement négatif sur votre vie, mettez votre profil en pause ou supprimez l'appli de votre téléphone, et retournez-y lorsque vous sentez revenir l'enthousiasme ou la motivation.

SOIGNEZ VOTRE MENTAL

Les rencontres amoureuses en général et les râteaux spécifiques aux rencontres en ligne peuvent provoquer toutes sortes de réactions de vulnérabilité et d'insécurité. Prendre soin de vous renforcera votre résilience et vous donnera de meilleures chances d'aborder cette expérience avec le bon état d'esprit. Si vous vous y mettez en ayant la gueule de bois, en étant affamée ou épuisée, débordée ou dévorée d'angoisse, vous serez plus à fleur de peau. Intégrez certaines des pratiques suivantes à vos habitudes quotidiennes ou hebdomadaires pour vous aider à garder l'équilibre sur le fil des applis.

Respiration : *prenez de longues et profondes inspirations abdominales, et expirez lentement.*

Méditation : *réservez un temps de méditation chaque jour pour vous concentrer sur votre ancrage à la terre.*

Marche : *promenez-vous dans un parc, sur une plage ou dans les bois pour vous connecter à la nature.*

Yoga ou simples étirements : *le yoga et les étirements sont une excellente manière de calmer l'esprit, de vous sentir plus centrée et bien dans votre corps.*

Écriture : *essayez de tenir un journal à propos de ce que vous recherchez dans l'amour. Le fait de coucher vos désirs, intentions et sentiments sur le papier peut vous aider à les analyser et à vous sentir plus calme et plus équilibrée.*

Fréquentation des proches : *passer du temps avec le cercle d'intimes qui vous soutiennent et se soucient de vous peut vous aider à développer un sentiment d'ancrage et de connexion.*

Sommeil : *assurez-vous de dormir suffisamment chaque nuit, cela rendra un grand service à votre corps et à votre esprit.*
Bons petits plats : *manger des aliments et des plats bons pour vous (quelle que soit votre définition de « bon » ici) peut contribuer à améliorer votre niveau d'énergie et de concentration, ce qui, par ricochet, vous apportera une plus grande sensation de calme. Le choix d'une bonne nourriture vous rappelle également que vous méritez de vous sentir bien, un sentiment que vous serez plus susceptible de rechercher ensuite dans d'autres domaines de votre vie.*
Pauses sans écran : *débrancher un peu de vos appareils connectés vous aidera à vous sentir plus ancrée dans le présent et à mettre davantage d'intention dans vos actions.*

Le pouvoir de l'IRL

Et si je vous annonçais que vous n'aurez plus jamais besoin d'utiliser les applis de rencontre ? Tadaaam ! Le rêve devient réalité : ce n'est pas obligatoire.

Vous ne me croyez pas ? Je comprends. Il y eut une brève période où la « culture » nous jurait sur la tête de Mark Zuckerberg que les rencontres en ligne était le SEUL moyen réaliste de se connecter aux autres célibataires, que tous les nouveaux couples se formaient de cette manière, et que rencontrer quelqu'un autrement était impossible.

Tout d'abord, ce n'est pas vrai, et ça n'a jamais été vrai. Des études récentes ont montré que même si les applications de rencontre ont gagné en popularité au point de devenir une industrie brassant des milliards de dollars, il y a toujours beaucoup de gens qui rencontrent leur partenaire hors ligne (c'est environ la moitié des cas, d'après le Pew

Research Center). Et de plus en plus, parmi mes patient·e·s et ma communauté TherapyJeff sur les réseaux sociaux, je constate un mécontentement grandissant envers ces applis, une fatigue des rencontres en ligne en général, et un retour au temps où les jolies rencontres inopinées IRL (*in real life*, dans la vie réelle) n'étaient pas un concept obsolète.

Comme je l'ai mentionné plus tôt dans ce chapitre, les applis de rencontre se fondent sur des données qui sont rarement très significatives pour prédire la compatibilité entre deux âmes : par exemple l'âge exact, la taille et le physique tel qu'il apparaît sur les photos (non contractuelles). En outre, les algorithmes invisibilisent des profils avec lesquels on pourrait matcher pour privilégier ceux qui nous ressemblent (ou paraissent nous ressembler) le plus. Alors si vous vous demandez pourquoi vous vous ennuyez autant sur les applis, il est possible que ce soit parce qu'on ne vous propose que des bagels au sésame alors que vous aimeriez peut-être plutôt ceux aux graines de pavot ! S'ouvrir aux personnes qui se trouvent un peu en dehors de notre zone de confort pourrait nous apporter l'équilibre et le piment nécessaires à nos relations. Mais ce n'est pas évident de débusquer ces personnes avec la doctrine de Papa Algorithme, qui prône que LES DONNÉES PRIMENT SUR TOUT LE RESTE.

Pour résumer : si les applis ne vous branchent pas, vous n'êtes pas la seule, et il vous reste d'autres options. Peut-être que vous les vomissez carrément. Peut-être que ça vous enrage d'être forcée de passer encore plus de temps le nez dans votre téléphone. Ou bien vous avez testé les applis autrefois et n'avez pas réussi à entrer en contact avec ne serait-ce qu'une seule personne pas trop mal. Ne vous inquiétez pas.

Des tas de gens très bien, tout à fait normaux et charmants par ailleurs, sont nuls avec les applis de rencontre. Cela ne signifie en aucun cas que ces mêmes personnes sont nulles en amour (ma coautrice s'estime allergique à ces applis, et je peux confirmer qu'elle est fantastique).

Voici quelques caractéristiques propres aux rencontres IRL, et que j'adore tout particulièrement.

- C'est rétro ! Ça me donne l'impression d'être un vrai mec des années 1990.
- La toute petite montée de dopamine que vous ressentez lors d'une validation sur une application de rencontre n'a rien à voir avec la joie profonde d'une connexion en chair et en os.
- Vous avez accès au langage corporel, aux expressions du visage et à l'énergie des gens. C'est à la fois excitant et très informatif.
- Vous n'avez plus à vous inquiéter de la fidélité des photos. Quel soulagement !
- Vous pouvez ralentir et vous concentrer sur une ou deux personnes à la fois au lieu de passer en revue des dizaines (des centaines ?) de matchs et de mener simultanément dix-huit conversations en ligne.
- Ça semble moins dangereux que de rencontrer un inconnu croisé sur Internet.
- Les voix sont sexy.

RÉFLEXION SUR LE REJET

Cette phase la plus précoce des rencontres (avant le premier rendez-vous) peut parfois donner l'impression de faire des heures sup' à l'usine de râteaux. Lorsque les messages super mignons que vous envoyez ne reçoivent qu'un silence de mort pour toute réponse, lorsque de pétillantes conversations s'éteignent soudain sans explications, ou lorsque vos tentatives charmantes pour engager la conversation avec votre facteur se heurtent à son regard de poisson crevé, c'est difficile de ne pas sombrer dans la déprime. Tout d'abord : vous n'êtes pas seule. Cela arrive à tout le monde, sans exception. Et même si ça a l'air personnel, vous ne devriez pas le prendre personnellement. On a toutes et tous entendu ça, pas vrai ? Et c'est plus facile à dire qu'à faire ! Voici quelques idées qui pourraient vous aider.

- *Vous mettre en avant de la sorte et vous exposer au rejet est un acte courageux. Chaque fois que vous faites cela, vous affrontez une peur naturelle et renforcez votre résilience.*
- *Ce n'est pas votre moi authentique qu'on rejette. Ces gens ne vous connaissent même pas, alors comment serait-ce possible ? Ils n'ont pas passé de temps avec vous !*
- *Vous ne souhaitez pas être avec quelqu'un qui ne veut pas être avec vous et ne prend même pas la peine de répondre à un message. Ces personnes vous rendent service en s'éliminant elles-mêmes.*
- *Vous ignorez tout de ce qui se passe dans leur vie. Elles pourraient subir un gros stress au boulot, faire une overdose d'applis ou s'intéresser à quelqu'un avec qui elles parlent depuis des semaines.*
- *Chaque échec vous rapproche du bon match : c'est horripilant mais c'est vrai. À chaque vent qu'on vous met, à chaque non, vous faites un pas de plus vers le oui qui comptera vraiment.*
- *Votre valeur n'est pas déterminée par la perception que quelqu'un a de vous. Votre valeur n'est pas amoindrie sous prétexte qu'un ou une inconnu·e est incapable de la voir.*

- *Le rejet ne reflète pas vos insuffisances, mais les préférences de la personne qui vous rejette. Tout le monde a des goûts et des désirs différents en amour, et c'est normal. Il en va de même pour vous.*

Tout cela étant dit, ces micro-rejets s'additionnent et se combinent entre eux. Aussi, si vous vous rendez compte que vous réagissez très mal à un moment donné, ne soyez pas surprise. Faites preuve d'indulgence envers vous-même. Prenez une pause. Suspendez votre usage de ces applis jusqu'à ce que vous ayez retrouvé pleinement votre aptitude à encaisser ces stupides petits râteaux. S'ils continuent de s'accumuler et que vous ne comprenez vraiment pas pourquoi, montrez les conversations à un·e ami·e fiable (ou à votre thérapeute. On adore ces trucs-là !). Peut-être seront-iels en mesure de détecter un problème qui vous échappe.

Le jeu de l'amour et du hasard

Mauvaise nouvelle : vous devez effectivement sortir de chez vous pour rencontrer des gens dans la vraie vie (bien que ma coautrice tienne à souligner que son facteur est vraiment très beau, donc peut-être que vous ne serez pas obligée, finalement). Bonne nouvelle : cela peut être aussi simple que d'ajuster vos attentes et attitudes vis-à-vis des choses normales et quotidiennes que vous faites déjà.

Ouvrez-vous à l'éventualité de faire des rencontres au cours des activités quotidiennes que vous pratiquez. Épousez l'idée que vous vivez dans une comédie romantique, et observez comment cela modifie votre comportement dans la vie de tous les jours. Sans verser dans la positivité toxique, c'est vrai qu'on ne sait jamais quand on va tomber sur son propre Darcy.

Soyez attentive aux gens qui regardent dans votre direction. Croisent-ils votre regard pendant deux ou trois secondes ? Cela indique avec une certaine fiabilité qu'ils pourraient apprécier d'être abordés. Et ne vous embêtez pas à trouver quelque chose de drôle et d'inédit pour engager la conversation. Laissez tomber l'humour et l'originalité, même. Je vous en conjure. Dites simplement bonjour. C'est tout. Commencez par « bonjour », et voyez où vous mène la conversation (important : ce conseil ne fonctionne *pas* pour aborder quelqu'un sur une appli de rencontre). S'il y a connexion, ce sera facile de bavarder. Dans le cas contraire, vous pouvez maladroitement arracher votre courrier des mains de votre beau facteur hautain, passer à autre chose et vous sentir fière d'avoir été si courageuse. Tentez votre chance, darling !

Si vous êtes dans un bar, une discothèque, une salle de concert ou tout autre lieu où les gens sont généralement plus disposés à être abordés, prenez le parti de parler de sujets pertinents par rapport à la situation, et qui vous intéressent ou vous enthousiasment sincèrement. Êtes-vous une fervente amatrice de football installée dans un pub pour voir le match ? N'hésitez pas à dire que Manchester City va tout défoncer cette saison, et qu'Arsenal ferait mieux de se mettre au futsal. Êtes-vous à fond branchée décroissance, et dans la file d'attente d'une conférence de Timothée Parrique ? Expliquez à votre voisin·e pourquoi les low tech sont l'avenir de l'humanité. Et si tout le reste échoue, lancez la conversation sur TherapyJeff et combien vous trouvez ses conseils en amour judicieux. Vraiment extra pour briser la glace.

Si l'idée d'aborder quelqu'un de but en blanc vous fait transpirer dans vos baskets, demandez à vos ami·e·s de vous organiser un rencard. Iels adorent jouer les entremetteur·se·s ; iels vous connaissent intimement et iels n'attendaient que ça. Et si iels ne voient pas qui iels pourraient vous présenter, demandez-leur de rester à l'affût.

Est-ce que je devrais m'inscrire au cours de poterie ?

Peut-être... Mais seulement si vous aimez vraiment travailler l'argile. L'idée, c'est de fréquenter des endroits où d'autres font des choses que vous aimez ou qui vous intéressent. Faites du bénévolat. Rejoignez un club de tricot. Allez voir vos groupes préférés en concert. Inscrivez-vous à un cycle de conférences. Vous allez croiser les mêmes personnes plus régulièrement à mesure que vous continuerez de sortir. Et alors que vous ferez peu à peu leur connaissance, vous sentirez peut-être jaillir une étincelle ou deux. Ce qu'il y a de mieux quand on rencontre les gens en vrai, c'est qu'on peut apprendre à les connaître lentement. On peut laisser s'instaurer tout doucement une entente, une amitié, un flirt. On peut sentir monter l'impatience de revoir la personne. Anticiper le plaisir, se laisser gagner par une certaine nervosité. Tous ces bons côtés sont annulés sur les applis, ce qui est bien dommage, parce que ce sont ces petites choses qui créent la connexion et donnent une base solide à la relation.

PASSER EN MP…

Ah, cette question vieille comme le monde : glisser ou ne pas glisser en messages privés ? Est-ce que ça fait lourdingue ? À part pour le cas où vous envisageriez d'écrire subitement à quelqu'un à qui vous n'avez pas parlé depuis quinze ans (ne le faites pas, c'est tout) ou d'envoyer des messages sexuellement explicites à un·e inconnu·e avec qui vous n'avez établi aucun précédent pour user d'un tel langage (là encore, c'est un grand non), tout dépend du contexte.

Dans certaines situations, par exemple si vous avez déjà établi un contact ou partagé des intérêts communs, ça ne pose généralement pas de problème d'engager une conversation via une messagerie privée. Vous avez rencontré cette personne à un mariage l'été dernier et vous aviez bien discuté ensemble ? Êtes-vous tous·tes deux des membres actifs d'un groupe Facebook ? Allez-y, et envoyez un message simple et clair. Soyez transparente quant à vos intentions. Si c'est un rencard que vous avez en tête, dites-le. Si la personne ne répond pas, n'insistez pas. Si elle répond qu'elle n'est pas intéressée, n'insistez pas. Les messages privés peuvent être un bon canal pour faire connaissance, assurez-vous simplement que la communication soit toujours ouverte et respectueuse.

Jouez sur tous les tableaux

En fin de compte, pourquoi ne pas essayer les deux ? Mettez vos œufs dans le maximum de paniers ! Inscrivez-vous à une appli de rencontre, mais fixez des limites quant au temps et à l'espace mental que vous y consacrez. Dans le même mouvement, restez aux aguets pour les rencontres IRL.

L'idée principale, ici, c'est l'intentionnalité. Si vous cherchez sérieusement un ou une partenaire, que ce soit pour la vie ou pour quelques nuits, restez sur la brèche. Faites des pauses quand le besoin s'en fait sentir, oui, mais lorsque vous êtes prête à y retourner, allez-y délibérément. Souvenez-vous des caractéristiques que vous avez pris le temps d'identifier comme capitales chez un ou une partenaire potentiel·le pour votre moi le plus authentique, et ne faites pas de compromis là-dessus. Lancez-vous le défi de sortir de votre zone de confort pour faire un pas ou deux vers le monde des rencontres. Embrassez la gêne et la maladresse. Vous y survivrez ! Et ça en vaudra la peine.

La phase d'échange pré-rencard

Également connue sous le nom de phase des textos ou des conversations préalables, la phase d'échange pré-rencard correspond à cet entre-deux se situant après le moment où vous avez matché avec quelqu'un en ligne ou obtenu son numéro de téléphone IRL, et avant le premier rendez-vous officiel. Vous avez peut-être déplacé la conversation de l'appli vers iMessage, mais le moment du face-à-face n'est pas encore tout à fait venu. C'est un excellent moyen d'apprendre à connaître quelqu'un avant de vous investir dans une rencontre en chair et en os, et si vous savez être attentive aux bons détails, vous allez gagner du temps par la suite. Mais attention à ne pas rester trop longtemps bloquée dans le purgatoire des messages.

Prise de contact

Vous connaissez peut-être déjà l'étiquette en matière de prise de contact. Vous savez peut-être même déjà comment augmenter vos chances d'obtenir une réponse. Mais juste au cas où vous auriez besoin qu'on vous rafraîchisse la mémoire, ou si vous trempez l'orteil dans la piscine des rencontres amoureuses pour la toute première fois depuis longtemps (ou la toute première fois tout court), voici quelques conseils.

Vous voyez quelqu'un qui vous plaît ? Écrivez-lui quelque chose de gentil. Ne vous contentez pas d'un émoji pouce en l'air sur sa photo : dites-lui pourquoi vous êtes sous le charme ! Ou encore mieux, faites-lui un compliment à propos de quelque chose sur son profil qui n'a rien à voir avec son joli minois, et tout à voir avec son authentique moi. Admirez son goût très sûr en matière de rock alternatif des années 1990 par exemple. Racontez-lui combien vous êtes impressionnée par sa collection de chemises en flanelle. Trouvez quelque chose qui semble lui tenir à cœur et qui vous intéresse aussi, puis dites-lui à quel point c'est cool et exprimez votre envie d'en savoir plus.

Pour entamer la conversation, flirtez un peu. Ne vous contentez pas d'un bête « Salut » avant d'attendre que la personne en face se tape tout le boulot. Badinez gentiment. Pas besoin de soumettre les gens à un interrogatoire de police. Mais ne minaudez pas, non plus. Vous n'avez pas à attendre un certain laps de temps avant de répondre, par exemple. Échangez simplement quand vous êtes disponible pour le faire. N'oubliez pas de poser des questions ouvertes et de mentionner des sujets déjà évoqués. Faites preuve d'humour pour maintenir un ton léger.

Une fois le dialogue bien lancé, soyez aussi directe que vous le souhaitez. Consultez vos listes de besoins et de défauts rédhibitoires, et saupoudrez-en la conversation. Ou bien affichez directement la couleur si vous voulez, sachant que ça peut paraître un peu bourrin. Un énorme avantage avec l'évolution des échanges au sein des applis de rencontre, c'est qu'il est désormais socialement acceptable d'être franc et direct, alors assurez-vous de poser les questions importantes avant de commencer à vous enticher réellement de quelqu'un.

Si vous avez l'impression que l'échange est déséquilibré et que vous posez beaucoup plus de questions que la personne en face, c'est peut-être le signe qu'elle n'est que modérément intéressée.

Quand cette situation se présente, c'est facile de s'inquiéter : « Mais qu'est-ce qui ne va pas chez moi ? » Rien du tout ! En réalité, devoir se taper le gros du travail pour faire avancer la conversation à ce stade précoce est un *red flag* bien utile, et il y a de fortes chances pour que ce comportement se poursuive lors des premiers rendez-vous. Et au début de la relation. Et après votre mariage. Et quand vous vieillirez ensemble. Et puis sur votre lit de mort, vous serez là : « Est-ce qu'un jour tu vas finir par me demander comment s'est passée ma journée ?! » Mais il sera trop tard. Comme c'est triste.

Par ailleurs, si la personne ne manifeste de l'intérêt ou ne vous répond qu'à intervalles irréguliers, vous êtes en train de faire l'expérience d'un renforcement intermittent.

Ce peut être le signe d'un comportement manipulateur, prévu pour maintenir votre intérêt et vous rendre accro aux petites miettes d'attention que la personne distribue. Nous aborderons plus longuement cette question quand nous traiterons des *red flags* au chapitre 6, mais pour l'instant, lâchez l'affaire et passez à autre chose.

Psychopathe patrouille

La phase des échanges pré-rencard est le moment idéal pour commencer à écarter les sales types et autres meufs pas nettes. Certaines personnes sont tout simplement nulles pour écrire des textos. Elles ne sont pas forcément infréquentables ; elles sont peut-être hyper-enthousiastes à votre sujet et manquent de retenue en ligne. Fiez-vous à votre intuition. Prêtez attention aux indices pouvant indiquer un comportement en contradiction avec vos listes. S'il y a comme un malaise, tenez-en compte et faites preuve de prudence. Cela étant dit, voici quelques signes caractéristiques indiquant que la personne avec qui vous bavardez est suspecte.

- Elle réclame des informations personnelles bieeeen trop rapidement. Si quelqu'un vous harcèle au sujet de votre historique sexuel ou vous demande d'emblée et à plusieurs reprises votre numéro de téléphone ou votre adresse avant que vous vous sentiez assez à l'aise pour les lui donner, vous pouvez vous demander pourquoi cette personne est si pressante. Tu ne vois pas que t'es lourdingue, frérot ?
- Elle est évasive, ne donne jamais de réponse claire. C'est une chose de jouer les timides, mais c'en est une autre de ne jamais répondre à une question directe.

Que cache cette personne ? N'est-elle pas ce qu'elle prétend être ? Peut-être bien que si, mais ça ne fait pas de mal de se méfier un peu. Arrêtez d'esquiver maintenant, les anguilles !

- Elle commence les sextos beaucoup trop tôt. Même si votre profil annonce sans ambages que vous recherchez une relation à court terme et sans prise de tête, des photos de nudité non sollicitées ou des messages crus survenant avant que tout le monde soit dans l'ambiance peuvent constituer un *red flag* majeur. Remonte ton froc, sale maniaque !
- Elle vous inonde d'amour. Si la personne enchaîne les grandes déclarations, dirige sur vous une attention constante et un jet continu de compliments, il se peut qu'elle manipule vos émotions avec ce bombardement étouffant afin de créer une dépendance et d'exercer son pouvoir sur vous. Au minimum, une escalade rapide des sentiments, des flatteries excessives et un manque de limites peuvent conduire à une dynamique déséquilibrée et malsaine dans la relation. Du calme, espèce de pieuvre !
- Elle pratique le « negging » : elle vous dénigre l'air de rien, avec des compliments à double tranchant ou des insultes voilées. Il s'agit d'une technique de manipulation conçue pour saper votre confiance en vous et votre amour-propre dans l'espoir que vous désirerez une attention positive. C'est abusif et répugnant. Soignez-vous, les toxiques !
- Elle est insistante, agressive et ne respecte pas vos limites. Si elle n'est pas capable de bien se tenir à l'écrit, il y a très peu de chances pour qu'elle s'y mette

quand vous vous rencontrerez en personne. Respire, Gérald, ça va bien se passer !

Circulez, y a tout à voir

Si vous discutez en ligne avec des gens qui ne sont pas très intéressés, ils finiront probablement par ne plus répondre, tout simplement. Comprenez bien que même si ça peut être blessant et perturbant, c'est un comportement classique de nos jours, et honnêtement, on ne peut rien y faire. Ça n'a vraiment rien de personnel, alors ne cherchez pas plus loin. Et n'écrivez pas de messages acerbes et vengeurs aux personnes concernées. Je vous donne la permission de leur tendre une dernière perche sans leur mettre la pression, avec quelque chose comme « Salut, tu as passé une bonne journée ? » mais je vous conseille vivement d'en rester là.

Il est parfaitement normal que quelqu'un change d'avis sans vous donner d'explication. On ne vous doit rien. C'est nul, mais ça marche dans les deux sens. Cependant, si vous vous sentez tenue de dire à quelqu'un, sans détour ni jugement, que ça ne va pas coller entre vous, je vous y encourage. Incarnez le changement que vous désirez voir advenir dans le monde !

Après avoir établi un dialogue et fait de votre mieux pour confirmer qu'il n'y a pas de mec malsain ou de fille toxique à l'horizon, passez à l'étape d'après sans tarder. Proposez un coup de fil ou un Zoom à la cool. Ou avancez directement jusqu'à la case rendez-vous en personne (sujet que nous explorerons au chapitre suivant). Mais si la personne préfère s'en tenir à des échanges en ligne un peu plus longtemps, respectez son souhait. Ne cherchez pas à aller plus vite que ne le désire votre match. C'est la personne qui veut aller le plus lentement qui décide du rythme.

Quand tout le monde est prêt, il est temps de passer à la fameuse étape du premier rencard. Mais avant cela, prenez un moment pour revenir sur votre réussite dans l'une des parties les plus redoutables de la vie amoureuse : parvenir à rencontrer quelqu'un pour de bon.

C'est la personne qui veut aller le plus lentement qui décide du rythme.

1. **Avez-vous déjà investi du temps dans les applis de rencontre ? Qu'est-ce qui a bien marché et moins bien marché ?**
2. **Si vous estimez que « les applis de rencontre, ça ne marche pas » : les utilisez-vous vraiment ? Pourriez-vous élargir vos critères ? Chercher au-delà de votre « type » habituel ? Manipuler l'algorithme en essayant d'être plus active sur l'appli pendant quelque temps ?**
3. **Êtes-vous tentée de cacher ou de déformer des informations clés sur votre profil ? Lesquelles et pourquoi ?**
4. **Décidez combien de temps vous allez passer sur les applis de rencontre chaque jour ou chaque semaine. Mettez cet engagement par écrit et respectez-le.**
5. **Observez comment vous vous sentez lorsque vous passez du temps sur les applis de rencontre. Êtes-vous anxieuse ? Excitée ? Bâillez-vous d'ennui ?**

6. Même si vous n'avez aucune intention d'utiliser ces applis, prenez quelques minutes pour rédiger une présentation de votre profil en utilisant les modèles de ce chapitre. C'est un exercice utile pour préciser davantage ce que vous recherchez.
7. L'idée d'aborder un ou une inconnu·e dans le monde réel, est-ce quelque chose qui vous excite ou bien vous horrifie ?
8. Y a-t-il déjà quelqu'un dans votre vie à qui vous aimeriez proposer un rencard ? Qu'est-ce qui vous en empêche ?
9. Même si vous prévoyez d'utiliser les applis, rédigez quelques phrases d'accroche avec lesquelles vous vous sentiriez à l'aise pour démarrer une conversation avec un ou une inconnue dans la vraie vie. Réfléchissez à ce que vous aimeriez qu'on vous demande.
10. Pouvez-vous convoquer le souvenir d'une personne rencontrée dans la vraie vie avec qui vous auriez aimé flirter, ou simplement discuter, sans que ça arrive ? Qu'est-ce qui vous en a empêché ? Qu'auriez-vous aimé dire ?
11. Est-ce que l'idée de badiner, voire de flirter par messagerie interposée, vous fait flipper ? Pourquoi, à votre avis ?
12. Vous trouvez-vous régulièrement coincée au stade de l'échange de messages pré-rencard ? Qu'est-ce qui vous empêche de passer à l'étape suivante ?

5
Le premier rencard
(de Tinder au Bonheur)

Une fois que vous avez épuisé la phase des échanges préalables, le moment arrive soit de vous retirer élégamment, soit de vous engager dans une tradition vénérable mais souvent décriée : le premier rendez-vous.

Personnellement, j'adore les premiers rencards. Les nerfs qui pétillent, les salutations maladroites, le vaste champ des possibles, les montagnes russes émotionnelles, l'espoir, l'excitation, et même la déconvenue d'une soirée calamiteuse… les premiers rendez-vous parviennent à compiler une multitude d'expériences humaines dans un laps de temps très court. Et bien sûr, n'oublions pas que même le plus pourri des premiers rendez-vous fournit une excellente matière à discussion avec vos potes lors du débrief.

Que vous en raffoliez ou que vous les redoutiez, je suis désolé de vous annoncer que les scientifiques n'ont pas encore trouvé d'alternative au premier rencard. (On m'a dit qu'on ne verrait pas émerger cette technologie avant encore au moins trente-cinq ans.) Mais n'ayez crainte. Pendant plus de deux décennies, mes patient·e·s et moi avons décortiqué et évalué des milliers de premiers rendez-vous, et bien que chaque histoire soit unique et merveilleuse à sa façon, un schéma instructif est apparu. Quels sont les éléments les plus importants d'un premier rendez-vous ? Sur quels détails nous concentrons-nous alors qu'ils n'ont pas la moindre importance ?

C'est ce que vous vous apprêtez à découvrir ici !

Dans ce chapitre, nous allons parcourir les tenants et les aboutissants des premiers rencards. Oui, ils peuvent être horribles, mais avec les bons outils, vous pourrez vous faciliter grandement la tâche. D'ici la fin du chapitre, vous aurez développé une stratégie reproductible et personnalisée pour réussir vos premiers rendez-vous avec brio, en restant fidèle à vous-même et à vos désirs tout en décidant si le zozo assis en face de vous mérite un deuxième *date*.

Plan d'action pour le premier rendez-vous

Première étape : relisez vos listes pour être solide sur vos appuis

Avant le rendez-vous, prenez quelques minutes pour repasser vos listes du chapitre 3 en revue, de façon que toutes les choses dont vous avez et n'avez pas besoin/envie soient nettes dans votre esprit. Lors du rencard proprement dit, la nervosité et l'excitation font qu'il est parfaitement normal d'avoir du mal à examiner la situation de manière logique et rationnelle, mais si vous venez de vous rafraîchir la mémoire avec la liste de tout ce qui compte vraiment, toutes ces infos utiles seront juste là, à portée de main sur la première étagère de votre cerveau.

Posez-vous la question : nos interactions préalables ont-elles éveillé mon intuition ou coincé par rapport à l'un des items de mes listes ? Dois-je, par conséquent, faire preuve d'une vigilance particulière sur un point précis ?

Par exemple, assez haut dans ma liste du non-négociable, je cherche une personne qui a de l'empathie pour les êtres humains et les animaux. Si celle que je m'apprête à rencontrer a fait une blague sur les chats de gouttière qui est tombée un peu à plat durant la phase d'échange de messages pré-rencard, je pourrais avoir envie de creuser un peu pour mieux connaître ses sentiments vis-à-vis des animaux.

Procédez à cette relecture la veille du rendez-vous, de façon à éviter que les infos se perdent dans le stress du jour J.

Deuxième étape : musclez votre ego

Bien que l'objectif d'un premier rendez-vous soit de déterminer s'il y en aura un deuxième, votre objectif à vous, ici, sera seulement d'être vous-même, sans en rougir.

Il est toujours primordial de rester authentique et fidèle à ce dont vous avez besoin, mais il se trouve aussi que c'est particulièrement difficile d'être soi-même lors d'un premier rendez-vous. Il est parfaitement naturel de vouloir impressionner la personne assise en face de vous. On a toujours envie de se montrer sous son meilleur jour dans ce cadre, et il n'y a aucun mal à cela. Néanmoins, je vous invite à faire de votre mieux pour réfréner tout désir instinctif d'enjoliver la réalité avant que cela ne vous éloigne trop de vous-même. Nous ne voulons pas que notre rencard s'éprenne de quelqu'un qui n'existe pas vraiment, n'est-ce pas ? Par ailleurs, il est épuisant de jouer un rôle, quel qu'il soit – même si vous pensez que ce n'est pas grand-chose et qu'il est tellement proche de la vérité que franchement, il n'y a pas de quoi en faire un fromage. En réalité, vous êtes à votre pic de sexytude lorsque vous êtes alignée avec votre être authentique.

Alors gardez cela à l'esprit ! Avant de partir retrouver votre rencard, prenez quelques minutes pour vous rappeler à quel point vous êtes super. Vous n'avez pas besoin de *simuler quoi que ce soit pour impressionner qui que ce soit.* Vous êtes unique au monde, et vous êtes la meilleure, nom d'une licorne en rut ! Pas besoin de faire plus compliqué que ça, mais n'hésitez pas à être plus spécifique selon les encouragements dont vous avez besoin.

Si vous sentez que vous vous mettez à jouer un rôle, faites un pas de côté. Respirez profondément et reprenez pied. Il suffit parfois simplement d'aller faire un petit tour aux toilettes et de se passer de l'eau fraîche sur les poignets pour couper court à l'anxiété qui essaie de vous pousser à prendre l'air d'être ce que vous n'êtes pas.

Troisième étape : jetez vos attentes à la poubelle

Alors comme ça, vous avez échangé des textos enflammés ? C'est formidable ! Mais vous ne savez pas du tout comment votre étincelle électronique va se traduire au moment d'échanger des regards en face-à-face.

Il est toujours utile d'adopter une attitude optimiste (dans pratiquement toutes les situations), mais lors d'un premier rencard, il est plus important de rester réaliste et d'activer votre module de collecte de données. Allez à ce rendez-vous comme vous iriez à une exposition d'art. Faites preuve d'objectivité. Gardez vos sens en éveil pour prendre en compte un maximum d'informations. Ce tableau est peut-être super, mais est-ce qu'il irait vraiment bien dans votre salon ? Prenez le temps (avant, pendant et après) d'écouter tout ce que vous ressentez pour éviter d'être submergée sur le moment.

Sortez de votre tête, où résident les attentes, et entrez dans votre corps, où vous pourrez observer la façon dont il réagit à ce temps que vous avez choisi de passer avec cette autre personne.

Pouvez-vous deviner dans les cinq premières minutes si ce ou cette presque inconnu·e pourrait vous correspondre ? Peut-être. Pourriez-vous vous tromper ? C'est possible.

Notez la sensation que vous éprouvez lors de cette toute première rencontre. Si vous ressentez quelque chose qui se trouve sur le spectre allant de bof à beurk, soyez-en consciente. Gardez cette information pour plus tard, mais tâchez de rester ouverte à un potentiel changement d'atmosphère au cours du rendez-vous. Les cinq premières minutes sont notoirement maladroites, alors essayez de ne pas faire de jugements à l'emporte-pièce. Est-ce que ça vous plairait d'être jaugée aussi rapidement par un ou une total·e inconnu·e dans une situation stressante comme celle-ci ? J'en doute !

Quatrième étape : ne prenez rien de ce qui arrive personnellement

Cette personne étrangère ne vous connaît ni d'Ève ni d'Adam ! Pas plus que vous, vous ne la connaissez. Même lorsque vous restez fidèle à votre moi le plus authentique, tout ce qui se passe lors d'un premier rendez-vous est une projection, dans une certaine mesure.

Votre *date* et vous faites tous les deux de votre mieux pour être gentils, drôles et adorables tout en projetant un max sur l'autre (dégueu). Ce n'est pas parce qu'il dit en passant qu'il aime parfois se faire une journée à la plage qu'il partage forcément votre objectif d'aller passer vos vieux jours sur la Côte d'Azur.

Il y a une part de fantasme et d'artificialité intrinsèque aux premiers rendez-vous. Et ce n'est pas grave. C'est à ça que servent les premiers rendez-vous. Vous commencez tout juste à faire connaissance.

Que cela ne vous empêche pas de passer un bon moment ; mais si ça se déroule moyennement bien ou que le rendez-vous tourne en eau de boudin, sachez que cela n'a rien à voir avec vous, et tout à voir avec le fantasme qui est projeté sur vous. Vous n'avez aucun contrôle là-dessus, et vous ne devez pas le prendre personnellement.

Cinquième étape : décidez si vous avez envie de revoir cette personne

Un premier rendez-vous n'a qu'une seule raison d'être : vous aider à décider si vous en souhaitez un deuxième. Si vous avez passé une super soirée, c'est un bonus bien sympathique. Mais pour certaines personnes, le premier rencard est un mauvais moment à passer en attendant des *dates* meilleurs, plus exaltants et plus savoureux.

Ôtez-vous un peu de pression en décidant avant même que le premier rendez-vous ait commencé que, sauf catastrophe, vous serez ouverte à un deuxième rendez-vous.

La première rencontre est bizarre, c'est comme ça ! La deuxième l'est beaucoup moins, elle vous permet de vous poser et d'avoir une meilleure idée du genre de personne à qui vous avez affaire.

Si un défaut rédhibitoire de votre liste se fait jour, c'est juste ça : un défaut rédhibitoire. Ne perdez pas votre temps. Dites poliment à votre *date* que vous ne sentez pas suffisamment de connexion.

Dans les autres cas, signez pour un deuxième rendez-vous, au cours duquel vous pourrez mieux vous rendre compte de ce que cette personne est vraiment.

EST-CE QU'IL OU ELLE ME PLAÎT ?
VS *EST-CE QUE JE LUI PLAIS ?*

C'est dans la nature humaine d'avoir envie que votre rencard vous apprécie. Mais lorsque vous vous concentrez seulement sur le fait de plaire, le risque est d'oublier de vous demander ce que vous, vous ressentez. En restant bloquée sur l'inquiétude de savoir si vous séduisez ou non la personne en face de vous, vous finirez peut-être l'esprit confus parce que vous aurez été trop distraite pour recueillir les données permettant de répondre à la question du deuxième rendez-vous. Si vous vous reconnaissez dans cette situation, essayez de vous rendre aux premiers rencards en étant consciente de ce schéma, efforcez-vous d'évacuer les pensées anxieuses qui surgissent, et faites de votre mieux pour vous ancrer dans l'instant présent.

Où devriez-vous aller ?

Allez là où vous serez à l'aise. Là où vous sentez que vous pourrez être vous-même. Où ça vous chante ! Si votre rencard vous laisse le choix du lieu, profitez-en pour suggérer un endroit dont vous savez qu'il vous plaira. Si vous vous en fichez sincèrement ou que vous souffrez d'indécision chronique, demandez-lui de vous donner trois options, puis choisissez celle que vous sentez le mieux.

Pour vous donner du grain à moudre, voici quelques propositions classiques pour un premier rendez-vous.

- **Un bar !** Ça n'a rien d'étonnant si l'alcool est considéré comme un lubrifiant social. Par ailleurs, les bars ont souvent une lumière tamisée et une atmosphère propice au flirt. Ils peuvent constituer une excellente option même si vous ne buvez pas d'alcool. Avant d'en proposer un, vérifiez leur carte pour voir s'ils ont une offre sympa de cocktails sans alcool. C'est cool de ne pas picoler, et il est hors de question que vous ou votre rencard vous retrouviez avec un malheureux Vittel menthe. Si vous choisissez de boire, décidez à l'avance combien de verres vous prendrez.
- **Un café !** Les boissons chaudes sont une excellente option parce que ce n'est pas bizarre si un rendez-vous au café ne dépasse pas trois quarts d'heure, tout en pouvant parfaitement durer deux heures. Cela vous laisse l'espace de faire court *ou* de prendre votre temps. (Pensez à commander du déca pour éviter d'accroître votre anxiété.)
- **Une promenade !** Marcher ET parler ET flirter en même temps : pour certaines personnes, ce sera beaucoup trop compliqué de faire tout à la fois, mais c'est peut-être une configuration où vous vous sentez particulièrement à l'aise, justement. Se regarder dans le blanc des yeux par-dessus une table peut être sacrément intense, alors que regarder droit devant soi tout en se rapprochant mine de rien de l'objectif des 10 000 pas quotidiens pourrait être pile la solution qu'il vous faut pour que les choses soient simples et décontractées.
- **Une activité !** Si vous vivez dans la terreur des conversations forcées et des silences gênants, faire ensemble une activité ludique peut apaiser vos nerfs. C'est parti

pour le minigolf, la peinture sur céramique ou la visite d'un musée, avec leurs sujets de conversation prêts à l'emploi.

Ne transformez pas ce premier rendez-vous en marathon. S'il se passe bien, il est tentant de le prolonger de plusieurs heures. Mais ce n'est jamais une mauvaise idée de se séparer alors que les deux parties ont trouvé ça trop court. Cela permet de se réjouir à l'avance d'un deuxième rendez-vous, et cela vous donne l'espace pour faire le point avec vous-même sur la connexion qui s'est établie – ou pas.

UN VERRE, ÇA VA…

Le premier rendez-vous se profile ; c'est un bon moment pour réfléchir à votre rapport à l'alcool (et à d'autres substances). Oui, boire un verre ou deux ensemble peut vous aider à fluidifier la conversation. Et vous êtes peut-être une grande amatrice de vin en quête de son âme sœur œnologue du dimanche. Toutefois, et c'est bien connu, l'alcool altère le jugement et peut brouiller la communication. Sans compter, bien sûr, les préoccupations de santé bien documentées et les problèmes potentiels de dépendance liés à un usage excessif.

Décidez à l'avance de ce avec quoi vous êtes à l'aise, à la fois pour vous et pour votre partenaire potentiel·le, et respectez vos limites. Parlez ouvertement de consommation de substances psychotropes avec votre rencard. Et respectez le point de vue de chacun·e.

En définitive, c'est à vous de décider quel rôle peut jouer l'alcool dans votre vie amoureuse. Je suggère d'adopter une attitude consciente en prêtant attention à la façon dont la consommation d'une quelconque substance psychotrope vous

affecte, vous et votre date. *Et si vous remarquez des conséquences négatives (allant de l'embarras post-rendez-vous à des sommes excessives dépensées en frais de taxi), demandez-vous si cela ne vaudrait pas le coup d'exclure l'alcool de vos prochains rendez-vous.*
Enfin, si vous faites le choix d'une légère ivresse, je ne vous juge pas, mais assurez-vous de toujours privilégier sécurité et consentement.

Et si vous paniquez ?

À ce stade, la nervosité est un phénomène parfaitement normal. Autorisez-vous à l'accueillir ; elle refluera à mesure que le rendez-vous suivra son cours. Dans l'hypothèse peu probable où vos nerfs resteraient en pelote, ce n'est pas grave. Essayez de les laisser faire leur vie. Plus vous faites une fixette sur votre stress, plus vous lui donnez du pouvoir. Voici quelques techniques éprouvées qui fonctionnent sur moi et mes patient·e·s pour calmer la panique du premier rendez-vous.

- **Respirez.** Prenez trois profondes respirations et sentez votre abdomen se gonfler puis se dégonfler. En fournissant un supplément d'oxygène à votre cerveau, vous aidez votre corps à se détendre et à se réguler lui-même.
- **Gardez une boisson glacée appuyée contre votre paume ou votre poignet.** Le froid va rafraîchir votre corps. La nervosité a tendance à nous donner chaud, alors vous vous sentirez moins submergée en contrebalançant cette surchauffe.

- **Préparez-vous.** Ayez un petit stock de questions préparées à l'avance (voir section suivante), vous n'aurez pas la pression de devoir réfléchir à flux tendu.
- **Ne paniquez pas à cause du silence.** C'est difficile à faire, mais vous n'êtes pas obligée de combler en permanence les silences avec du bavardage. Vous vous mettez trop la pression pour être divertissante. Laissez l'autre parler, ou bien accueillez ce silence, tout simplement. Il n'est peut-être pas confortable, mais il ne peut pas vous faire de mal.
- **Avouez !** Dites à votre rencard que vous êtes nerveuse. Le simple fait de verbaliser vos émotions peut vous procurer un soulagement inouï. Et cela donne à l'autre l'occasion d'exprimer à son tour sa vulnérabilité. Si vous êtes tous les deux en panique, la situation vous semblera moins effrayante.
- **Faites une petite pause.** Allez aux toilettes ou sortez un instant. Parfois l'anxiété est tellement paralysante qu'il vaut mieux s'éloigner un moment. Un peu d'air frais vous permettra peut-être de repartir du bon pied.

De quoi va-t-on parler ?

De ce que vous voulez. Ça n'a aucune importance. Démarrez avec un « Comment s'est passée ta journée ? » et continuez à partir de là. Pratiquez l'écoute active. Soyez curieuse de ce que raconte l'autre et réagissez à ce que vous entendez. Posez des questions ouvertes à partir de ce que votre rencard exprime pour commencer à cerner un peu ses intérêts et sa personnalité.

Inutile d'avoir les conversations les plus profondes et les plus passionnantes au monde lors d'un premier rendez-vous. Mais si vous avez besoin d'un peu d'inspiration, voici mes questions révélatrices préférées. Choisissez celles qui résonnent avec ce qui compte pour vous (consultez vos listes !).

- **Quelle a été ton expérience la plus intéressante ou la plus mémorable au cours d'un voyage ?** Cette question peut révéler à quel point la personne a le goût de l'aventure (ou pas), et comment elle s'adapte à un nouvel environnement. Si c'est votre truc. Personnellement, je m'intéresse davantage aux différentes manières qu'elle peut avoir de se vautrer sur un canapé.
- **Qu'est-ce qui te passionne le plus ?** Cette question vous aidera à saisir les priorités et les centres d'intérêt de votre rencard, et ce qui l'excite vraiment dans la vie. Peut-être révélera-t-elle au contraire un manque significatif d'enthousiasme en général, ce qui peut être un *red flag en soi.*
- **Qu'est-ce que tu aimes faire le week-end ?** Celle-ci fournit des informations sur ses passe-temps et sa manière de se détendre. Elle peut aussi mettre au jour des centres d'intérêt communs. En outre, il faut que vous sachiez si ses dimanches sont régis par le football, ce qui est un bon ou un mauvais point selon votre propre position à ce sujet. (Allez l'OM !)
- **Quels sont les rêves que tu aimerais réaliser dans ta vie ?** Vous informer sur ses aspirations peut vous aider à cerner ses ambitions et ses objectifs à long terme.

- **Qui t'influence le plus dans ta vie, et pourquoi ?** Cette question peut révéler les valeurs de la personne, ainsi que le type de personne qu'elle admire et qui l'inspire.
- **Quel livre, film ou série a eu le plus d'impact sur toi ?** Celle-là vous aidera à connaître ses goûts en matière de divertissement, le genre d'histoire qui le touche, et, surtout, à savoir devant quelle émission de télé votre rencard s'endort le soir. En ce qui me concerne, ce sont les sitcoms style *New Girl*.
- **Si tu pouvais dîner avec n'importe quelle célébrité d'aujourd'hui ou du passé, qui choisirais-tu et pourquoi ?** Cette question peut révéler ses centres d'intérêt en histoire, en politique ou en culture populaire, ainsi que sa curiosité pour le plat préféré de TherapyJeff. (La réponse est : les hamburgers.)
- **Quelle est la chose que tu préfères dans ton travail ?** Cela vous permet d'en savoir davantage sur la vie professionnelle de votre rencard et ce qu'il y trouve de gratifiant ou d'enrichissant. En outre, s'il vous répond un truc du style « Déso, petite capitaliste classiste, ce rendez-vous est terminé » : c'est une perle rare.
- **Qu'est-ce que tu aimes faire pour rester en forme ?** Cette question vous fournira des précisions sur ses habitudes sportives, ses loisirs et son attitude générale envers le bien-être et la santé, si c'est un sujet important pour vous. Mais c'est aussi une question un peu validiste, à manier avec précaution donc.
- **Quel est le dernier truc qui t'a fait rire ?** Celle-là peut vous aider à comprendre son sens de l'humour,

à savoir ce qui lui procure de la joie et quels mèmes sont importants à ses yeux.

- **Quel est ton souvenir d'enfance préféré ?** Pour avoir un aperçu de son éducation, de ses dynamiques familiales et de ses expériences formatrices. C'est également un avant-goût des traumatismes non résolus qui pourraient se manifester dans une relation future. Que du fun et de la légèreté au programme !
- **Quelles sont les qualités auxquelles tu attaches le plus d'importance en amitié ?** Cette question peut révéler ses priorités relationnelles ainsi que ce qui compte tout particulièrement avec ses proches.
- **Si tu pouvais voyager dans le temps, où et quand irais-tu ?** Celle-là peut vous aider à connaître les sujets qui éveillent sa curiosité concernant l'Histoire, ou sa propre ascendance. Par ailleurs, s'il ne répond pas « Seattle dans les années 1990 » (puisque c'est incontestablement l'apogée de la culture) : c'est quoi son problème ?
- **Si tu ne pouvais plus écouter qu'un seul genre musical pour le restant de ta vie, qu'est-ce que tu choisirais ?** C'est juste une variation sympa sur le thème « C'est quoi ton groupe préféré » qui pourrait révéler des préférences communes. (Pour avoir un indice sur la bonne réponse, revoyez la question précédente, bien entendu.)
- **As-tu des habitudes bizarres ou pas banales ?** Cette question peut vous montrer comment votre rencard se perçoit, et vous donner un aperçu des traits uniques qui le caractérisent.

Ne posez que des questions auxquelles vous êtes prête à répondre vous-même. Sinon, ce n'est pas juste ! Quant à ce que *vous* choisissez de partager, tâchez d'être dans la retenue. Une pointe de vulnérabilité peut être attrayante, mais ce n'est pas génial de se lancer dans le récit détaillé de vos traumatismes. Si les choses se passent bien entre vous, vous aurez l'occasion de vous étendre plus longuement sur votre passé. Pas besoin de submerger l'autre dès le premier rendez-vous.

S'exfiltrer d'un premier rendez-vous foireux

Vous avez tenu plus de cinq minutes, ça continue d'être catastrophique, et vous avez la certitude absolue que ça ne marchera jamais entre vous ? Vous avez trois options :

1. être honnête ;
2. trouver une excuse pour partir ;
3. persévérer.

Vous ne serez sans doute pas surprise d'apprendre que je recommande l'option numéro 3. Que se passerait-il si vous vous souveniez d'abandonner toutes vos attentes et de vous concentrer simplement sur le fait de passer un bon moment avec cette personne pour qui vous avez fait l'effort de mettre vos plus beaux atours et de sortir de chez vous ? C'est un bon entraînement. Plus vous pratiquerez l'exercice du premier rendez-vous, travaillerez l'art de la conversation et musclerez votre évaluation d'un *date*, plus les rencontres deviendront quelque chose de facile et de confortable. Tenez bon, et voyez ce qui se passe. Dans le pire des cas : vous vous ferez peut-être un ou une nouveau/nouvelle ami·e.

Parfois, vous savez sans hésitation qu'il ne se passera rien avec cette personne, ni amoureusement ni d'aucune autre façon. Essayez d'être honnête sans être blessante : dites simplement que vous ne ressentez pas de connexion et que vous aimeriez en rester là. Vous serez contente d'avoir choisi la voie la plus directe.

Enfin, vous n'avez absolument aucune obligation de rester à un rendez-vous, surtout s'il y a un malaise ou si l'ambiance est hyper-bizarre, voire légèrement inquiétante. Tout d'abord, assurez-vous qu'une personne de confiance sache toujours où vous êtes. Ensuite, si vous ne vous sentez pas en sécurité, vous n'avez pas besoin d'une excuse pour partir. Annoncez que vous allez aux toilettes et sortez par la porte de derrière (et n'hésitez pas une seconde à demander de l'aide au personnel ou à une inconnue si la situation présente un risque).

Partir d'un premier rencard pas mal ou génial

N'acceptez pas de deuxième rendez-vous si vous n'êtes pas sûre. Dites à votre rencard que vous lui enverrez un texto pour le tenir au courant. C'est tellement tentant de conclure un *date* par un « *J'aimerais beaucoup qu'on se revoie* », même si vous ne le pensez pas vraiment. Vous êtes quelqu'un de sympa, vous ne voulez blesser personne. Je comprends. Mais quand on est à l'autre bout du bâton, ça craint ! Alors partez plutôt en disant : « Merci pour cette soirée ! Je t'écris plus tard. » Et tenez parole, écrivez-lui vraiment.

Si vous avez passé un super bon moment, c'est mignon d'envoyer un message plus tard le jour (ou le soir) même. Ce n'est pas glauque, ce n'est pas « trop ». Tout le monde aime avoir rapidement des nouvelles après un rendez-vous.

Allez-y franchement, dites que vous avez passé un bon moment et que vous espérez qu'il ou elle est bien rentré·e.

Mais ne soyez pas insistante à la fin d'un rencard, ni dans les heures ou les jours qui suivent. Si vous percevez de l'hésitation en face, ne forcez pas les choses. Insister lourdement, ce n'est *pas* sexy.

> ***EMBRASSER OU NE PAS EMBRASSER ?***
>
> *Ne commencez pas à vous inquiéter au sujet d'un éventuel baiser. Si baiser il y a à la fin du rendez-vous, parce que vous le sentez bien et que les planètes sont alignées, alors c'est super. Mais vous préoccuper de savoir si un baiser ou un autre contact physique intime adviendra relève de la pure distraction. Gardez le premier baiser pour un deuxième rencard réussi, et épargnez-vous tout ce tracas.*

Débriefing post-rencard

Cela prend du temps de créer une vraie intimité. Je ne dis pas qu'il est impossible de vivre une connexion forte dès le premier rendez-vous, mais je maintiens que c'est improbable. Alors que vous êtes en train de décompresser après cette première rencontre, il est important de ne pas confondre intensité et intimité.

Lors d'un premier rendez-vous, il n'est pas inhabituel d'établir une connexion intense, caractérisée par une forte excitation émotionnelle qui peut être plaisante, palpitante ou écrasante. Cela peut être un bon ou un mauvais signe : vous pouvez mettre cette excitation sur le compte d'une authentique étincelle, mais aussi sur celui de l'alcool ou de l'anxiété, du soulagement, de l'euphorie d'avoir passé une soirée ailleurs que sur votre canapé, ou de tout un tas d'autres facteurs encore. On ne sait pas encore exactement, et vous allez devoir passer davantage de temps ensemble pour le découvrir. Dans tous les cas, la véritable intimité prend du temps, quand vous êtes dans une relation où toutes les parties sont encouragées à être authentiques.

Prenez l'habitude de passer un moment à faire le point avec vous-même après un premier rendez-vous. Cet exercice deviendra plus facile à mesure que vous vous entraînerez à être aussi présente et attentive que possible lors de vos rencards. Une fois rentrée chez vous, posez-vous les questions suivantes afin d'analyser plus finement comment les choses se sont passées. Cela vous aidera en outre à répondre à la question cruciale du deuxième rendez-vous, si vous hésitez encore.

?

1. Quelle est votre impression générale sur le déroulement du rendez-vous ? Quel genre d'ambiance y avait-il ?
2. Est-ce que votre intuition/votre instinct a essayé de vous souffler quelque chose pendant ou après le rendez-vous ? Quel était le message ?
3. Est-ce que quelque chose a activé vos défenses lors du rendez-vous (c'est le moment de vérifier votre liste !) ou fait surgir d'autres sentiments négatifs ?
4. Comment vous sentiez-vous dans votre corps durant le rendez-vous ? Comment vous sentez-vous maintenant qu'il est passé ?
5. Avez-vous parlé facilement ? Vous êtes-vous trouvé des points communs ? La discussion était-elle fluide ?
6. Avez-vous ri ? Vous êtes-vous amusée ?
7. Vous êtes-vous sentie à l'aise (au bout d'un moment) ?
8. Avez-vous ressenti de l'attirance pour cette personne ? (Ce n'est pas grave si la réponse est non.) Est-ce que vous vous imaginez l'embrasser ? (Pas de problème si vous n'en êtes pas là.)
9. Votre rencard a-t-il été gentil avec vous et dans ses autres interactions ?
10. Vous a-t-il rappelé votre ex, et est-ce une bonne ou une mauvaise chose ?
11. À quel point avez-vous réussi à être authentique ? Avez-vous rencontré des difficultés pour montrer votre vraie nature, et sauriez-vous les identifier ?
12. Et la reine des questions post-rencard : avez-vous envie de le ou la revoir ?

6

Le stade « Hé, t'as vu comme je ne suis pas bizarre ? »

(Oui, oui, promis. Tout est normal chez moi.)

Les premiers rendez-vous, c'est beaucoup d'émotions et de questionnements. Comme nous en avons parlé dans le chapitre 5, ils sont à la fois la promesse de tous les possibles et la source de tout un tas d'angoisses très spécifiques. Mais qu'en est-il du deuxième rendez-vous ? Quid de ce moment aussi merveilleux que stressant, entre le premier rencard et le « OH LÀ LÀ, ON EST EN COUPLE » ? C'est là qu'on commence à vraiment s'éclater (et à vraiment bosser).

Le temps que passent les couples à ce stade est très variable. Il dépend notamment beaucoup de votre tolérance à l'ambiguïté. Mes patient·e·s et moi passons beaucoup de temps à trouver comment faire face à l'anxiété que ce type spécifique d'incertitude peut susciter.

Le meilleur moyen d'éviter que l'anxiété vous envahisse consiste à vous concentrer sur tous les autres aspects de la vie riche et épanouie que vous menez en dehors des rencontres amoureuses. C'est un bon moment pour vous rappeler qu'une personne ne peut pas à elle seule combler chacun de vos besoins, fût-elle la plus-parfaite-de-toutes-pour-aller-avec-votre-moi-authentique. Elle ne le peut pas, et elle ne le devrait pas ! Alors sortez avec vos potes. Allez à des concerts. Faites quelque chose de créatif. Ouvrez un compte TikTok. Clashez les grands noms de la psychothérapie. Devenez célèbre sur Internet. Gagnez des millions de followers. Commencez un podcast de conseil en vie amoureuse. Écrivez un livre… Bref, faites les trucs normaux que tout le monde fait pendant son temps libre.

En résumé : restez à ce stade prérelationnel aussi longtemps que vous en éprouvez le besoin. Cela peut durer le temps de trois rencards, de dix, de vingt. Il n'y a pas une bonne manière d'aborder cette phase de prélude amoureux, mais dans ce chapitre, j'exposerai quelques considérations importantes pour votre court séjour dans cette merveilleuse zone grise. Faites-vous un thé, installez-vous confortablement : c'est parti.

Les tout premiers jours

Bienvenue dans le monde post-premier rencard ! Beaucoup de bisous en perspective durant ces jours bénis, très chère (si les bisous c'est votre truc ; vous avez bien sûr tout à fait le droit d'aller dans une autre direction).

Ce qu'il y a de mieux avec les premiers jours ? Vous n'êtes pas attachée. Vous créez des attaches – oui, c'est tout l'intérêt – mais vous n'êtes pas, genre, hyyyper-attachée. Si votre rencard vous annonce au quatrième rendez-vous que Jean-Claude Van Damme est son « animal totem » ou avoue ne « pas croire à la psychothérapie » (L'HORREUR), vous pouvez tourner la page sans trop de répercussions émotionnelles.

C'est à ce moment-là que vous pouvez jouer de votre extrême perspicacité. Le problème, c'est que c'est aussi le moment où tout le monde se tient à carreau. Il vous faut donc jouer les détectives. En gros, vous êtes la Veronica Mars des préludes amoureux. Ou le Jake Peralta de l'après-premier rencard, si vous êtes née après l'an 2000.

> *« Oh ! là, là, ne sommes-nous pas un merveilleux couple de personnes super sécures avec des vies parfaitement équilibrées et aucun cadavre en train de pourrir dans un placard ? J'adore passer du temps avec toi, mais je suis aussi hyper-cool à l'idée de ne pas passer du temps avec toi, à moins bien sûr que toi, tu ne veuilles passer du temps avec moi, vu que dans tous les cas, je suis incroyablement zen et je prends les choses comme elles viennent.* Carpe diem, hakuna matata, que sera sera. *Peu importe, je m'en fiche de toute façon. Et au fait, j'ai des réactions très normales à absolument tout. Perso, les gens qui font des drames à tout bout de champ, ça me refroidit tellement ! Je ne m'abaisserais jamais à ça. Il y a quelque chose que tu dois savoir à propos de moi, c'est que je positive en toute circonstance et que j'ai une super vision de la vie. À part si quelque chose ne va pas du tout du tout, et qu'il faut être très, très en colère et aller manifester dans la rue, ce que je ferai tout en gardant l'air complètement sublime. Non, non, ce ne sont pas des piqûres d'insectes et un coup de soleil qui cloque. C'est juste que c'est tellement FANTASTIQUE d'être ici que ma peau exprime sa joie. »*
> *Signé : n'importe qui lors d'un troisième rencard dans toute l'histoire de l'univers*

L'objectif de cette période de prélude (au-delà de kiffer, et au passage, vous devriez !), ce sera de découvrir, en gros, le système de valeurs et de croyances de votre partenaire potentiel·le. Ces valeurs sont-elles alignées avec les choses importantes pour vous ? Qu'est-ce qui fait vibrer cette personne ? Qu'est-ce qui la met hors d'elle ? Comment se comporte-t-elle quand elle est stressée, submergée, ou qu'on réveille un traumatisme chez elle ? Et comment vous traite-t-elle quand c'est vous qui êtes stressée, submergée ou qu'on a réveillé un traumatisme chez vous ? Enfin, est-ce que tout cela correspond à ce que vous recherchez dans une relation ?

Vous vous rappelez cette liste du non-négociable que vous avez établie ? Je vous avais prévenue qu'elle serait importante. Quoi ? Vous ne m'avez pas cru ? Dommage pour vous, parce que le grand jour est arrivé pour cette liste. Je décrète un jour férié pour la liste. Vive la liste !

L'ironie cruelle est que le stade des premiers jours est pile le moment où vous êtes le plus susceptible de balancer votre liste aux ordures, puis de mettre le feu à la poubelle (ne le faites pas s'il vous plaît, c'est un délit).

Je comprends cet instinct. Je fais ça, moi aussi. C'est beaucoup plus sympa d'être plein d'espoir que plein de listes. Mais c'est le moment où vous avez le plus besoin de votre liste. Parce que les premiers temps, quand tout le monde se montre sous son meilleur jour, sont aussi ceux où il est facile de tomber dans le piège du « j'espère que je lui plais ».

Non ! C'est vous la perle rare ! C'est lui ou elle qui a trop de chance, qui devrait espérer vous plaire !

Alors, si vous êtes du genre à avoir des aimants sur votre frigo (naze, mais il faut de tout pour faire un monde), affichez-y votre liste. Ou écrivez-la sur votre miroir avec du rouge à lèvres comme si vous étiez le méchant d'un film d'horreur. Faites-la vous tatouer sur le front. Gardez cette liste à l'esprit, c'est ce que je veux dire. Ne faites pas de compromis. Pas maintenant.

Enfin, rappelez-vous que ce n'est pas un problème de rester un peu sur la réserve. **Y a pas le feu au lac.** Prenez votre temps. Observez. Soyez curieuse. Posez des questions. Essayez de ne pas vous attacher à un boulet. (Ce qui ferait un super titre alternatif pour ce chapitre.)

Red flags (si vous trouvez ça suspect, c'est probablement suspect)

Quand vous cherchez un ou une partenaire, il ne s'agit pas de trouver quelqu'un qui coche absolument toutes les cases et n'a pas besoin de changer d'un iota (souvenez-vous, il n'existe pas de partenaire « parfait »). Il s'agit de trouver quelqu'un qui connaît ses défauts et ses comportements un peu merdiques, et qui a le désir de grandir et de progresser avec vous.

Un défaut est quelque chose d'irritant ou d'énervant. C'est généralement quelque chose de mineur. Quelque chose qui ne menace pas la relation. Quelque chose dont vous pouvez vous accommoder. Cela peut même être une bizarrerie attachante, que vous trouvez stupide au départ mais qui finit par devenir charmante.

Si vous êtes très active en ligne, vous avez probablement déjà croisé l'expression « *beige flag* ». Un *beige flag* peut être quelque chose d'hyper-spécifique, drôle éventuellement, limite bizarre parfois, mais clairement pas glauque ni flippant. Les *beige flags* ne sont pas nécessairement un bon ou un mauvais point, mais s'ils vous font grimacer ou que vous les trouvez gênants, cela vaut la peine de les garder à l'œil.

Je prends un exemple complètement au hasard… mettons que quelqu'un trouve que c'est une bonne idée, au cours d'un voyage en voiture, de chanter l'intégrale de Blink-182 (huit albums studio, sans compter l'album live). Vous pourriez penser : vraiment ? Blink-182 ? Ce pseudo-punk naze des années 1990 ? Et je pourrais vous répondre : certes, mais avez-vous envisagé un instant que c'était vous qui aviez un *beige flag,* à considérer que j'étais un gros ringard sous prétexte que je ne suis pas fan de Pavement ? Et de toute façon, Blink-182 c'est vachement mieux. (Bon, ma coautrice menace de me planter là… passons à autre chose !)

Contrairement aux *beige flag*s et aux petits défauts potentiellement charmants, les *red flags* sont de gros signaux d'alarme vous avertissant d'une potentielle incompatibilité. Ils peuvent être dangereux ou malsains. Ils pourraient entrer en conflit avec vos valeurs cardinales. Ils risquent d'affecter votre amour-propre ainsi que votre capacité à faire confiance et à aimer sans retenue lors de futures relations. Et si ces *red flags* persistent, ils signent la fin de la relation.

Je prends encore un exemple purement hypothétique… Vous me rabaissez activement, vous vous moquez de moi et vous me dénigrez devant tous vos amis parce que je trouve que le premier album de Third Eye Blind est incontestablement l'un des dix meilleurs albums des années 1990 et soutient sans problème la comparaison avec *(What's the Story) Morning Glory?* d'Oasis. Si vous m'humiliez et que vous me blessez, c'est clairement un *red flag*. (Ma coautrice tient à préciser qu'elle n'a jamais fait une chose pareille.)

***L'alchimie du* red flag,** *ou quand le* red flag *se fait enivrant et addictif : elle se manifeste lorsque la situation entre vous* *deux est chaotique, imprévisible, dingue et/ou bizarre. Les sentiments de perte de contrôle, d'impuissance ou de danger grisant sont courants lorsque l'alchimie du* red flag *opère. Elle peut vous donner l'impression d'être sur des montagnes russes émotionnelles. Et indéniablement, c'est excitant. Si vous avez déjà couché ensemble à ce stade, c'était probablement incroyable. Mais est-ce là tout ce que nous recherchons ? Je veux dire, si c'est le cas, très bien. Mais si vous cherchez à tisser un attachement plus sain et plus durable, ne confondez pas l'alchimie du* red flag *avec une compatibilité à long terme.*

Un *red flag* est un comportement qui fait obstacle à la formation d'un lien sécure et sain avec votre nouveau *crush.* Alors que vous êtes en train de faire connaissance, gardez un œil sur ces caractéristiques des *red flags*…

Un style de communication évitant, mensonger ou médiocre. Les mensonges en général ou même seulement les mensonges stratégiques par omission constituent d'évidents *red flags.* Mais si votre nouveau roudoudou se ferme comme une huître à chaque fois qu'un moment gênant se profile, c'est aussi une attitude à laquelle il faut prêter attention. Si vous ne pouvez pas parler honnêtement de choses qui vous dérangent dans les tout premiers temps d'une relation, quand les enjeux ne sont pas énormes, est-ce que vous avez vraiment envie de voir ce que ça va donner dans dix ans, quand vous n'aurez pas d'autre choix que de harceler votre partenaire spécialiste de l'esquive pour réussir à avoir ne serait-ce qu'une malheureuse conversation au sujet de l'état de votre relation ? Non, vous n'avez pas envie de ça.

Un sentiment de chaos ou d'imprévisibilité. Une virée à la mer décidée au dernier moment ou un rencard-marathon de quarante-huit heures, ça peut être super fun, mais parfois, j'ai besoin qu'on me prévienne à l'avance pour pouvoir m'organiser, tu sais ? Et si on sort ensemble depuis quelque temps et que tu disparais tout à coup pendant une semaine, pour ne ressurgir dans ma vie qu'à des moments aléatoires, on va avoir un problème. Quelque chose se cache derrière ce comportement erratique et peu fiable.

L'imprévisibilité ne conduit pas à la stabilité, et elle ne crée certainement pas un attachement sécure. Elle peut, en revanche, prendre la forme d'un renforcement intermittent qui, figurez-vous, est l'un des meilleurs moyens de rendre quelqu'un accro à vous. Bon sang, nos cerveaux sont vraiment des gros débiles parfois. Voilà, tout à coup, une partie de moi se sent droguée à cette attention sporadique qu'on m'accorde, ce qui a un sérieux impact sur mon bien-être global. Je ne dis pas que la spontanéité est une tactique de manipulation ; ce que je dis, c'est que c'est une tactique utilisée par les manipulateurs. Restez sur vos gardes.

Immaturité émotionnelle et superficialité. Tout le monde apprécie un petit « titre de votre *sex-tape* » bien placé de temps à autre, mais si tu optes par défaut pour l'humour adolescent quand je suis en stress ou que je déprime, nous risquons de ne pas être compatibles. Il y a une différence entre la légèreté et la vacuité émotionnelle. C'est parfaitement naturel que les premiers temps d'une relation soient une période fun et détendue ; il n'y a rien de mieux que de faire rire aux éclats votre nouvelle petite fleur des îles, pas vrai ? Ah, c'est tellement génial. Mais au risque de jouer les rabat-joie, mes petits chats, vous allez au-devant de moments difficiles. Et si votre nouveau choubidou se révèle n'être rien de plus qu'un joli minois sans profondeur et incapable d'accueillir des sentiments complexes, vous allez vous sentir émotionnellement laissée pour compte à l'avenir. Quand le besoin s'en fait sentir, il faut que votre partenaire soit profond·e et pénétrant·e (titre de votre *sex-tape*).

Manque d'intérêt pour votre expérience. En gros, à quel point cette personne est-elle égoïste ? Centrée sur elle-même ? Vous blesse-t-elle systématiquement en ne reconnaissant pas que ses actions et ses paroles vous affectent ? Vous déçoit-elle en n'étant pas là pour vous lorsque c'est important ? Néglige-t-elle vos préférences, manque-t-elle de répondre à certains de vos besoins secondaires même quand vous les exprimez directement (des choses comme le restaurant où vous aimeriez aller dîner ou le film que vous souhaiteriez voir) ? Si l'expression « Si elle le voulait, elle le ferait » sonne vrai pour beaucoup d'entre nous, ce n'est pas sans raison.

Si vous le lui faites remarquer, se justifie-t-elle toujours à coups de variations sur le thème « Mais j'avais de bonnes intentions ! » ? On est au XXIe siècle, bon sang de bonsoir. C'est une défense au mieux très maigre, et qui peut indiquer que votre partenaire potentiel·le va avoir du mal à endosser la responsabilité de ses actes. Pire encore : s'iel se sent attaqué·e et offensé·e quand vous lui demandez des comptes, il est probable qu'il lui manque les outils émotionnels ou mentaux pour s'oublier un instant et faire preuve de compassion et de curiosité quant à la façon dont vous vivez la situation de votre côté. C'est difficile d'avoir une relation épanouie avec quelqu'un qui est certain qu'il y a toujours une seule réalité objective, plutôt que deux réalités très subjectives et aussi valables l'une que l'autre. Le monde est vaste et tout en nuances, mes lapins.

Manque de clairvoyance quant à la façon dont le passé se manifeste dans le présent. Le fait d'identifier comment votre enfance, votre famille et vos relations passées continuent d'influencer la personne que vous êtes aujourd'hui est un travail que des millions de gens font en thérapie. Mais l'accès à un ou une thérapeute professionnel·le et qualifié·e est un privilège hors de portée pour beaucoup ; l'idée n'est donc pas d'avoir une lettre de recommandation de psychanalystes des beaux quartiers que vous auriez vus trois fois par semaine pendant cinq ans. Cela étant dit, quand une personne n'a pas la moindre compréhension, pas la moindre curiosité quant à la façon dont les traumatismes de son passé influencent ses schémas négatifs, cela signifie qu'il y a peu de chances pour qu'elle réussisse à faire le lien et à évoluer un tant soit peu.

Par ailleurs – et vraiment, ça me fait mal de mettre la question du genre sur cette table –, il n'est pas rare que les hommes émotionnellement attardés passent d'une femme à l'autre, obtenant une thérapie et des conseils relationnels gratos sans faire l'effort de s'améliorer de leur côté. Des problèmes non reconnus et non résolus chez un·e partenaire peuvent pousser l'autre, plus évolué·e, à endosser le rôle de thérapeute, et ce n'est pas juste. Ni mignon.

Bombardement amoureux. Comme nous l'avons évoqué dans le chapitre 4, on peut parler de bombardement amoureux quand la personne que vous fréquentez est absolument folle de vous dès le départ : compliments à gogo, grands projets d'avenir, affection débordante, attention permanente. Ça donne une de ces pêches ! Vous êtes sous le charme ! L'air est doux là-haut, sur le piédestal où vous avez été hissée, et vous planez sous l'effet de la dopamine de l'amour. Vous êtes fabuleuse, il n'y a pas de question. Puisque vous êtes en train de lire ce livre, déjà, vous êtes pratiquement l'incarnation d'un *green flag*. Mais quand on est en train de faire connaissance avec quelqu'un, la quantité d'amour dont on bombarde l'autre devrait être directement proportionnelle à la quantité de choses que l'on sait sur l'autre. Sinon, c'est que la personne vous idéalise et projette sur vous des tonnes de fantasmes, auxquels il est impossible que vous correspondiez. Elle le fait peut-être à dessein (ce qui n'est pas cool du tout), ou bien que ce n'est pas intentionnel (pas cool non plus, mais un peu moins mauvais). Dans tous les cas, il y a 99 % de chances pour que ça se termine mal, quand l'inévitable vérité de votre être (formidable, ça va sans dire) fera irruption dans le fantasme que l'autre a élaboré.

Vous avez probablement d'autres comportements à ajouter à cette liste de *red flags* (que je vous demanderai d'inventorier un peu plus tard). Rappelez-vous : tout ce qui fait barrage à la formation d'une connexion saine et authentique peut être un *red flag*, surtout si le comportement en question vous fait vous sentir mal, remet en question la perception que vous avez de votre moi, ou vous empêche d'être vous-même.

En voici quelques-uns de plus pour apporter de l'eau à votre moulin.

- Vos proches ne l'aiment pas. En partant du principe que vous leur faites confiance, ne négligez pas ce *red flag*.
- La personne ne vous présente aucun membre de sa famille ou de son cercle amical. Ou peut-être n'a-t-elle pas de relations proches dans sa vie. Il peut y avoir de bonnes raisons à cela (vient-elle d'emménager ici ?), mais avancez avec prudence.
- La personne ne montre aucune curiosité pour vos centres d'intérêt. D'accord, la vannerie c'est peut-être un peu barbant, mais elle devrait au moins s'enthousiasmer pour votre enthousiasme.
- La personne manifeste une jalousie intempestive. Ce n'est pas mignon !
- Ses ex, sans exception, sont « taré·es », comme par hasard. Mais bien sûr.
- La personne fait pression pour faire avancer la relation à un rythme qui vous met mal à l'aise, physiquement ou d'une autre manière. Les limites, c'est sacré !

Quand on fait connaissance avec quelqu'un, la quantité d'amour dont on bombarde l'autre devrait être directement proportionnelle à la quantité de choses que l'on sait sur l'autre.

C'est marrant de se moquer des gens bornés et de leurs *red flags*. Ah bon, tu crois vraiment que ta préférence pour les corps épilés est un goût personnel et n'a rien à voir avec des injonctions sexistes ? Mais à moins que la personne ne soit un connard ou une connasse fini·e, il y a de bonnes chances pour qu'elle ne fasse pas exprès de vous contrarier ou de « gérer les relations comme une merde ». Même si les *red flags* ne sont **jamais** acceptables, lorsque vous les voyez chez les autres, essayez de faire preuve de compassion à leur égard.

Pourquoi ? Parce que ça marche dans les deux sens, que les comportements problématiques peuvent concerner tout le monde et que vous avez peut-être besoin de balayer devant votre porte, vous aussi. Un peu d'introspection et une conscience active de la manière dont vous vous présentez à ce stade précoce de la relation ne vous permettront pas seulement d'avoir une vie amoureuse plus épanouie ; c'est aussi une excellente occasion de vous connecter à votre moi authentique et d'identifier vos propres zones de croissance. Et une volonté authentique de travailler sur soi peut prendre le dessus sur n'importe quel *red flag*.

Green flags (oui, merci, encore s'il vous plaît)

Un *green flag* est un comportement qui va dans le sens d'une relation saine et d'une connexion sécure. Simple, n'est-ce pas ? Mais au tout début d'une histoire, les *green flags* peuvent être souvent plus difficiles à repérer que les *red flags*, qui sont souvent accompagnés de précieuses sirènes d'alarme. Les *green flags* sont cependant tout aussi importants. Identifier ces indicateurs subtils de maturité émotionnelle peut vous aider à déterminer si votre rencard possède la connaissance de soi et le désir de grandir que vous recherchez chez un·e partenaire au long cours.

Alors, prenons quelqu'un au hasard et examinons ses *green flags* pour mieux comprendre ce que je veux dire. Voyons voir, nous allons choisir... MOI ! On connaît bien, moi ! Mes *green flags* sont les suivants :

- J'ai une grande intelligence émotionnelle.
- J'ai été, et je suis encore actuellement en thérapie.
- Je n'évite pas le conflit et j'apprécie les conversations gênantes sur des sujets difficiles.
- Je sais écouter.
- Je suis généreux au lit.
- Je sais comment mes traumatismes d'enfance ont affecté mes schémas relationnels.
- Je sais quel type de soutien émotionnel demander.
- J'ai beaucoup d'amis formidables qui se soucient de moi.
- Je suis clair sur ce que je souhaite dans une relation.
- Je sais poser des limites.
- Je ne deviens pas méchant quand on se dispute.
- Je suis hilarant.
- J'ai d'excellents goûts musicaux. (Le saviez-vous ? Le groupe Nada Surf est le meilleur de tous. Allez l'écouter !)
- J'ai un style très cool que tout le monde ne peut pas se permettre, car j'ai la carrure idéale pour les chemises à carreaux des années 1990 et les tee-shirts de rock alternatif vintage.

J'aimerais continuer, mais ma coautrice menace de vomir sur le manuscrit, ce qui nous obligerait à tout jeter par la fenêtre pour reprendre depuis le début. On est déjà trop avancés, mes lapins !

Admettons : techniquement, les trois derniers ne sont pas des *green flags*. Bien que mes goûts musicaux impeccables, mon génie comique et mon sens inné de la mode soient très attrayants, ils ne conduisent pas nécessairement à une relation saine ; par conséquent, pour les besoins de cet exercice (et SEULEMENT celui-ci), nous pouvons les ignorer. Tout comme un *red flag* est différent d'un défaut, un *green flag* n'est pas simplement un détail charmant ou adorable.

> *Avec* **l'alchimie du green flag,** *vous trouvez beaucoup d'intérêt à poser votre bouche un peu partout sur le corps splendide de l'autre. Mais au lieu d'avoir le sentiment d'être une espèce de train fou qu'on ne pourrait pas tenir pour responsable de ses actes, vous êtes dans la maîtrise totale. Vous êtes vue, entendue et comprise. Bien que l'alchimie du* green flag *puisse ne pas être toujours aussi enivrante que celle du* red flag, *c'est celle-là qui vous dispose à créer un attachement sécure et sain.*

À mesure que vous enchaînez les rendez-vous avec votre nouveau capybara chéri, restez attentive aux signes indiquant que cette personne avec qui vous passez du temps a envie d'une relation fondée sur l'honnêteté, la solidarité et un lien sécure. Les *green flags* doivent permettre les choses suivantes.

Faciliter une communication honnête et saine. À un moment ou un autre, vous risquez de trouver l'autre étrange. Tout le monde a ses mauvais jours. Mais votre rencard sait-il exprimer ce qui lui arrive ? Sait-il demander simplement ce dont il a besoin ? « Les grosses fêtes, ça a tendance à m'angoisser ; est-ce que tu voudras bien rester à mes côtés ce soir ? »

Si vous faites quelque chose qui le contrarie, est-il capable de vous en faire part de façon directe et sans agressivité ? « Quand je te racontais la dernière crasse de ma sœur, tu n'arrêtais pas de regarder ton téléphone, alors j'ai eu peur de te gonfler avec cette histoire, et que tu prennes son parti à elle. Mais on sait bien que les sœurs sont affreuses. Non ? C'est juste la mienne ? »

Êtes-vous assez à l'aise avec cette personne pour en faire autant ? Êtes-vous capable d'exprimer vos propres besoins, et vous répond-elle avec empathie et curiosité lorsque vous le faites ?

Créer un sentiment de sécurité et de prévisibilité. Cette personne est-elle présente lorsqu'elle dit qu'elle le sera ? Et je ne parle pas nécessairement de ponctualité (qualité qui pourrait se trouver dans votre liste du non-négociable, ou bien être un détail qui ne vous gêne pas spécialement car vous êtes la déesse du zen). C'est important qu'elle tienne ses engagements avec un minimum d'annulations de dernière minute, qu'elle ne vous pose pas de lapin et qu'elle réponde à vos messages dans un délai raisonnable, la définition d'un délai raisonnable étant laissée à votre appréciation. (Personnellement, c'est quatre heures les jours de semaine, et deux heures le week-end. Mais en vrai, c'est une minute trente n'importe quel jour, parce que comment oses-tu me laisser en « vu » pendant plus de 90 secondes ???)

Faire preuve de profondeur et de maturité émotionnelle. Est-ce que votre rencard manifeste de l'empathie et de la compréhension lorsque vous lui faites part de vos émotions ? Ou bien avez-vous l'impression de lui parler dans une langue étrangère ? Et lui, quand une émotion le traverse, est-il capable de la nommer ? Vous seriez choquée de connaître le nombre de gens incapables de dire simplement « Je suis triste ». Ou bien ça ne vous surprendrait pas tant que ça.

Votre rencard est-il capable de gérer et de réguler ses émotions, même dans les situations critiques ? S'il parle mal au serveur parce qu'il est frustré que sa crème brûlée mette trop de temps à arriver, la réponse est non (en plus, il aurait dû prendre les profiteroles plutôt, donc *RED FLAG*). L'avez-vous vu en état de vulnérabilité ? Ses yeux se sont-ils embués quand vous lui avez montré cette vidéo du labrador qui venait de retrouver sa famille après s'être perdu dans les bois pendant neuf mois, ou bien avez-vous affaire à un robot sans âme ?

Comprendre l'impact de son comportement sur les autres (vous). Votre rencard est-il un crétin complètement autocentré, ou bien est-il généralement conscient du fait que ses actes et ses paroles ont un effet sur vous ? Remarque-t-il quand il vous a déçue ou que vous vous sentez mal à cause de lui ? Et quand cela se présente, s'en soucie-t-il, est-il capable de reconnaître ses erreurs et de s'excuser ? Quand vous êtes ensemble, est-il attentif à votre bien-être, vous pose-t-il des questions sur ce que vous ressentez (l'exemple le plus basique étant : « Est-ce que tu passes un bon moment ? ») ?

Montrer une conscience des traumatismes d'enfance et des relations passées et de leur impact sur les autres (là aussi, vous). Écoutez, on a toutes et tous nos problèmes (voir plus haut au sujet des sœurs pour avoir une idée des miens !). Mais votre rencard est-il conscient des casseroles qu'il apporte dans cette relation ? Est-il en mesure de faire des liens entre ses expériences vécues et la personne qu'il est aujourd'hui ?

Par exemple, peut-il exprimer clairement que son père était très avare de câlins, ne les distribuant qu'en cas de victoire sportive impressionnante, ce qui a suscité chez lui une pression constante pour être performant et l'impression générale de ne pas être à la hauteur ? Le cas échéant, est-il capable de surveiller ces réactions déclenchées par le passé pour les empêcher de se rejouer à l'infini dans la dynamique de ses relations amoureuses ?

Certains de ces exemples, le dernier en particulier, peuvent sembler être beaucoup demandés, même pour les personnes les plus évoluées d'entre nous. Nous sommes toutes et tous en construction, et personne n'est en permanence un parfait gentil petit *green flag. Mais vous faites des efforts pour devenir une personne épanouie, consciente d'elle-même et émotionnellement mature, et vous méritez d'être avec quelqu'un qui en fait autant.*

Les choses de la vie

Je déteste quand j'ai l'air de votre mère qui vous embête au sujet de ses petits-enfants, mais c'est important d'être au diapason sur les éléments importants de la relation que vous valorisez le plus.

Les gens changent, et vous devez laisser assez d'espace pour permettre à ces changements d'advenir – ou pas – chez vos partenaires et chez vous-même. C'est l'un des risques qu'on prend en décidant de s'engager dans une relation longue avec quelqu'un, mais c'est aussi génial d'assister à ces changements chez quelqu'un qu'on aime. Cela étant dit, il y a des sujets sur lesquels il est difficile de faire des compromis si vous ou votre partenaire avez les idées très arrêtées. Alors que vous apprenez à connaître l'autre, assurez-vous d'avoir des conversations sur les questions suivantes.

- **Style de relation :** est-ce que tu as envie d'une relation monogame, ouverte, polyamoureuse ?
- **Enfants :** hésites-tu ? Est-ce un oui franc et massif ou un non ferme et définitif ? As-tu une vague idée de combien, et quand ?
- **Religion/spiritualité :** y a-t-il des croyances religieuses ou des pratiques spirituelles qui sont importantes pour toi au quotidien ?
- **Lieu de vie :** où souhaites-tu vivre ? Es-tu un rat des villes ou une souris des champs ? Envisagerais-tu de déménager ailleurs, ou bien veux-tu rester dans ta ville natale jusqu'à la fin de tes jours ?
- **Carrière :** quelles sont tes ambitions professionnelles, et est-ce qu'elles interfèrent avec ton implication dans une relation amoureuse ou ton opinion sur un éventuel déménagement ?
- **Argent :** quelles sont tes habitudes de dépenses/d'épargne et quel est ton point de vue sur le fait de s'endetter ?
- **Valeurs sociales/activisme :** de quelle manière t'impliques-tu dans ta communauté et quelle est ta position sur les causes sociales, environnementales ou humanitaires ?
- **Politique :** quelles sont tes positions politiques, et dans quelle mesure s'invitent-elles dans ta vie quotidienne ?

- **Famille :** est-ce que tu es très famille, ou pas du tout ? Attends-tu un niveau d'implication similaire de la part de tes partenaires ?
- **Objectifs à long terme :** où espères-tu être dans cinq, dix ou vingt ans en matière de succès personnel, de carrière et de famille ?

Certains des points de cette liste relèvent peut-être du non-négociable pour vous, tandis que d'autres pourraient faire l'objet de compromis ; dans tous les cas, on en revient à la question de ce que vous voulez. Si vous faites des rencontres dans l'objectif de vous marier, et que la personne en face ne croit pas à cette institution, le plus simple est probablement d'en rester là avant d'être trop impliquée dans la relation. Mais si vous avez seulement envie de vous amuser, de papillonner et de profiter de votre célibat, ce n'est pas forcément un problème que les enfants vous dégoûtent et que votre rencard en veuille dix (mais plus tard). Dans tous les cas, parler tôt de ces sujets alors que vous êtes en train de faire connaissance permettra d'éviter les grosses surprises en chemin. Et ce n'est pas grave si vous n'avez pas encore les réponses à toutes les questions. Moi non plus ! Mais le dialogue ouvert, la flexibilité et le fait d'accepter l'influence de l'autre vous aideront beaucoup.

Comment en rester là

Que faire si, après deux ou dix rendez-vous, vous réalisez que cette personne n'est pas pour vous ? Vous avez soupesé les *red flags* et les *green flags*. Vous avez eu des conversations sur les grandes questions qui vous tiennent à cœur. Vous avez relu votre liste du non-négociable. Vous vous êtes fait tirer les cartes. Et les calculs ne sont pas bons.

> **L'alchimie du *yellow flag* :** *et si l'alchimie sexuelle de cette nouvelle relation est plus bof que waouh ? L'énergie sexuelle a autant d'importance que vous souhaitez lui en accorder, mais sa complète absence peut être signe de désintérêt, ce qui n'est pas de bon augure. À l'inverse, l'alchimie qui se développe petit à petit, à mesure que vous apprenez à vous connaître, peut être le socle d'une relation saine et durable, qui va plus loin que le simple désir de vous arracher mutuellement vos vêtements. D'après mon expérience, vous savez déjà dans quel cas de figure vous vous trouvez. Faites confiance à votre instinct.*

Ou peut-être que vous ne le sentez pas, tout simplement. Là non plus, pas de problème ! Que vous ayez une explication logique et raisonnable ou qu'il s'agisse seulement d'un manque de cette alchimie indicible qui fait fonctionner une relation, il est temps de regarder la réalité en face… Il faut en finir, très chère.

Argh. La culpabilité de rejeter quelqu'un. La peine et la confusion sur son visage. Le risque d'une réaction bizarrement agressive. Non merci. Rendez-vous compte : je pourrais mettre un terme à cette histoire aujourd'hui et me sentir horriblement mal, ou bien je pourrais faire littéralement n'importe quoi d'autre et me sentir bien. Je ne suis jamais surpris quand mes patient·e·s ont du mal à se sortir même des relations les plus courtes. C'est nul !

Mais vous êtes mature et responsable, et vous allez gérer ! Et une fois que vous aurez fait ce que vous *savez* devoir faire, vous serez hyper-fière de vous.

Commençons par le commencement : devriez-vous simplement ghoster cette personne ?

LOL, non bien sûr. Mais… peut-être ?

Si vous avez l'impression que le plus sûr est de disparaître sans explication, allez-y. Malheureusement, parfois, on sort avec des gens flippants. Ou bien des personnes qui dégagent quelque chose de tellement chaotique et d'imprévisible qu'il serait plus facile pour tout le monde que vous ne les contactiez plus. Si vous estimez qu'il y a un risque pour votre sécurité émotionnelle, mentale ou physique, je vous donne par la présente la permission de les ghoster en bonne et due forme. Si vous ne craignez rien pour votre sécurité, en revanche, prévenez l'intéressé·e (avec franchise et sans détour) que vous ne souhaitez pas poursuivre cette relation.

Vous me demanderez peut-être : « *TherapyJeff, puis-je procéder par texto ?* »

À quoi je vous répondrai : « *Ben ouais, pourquoi pas ?* »

Ce n'est pas une règle stricte, mais j'estime qu'il est parfaitement convenable de se contenter d'un texto pour une personne que vous avez vue moins de quatre fois. Ça passe peut-être même encore si vous avez eu cinq ou six rendez-vous avec elle. Mais ça dépend de la tonalité des moments passés ensemble ; c'était plutôt des soirées bière et fléchettes, ou bien vous êtes-vous raconté vos pensées profondes et vos secrets les plus intimes jusqu'à l'aube ? Si la personne s'est montrée vulnérable et vous a confié des détails très personnels sur sa vie, elle mérite probablement un coup de téléphone (c'est violent, je sais) ou une conversation en face-à-face.

Dites : **« C'était un plaisir de passer du temps avec toi, mais je sais que je ne vais pas tomber amoureuse. »**

Et voilà, c'est tout. Vous n'êtes pas obligée d'en dire plus. Vous n'avez pas à prouver en quoi vous ne vous correspondez pas. Vous n'avez pas besoin d'entrer dans le détail fastidieux des raisons pour lesquelles vous n'accrochez pas. Vous n'avez pas à fournir une liste des choses rébarbatives et stupides que la personne a pu faire ou dire.

Si elle insiste pour avoir des raisons, c'est à vous de voir à quel point vous souhaitez être honnête, ou pas. Peut-être que si vous lui expliquez gentiment ce qui vous a déplu, cela l'aidera dans ses relations futures. Mais ce n'est pas votre boulot. Et il y a de fortes chances pour que vous n'ayez pas une image complète et précise de cette personne, alors pourquoi lui créer des complexes ?

Vous êtes bien évidemment pleine de compassion, mais tâchez de ne pas vous laisser accabler par la crainte de blesser l'autre, qui connaissait le risque d'être rejeté en commençant à faire des rencontres. Vous serez respectée pour votre franchise. Et dans le cas contraire, vous l'avez échappé belle.

Refusez de rester amis à moins que vous en ayez réellement envie. Terminez la conversation et souhaitez-lui bonne chance pour la suite.

Allez-y molloooo

Il peut arriver aussi qu'après quelques rendez-vous, vous ayez envie de passer la vitesse supérieure. C'est une super nouvelle ! Alors, on fait quoi maintenant ? Esther Perel, cette légende vivante de la thérapie de couple, encourage vivement les partenaires à cultiver leurs propres intérêts, leurs passions et à s'occuper de leur croissance personnelle, plutôt que de s'impliquer trop avec l'autre et de tomber dans la codépendance. Les débuts d'une relation devraient compléter la vie que vous avez déjà ! Alors ne déprogrammez pas cette soirée entre filles que vous aviez prévue. Allez boire un coup avec vos copains. Ou n'importe quoi d'aussi fun, mais en plus mixte. L'essentiel est de ne pas se précipiter.

Et je ne parle pas de s'abstenir de coucher ensemble pendant un laps de temps arbitraire. Couchez, ne couchez pas, les deux sont bien !

Dans tous les cas, évitez de bouleverser complètement votre vie. Casez cette nouvelle personne là où ça vous semble naturel. Ce peut être une ou deux fois par semaine. À la rigueur trois, si elle a envie de vous préparer à dîner et que vous n'en pouvez plus de bouffer des restes de pâtes au ketchup au-dessus de votre évier. Amusez-vous à créer de la tension et de l'anticipation. Faites en sorte qu'elle vous manque un peu. Ressentez son absence. Laissez-la ressentir la vôtre. Réjouissez-vous à l'idée de la revoir.

Vous vous demandez probablement : « *Mais pourquoi, Jeff ?* » Pourquoi retarder quelque chose qui semble si cool, si bon, si juste ? Je veux que vous ayez l'espace pour arriver à la certitude que votre nouveau roudoudou coche toutes les cases importantes avant de vous attacher trop. Pour ce faire, vous avez besoin d'ôter ces lunettes roses de l'amour naissant de temps en temps et d'aller prendre l'air. Et lors de ces respirations, je veux que vous vous posiez les questions suivantes. Il n'y a pas de bonnes ou de mauvaises réponses. Il s'agit de rester en contact avec vous-même et de voir comment cela s'accorde avec l'image que vous commencez à avoir de l'autre. Revenez-y aussi souvent que nécessaire, et vous commencerez à y voir plus clair sur le potentiel à long terme de cette relation. Ça ne se produira pas en une nuit – et ça ne devrait pas, d'ailleurs. Dans l'intervalle, ralentissez. Amusez-vous. Restez dans le flou. Laissez les choses se dérouler naturellement. Racontez comment ça se passe à vos potes. De cette façon, lorsque vous serez prête à déclarer que ce lien de plus en plus fort est une relation « officielle », vous le ferez en totale confiance.

Amusez-vous à créer de la tension et de l'anticipation. Faites en sorte que cette personne vous manque un peu. Ressentez son absence. Laissez-la ressentir la vôtre. Réjouissez-vous à l'idée de la revoir.

?

1. Relisez la liste des *red flags* et des *green flags* de ce chapitre. Lesquels vous parlent tout particulièrement ? Pourquoi ? En auriez-vous d'autres à ajouter ?
2. Listez entre deux et quatre comportements *green flags/red flags* que votre rencard a manifestés. Vous n'en voyez aucun ? Ce pourrait être (vous l'avez deviné) un *red flag*.
3. Si ses défauts, ses *beige flags* et ses *red flags* potentiels ne changeaient jamais, n'avaient aucune chance de s'améliorer ou de disparaître, auriez-vous tout de même envie d'être avec lui ?
4. L'alchimie entre vous se fonde-t-elle sur une imprévisibilité et un chaos excitant ? Ou sur le fait d'avoir plein de choses en commun et de vous sentir suffisamment en sécurité pour être authentique ?
5. Aimez-vous les trucs qui le branchent ? Parce que vous allez devoir vous fader les histoires de son club pongiste pendant un bon moment, alors si vous mourez déjà d'ennui en l'écoutant, ce n'est pas très bon signe. Et lui, montre-t-il de l'intérêt pour vos passions ?
6. Êtes-vous enthousiaste à l'idée de présenter le ou la nouveau/nouvelle élu·e de votre cœur aux gens qui comptent le plus pour vous ? Si vous êtes impatiente de l'intégrer à votre vie, super, j'adore. Si vous freinez des quatre fers parce que

vous avez peur des réactions de vos proches, essayez de vous demander pourquoi.

7. Semble-t-il que vos valeurs cardinales s'accordent avec les siennes ? Vous préoccupez-vous fondamentalement des mêmes choses ?
8. Êtes-vous capable d'exprimer librement votre opinion et de lui demander de répondre à des besoins modestes ? Par exemple, où vous désirez aller manger. Combien de temps vous avez envie de traîner ensemble. Quelle série Netflix débile vous allez regarder nerveusement sur le canapé, sans vous toucher mais en étant si près de vous toucher.
9. Trouvez-vous difficile de rester fidèle à votre moi authentique quand vous êtes ensemble ? Lui cachez-vous certains aspects de votre personnalité dont vous craignez qu'ils soient peu attrayants ?
10. À votre avis, quels sont vos propres *green flags* ? Regonflez votre ego en en énumérant quatre ou cinq !
11. À votre avis, quels sont vos propres *red flags* ? Si vous êtes en bons termes avec vos ex, vous pouvez envisager de leur demander leur avis. Les amis peuvent aider, aussi.
12. Jetez un bon gros coup d'œil à vos trois listes du chapitre 3 (Checkage de liste !). Y a-t-il quelque chose de lié à ces listes que vous ignorez délibérément ? Si oui, quoi et pourquoi ?

7

Souriez, vous êtes maquée !

Il paraît que vous vous sentez prête à passer d'une relation légère à un truc plus posé ? Tout d'abord, bravo, je tiens à dire que je suis vraiment content pour vous. C'est un grand pas, qui demande beaucoup de courage.

Mais comment, précisément, passe-t-on d'une relation sans engagement à une relation avec un R majuscule ? Dans ce chapitre, nous allons détailler tout ce que vous avez besoin de savoir pour réussir cette transition, notamment la façon de vous assurer que vous êtes vraiment prête ainsi que la gestion de la conversation forcément flippante sur votre « engagement ». Nous allons également explorer l'une des étapes les plus appréciées de toutes les relations, celle, légendaire, de la lune de miel.

En général, quand nous demandons (ou que l'on nous demande) de définir plus précisément une relation, nous parlons de davantage d'engagement, d'attachement et de dévouement à l'autre. Et franchement, c'est super. En théorie du moins. Rappelez-vous, tout ce que vous demandez à votre chéri·e, vous devez être disposée à l'accorder en retour. Alors, prête à passer à la vitesse supérieure ? À investir davantage d'énergie émotionnelle ? À attendre le soir pour mater ensemble le dernier épisode d'*Euphoria*, même si vous n'en avez pas du tout du tout envie ?

Si vous ne l'êtes pas, pas de problème. Ce qui est important, en revanche, c'est d'être honnête avec vous-même. Si vous avez des doutes, il n'y a rien de mal à ralentir le rythme jusqu'à ce que vous soyez sûre de vouloir investir plus de temps et de ressources dans cette relation.

S'engager officiellement dans une relation devrait venir naturellement d'un désir de davantage de connexion, de proximité et d'intimité. Si ce sont la peur, l'anxiété ou le manque de confiance en soi qui sont aux manettes, faites une pause. Idem si la jalousie et la possessivité pointent leurs vilains nez.

Vous hésitez toujours ? Pas d'inquiétude ! J'en ai un peu sous le coude pour vous aider à réfléchir.

Avant de définir la relation…

Tout d'abord, définir la relation ne signifie pas nécessairement aboutir à un partenariat monogame et exclusif, tout particulièrement à notre époque où tant d'autres options moins traditionnelles sont disponibles. Il s'agit davantage d'accepter d'être vulnérable en exposant ce que vous voulez, d'écouter ce que votre partenaire veut, et de parvenir à un accord, quelle que soit la manière dont vous l'avez défini ensemble.

Cela étant dit, **dire oui à une personne signifie souvent dire non à toutes les autres**. Si vous demandez (ou qu'on vous demande) une relation monogame, ou « sérieuse », êtes-vous prête à en suivre les « règles » que vous aurez déterminées ensemble ? Avez-vous fait le deuil du fait de pouvoir fréquenter d'autres personnes jusqu'à la fin de votre relation, à moins que vous ne décidiez ensemble de l'ouvrir à des tiers ?

C'est tout à fait normal que la perspective de ne plus pouvoir fréquenter quelqu'un d'autre vous déprime un peu. C'est une perte, et il importe de la reconnaître en tant que telle. Mais si vous passez un temps fou à pleurer d'hypothétiques premiers rencards qui n'auront jamais lieu parce que vous êtes sur le point de vous engager avec quelqu'un, c'est peut-être le signe que vous n'êtes pas encore tout à fait mûre pour sauter le pas.

Est-ce que vous avez **effacé vos applis de rencontre** ? Et si non, pourquoi ? Supprimez-les de votre téléphone tout de suite et demandez-vous ce que ça vous fait.

Pfiou, ça soulage, non ? Qui a le temps pour ça, de toute façon.

Même si vous êtes à fond sur votre nouveau roudoudou d'amour, une partie de vous a terriblement envie de la dopamine que produit un nouveau « match ». C'est normal, et ce désir s'affaiblira avec le temps, au fur et à mesure que votre cerveau se reconfigurera. Mais si vous n'arrivez pas à ne pas vous rendre sur ces applis, c'est là un autre signe qu'il est temps de réduire la voilure.

Je suis sûr que tout va bien, mais avez-vous **vérifié vos listes** récemment ? Allez, juste comme ça, vérifiez encore une fois les listes que vous avez faites dans le chapitre 3. Assurez-vous qu'il n'y a pas un point non négociable ou un cadavre dans un placard qui pourrait ressurgir au moment le plus inopportun. La clé d'un partenariat à long terme réside dans l'alchimie physique et émotionnelle ainsi que dans le fait de partager en partie les mêmes valeurs, les mêmes objectifs et les mêmes intérêts. Vos listes vous permettront de considérer franchement la présence (ou l'absence) de ces éléments dans votre relation naissante.

Enfin, même si rien de votre liste ne vous crie « *Fais attention, andouille* », n'oubliez pas tout de même d'**écouter** une dernière fois **ce que vous disent vos tripes** pour être sûre que tout va bien. Pensez à la progression naturelle de votre relation. Est-ce que vous devenez de plus en plus exclusifs, passez de plus en plus de temps ensemble, et vous intégrez progressivement dans vos cercles sociaux respectifs ? C'est un très bon indice qu'il est peut-être temps de parler de la nature de votre relation.

Si tout le reste échoue, faites-vous confiance pour savoir quand le moment sera le bon.

La clé d'un partenariat à long terme réside dans l'alchimie physique et émotionnelle ainsi que dans le fait de partager en partie les mêmes valeurs, les mêmes objectifs et les mêmes intérêts.

La discussion

Dans un monde idéal, vous et votre partenaire vous rendez compte qu'il est temps de définir votre relation exactement au même instant, un éclair divin s'abattant à l'unisson sur vos deux âmes sœurs. Même si cela n'est pas impossible, il est au moins tout aussi probable que l'un ou l'une d'entre vous décide que le moment est venu d'avoir cette fameuse conversation et trouve le courage d'en parler à l'autre.

Demander à avoir cette conversation est un acte de vulnérabilité et doit être reconnu comme tel. Si c'est vous qui vous y collez, chapeau ! Vous affrontez vos peurs, ce qui est extraordinaire. Si c'est l'autre qui a fait la demande, faites l'effort d'apprécier son courage.

Si on vous demande d'avoir cette discussion, et que vous avez l'impression de ne pas être prête, vous avez le droit de demander un peu plus de temps pour vous préparer. Prenez soin d'être précise et de dire combien de jours ou de semaines il vous faut. Un refus pur et simple de discuter de la nature de la relation, sans report dans le temps, entraîne inexorablement de la frustration et du ressentiment. Utilisez ce délai pour repasser en revue les étapes mentionnées dans la section « Avant de définir la relation… » ci-dessus. Et rappelez-vous que ce n'est pas parce que vous discutez ensemble pour définir les paramètres de votre relation que vous devez dire oui à quelque chose qui vous gêne ou qui n'est pas aligné avec ce que vous recherchez. Tout ce que vous avez à faire est de rester authentique et d'être le plus honnête possible quant à votre position. Il ne s'agit pas de s'engager dans une relation exclusive avant d'être prête, mais bien plutôt d'avoir une discussion ouverte et sincère à propos de ce que vous ressentez.

Ça vous fout les jetons ? C'est normal. Mais il s'agit d'une étape clé de votre voyage relationnel, et il faudra bien y passer à un moment ou à un autre.

Ramenée à sa plus simple expression, cette discussion n'est rien d'autre que le fait de communiquer votre désir de passer à une autre étape de votre relation, d'écouter ce qu'en pense votre partenaire, et de définir ensemble ce que cela signifie. En outre, il s'agit également d'une occasion parfaite d'éclaircir un certain nombre de malentendus courants qui tendent à apparaître à cette époque. Pensez à aborder les sujets qui suivent pendant votre discussion.

- **Qu'est-ce qui compte comme une tromperie ?** Pouvez-vous faire un câlin avec un copain ? Flirter avec une serveuse ? Vous faire un nouveau pote au yoga sans en parler à votre partenaire ? Beaucoup de patients se retrouvent sur mon divan parce qu'il n'y a pas eu de discussions ou d'accord sur ce qui constitue ou non une infidélité.
- **Est-ce qu'il y a certaines choses que vous êtes mutuellement d'accord pour garder privées ?** Des secrets que vous devriez garder pour vous-mêmes ? Que faire si votre ex vous envoie un texto ? Si un·e ami·e n'aime pas votre nouvelle conquête ? Est-ce que cette dernière veulent le savoir ? Qu'est-ce que vous voulez garder pour vous, et quelles cartes vous attendez-vous à voir sur la table ?
- **Est-ce que cette étape vous rassure, ou est-ce qu'au contraire elle vous angoisse ?** Est-ce que, d'un coup, vous avez l'impression d'avoir davantage à perdre ? Êtes-vous affranchie de l'incertitude ? Est-ce que ça vous libère de vous autoriser à être davantage vous-même ? Prenez le temps d'explorer ces sujets, en acceptant d'être vulnérable et en essayant d'être sans jugement.
- **Est-ce que vos attentes s'en retrouvent modifiées, et si oui, comment ?** Est-ce que vous allez vous voir plus ? Est-ce que vous êtes le principal soutien émotionnel de votre partenaire ? Êtes-vous son contact en cas d'urgence ? Ou est-ce que rien n'a changé dans votre relation, à part son intitulé ? Parlez-en !
- **Comment pouvez-vous vous faire mutuellement sentir davantage en sécurité ?** Et d'ailleurs, quel

est le nom de votre relation ? Et au-delà de ce titre, y a-t-il quelque chose que vous pouvez faire pour être encore mieux ensemble, pour vous sentir encore plus en sécurité ? Est-ce que vous ne devriez pas faire une sorte d'annonce sur Insta ? Lâcher l'info sur le WhatsApp de votre groupe de potes ? Rencontrer ses parents ? Est-ce qu'il y a des peurs que vous pouvez chasser en agissant ?
- **Comment devriez-vous vous séparer ?** Je sais, ça a l'air un peu déprimant dit comme ça, et j'espère qu'il s'agit enfin de la relation longue que vous méritez et désirez, mais les histoires d'amour finissent mal en général. Parler de la manière dont vous aimeriez que votre conjoint·e se comporte en cas de rupture peut rendre cette dernière – si elle se produit ou quand elle se produira – un chouïa moins horrible. Et avoir cette discussion maintenant, alors que vous êtes tous·tes les deux excité·e·s par votre nouvel engagement, peut potentiellement adoucir un peu les choses par la suite.

En se lançant dans cette discussion, il vaut mieux ne faire aucune hypothèse avant d'avoir une confirmation verbale, mais il est également difficile de gérer vos propres attentes. Rappelez-vous que même si les choses ne se passent pas exactement comme vous en avez rêvé, vous y gagnerez une clarté nouvelle et précieuse sur la situation. Et si vous n'êtes pas exactement sur la même longueur d'onde, faire des compromis sur certains points est une excellente manière de renforcer la relation tout en repoussant vos propres limites.

Vous avez toujours besoin d'un petit coup de pouce ? Alors voici une liste de questions que vous pourriez vous poser en essayant de définir ensemble votre relation.

- Y a-t-il des aspects de notre intimité physique que tu aimerais garder complètement et absolument privés ?
- Comment définirais-tu un « badinage innocent », et qu'est-ce que tu ressentirais si je flirtais de cette manière avec quelqu'un d'autre ?
- Qu'est-ce que tu ressens si je suis câline et affectueuse avec mes ami·e·s, et est-ce que ces sentiments changent en fonction de leur genre ?
- Es-tu à l'aise avec le fait que je parle de la manière dont je trouve d'autres personnes attirantes, ou est-ce que tu préférerais que je garde ça pour moi ?
- Quelles sont tes limites et tes préférences vis-à-vis du partage d'informations personnelles, y compris des détails à propos de notre relation, avec mes ami·e·s et les membres de ma famille ?
- Est-ce que tu le prendrais mal si je commençais à regarder une nouvelle série sans te proposer d'abord de la regarder avec moi ?
- Quand nous commandons à manger, dois-je partir du principe que l'on partage ce qu'il y a dans nos assiettes ou est-ce plutôt chacun pour soi ?
- Combien de temps devrait-on passer ensemble, en moyenne ? Quel est notre équilibre idéal entre temps de couple, temps avec des potes et temps tout seul ?
- Est-ce que tu préfères qu'on se réserve des journées et des soirées fixes, ou qu'on improvise tout le temps ?
- Si jamais je te trompais un jour, est-ce que tu préférerais que je te l'avoue et que l'on bosse là-dessus

ensemble, ou est-ce que je devrais plutôt garder cela pour moi et essayer de ne pas recommencer ? (Vous pouvez tout à fait sauter cette question si elle vous met un tant soit peu mal à l'aise ! Ce n'est clairement pas pour tout le monde.)

Au septième ciel

Vous avez donc défini la relation, et vous êtes tous les deux DEDANS ! C'est franchement génial, non ? Maintenant, il est temps de kiffer le stade de la lune de miel, ou, dans notre jargon de thérapeute, le « stade de la projection positive mutuelle ».

Aaah, le stade de la lune de miel. Quand on est deux à s'être fait greffer des lunettes roses sur le nez. Vous êtes optimiste. Pleine d'espoir. Excitée par le futur. Vous ne vous attardez pas sur les petits défauts de l'autre. En fait, vous les trouvez même adorables ! Vous avez envie de passer chaque seconde avec votre choubidou. En gros, vous êtes sur un petit nuage.

Il va sans dire que vos amis vous trouvent tout bonnement insupportable.

Chérissez et savourez le stade de la lune de miel. Ce n'est pas juste du batifolage, ce stade prépare aussi le terrain d'une relation heureuse et durable. Parce que le truc à propos de la lune de miel, c'est qu'elle va, quoi qu'il arrive, se terminer (*spoiler alert*, désolé !). Et quand ça commencera à secouer et que l'incertitude se mettra à rôder, les fondations solides établies pendant le stade de la lune de miel serviront de source de stabilité, vous permettant de rester ancrée malgré les turbulences occasionnelles.

Je vais vous dire la même chose qu'à mes patients : ne prenez aucune décision radicale et irréversible à ce stade où vous êtes en pâmoison. Ne vous installez pas ensemble. Ne vous mariez pas. Ne faites pas d'enfants. Ne claquez pas toute votre épargne pour lancer ensemble une marque de prêt-à-porter tendance (à moins que ce soit vraiment l'idée du siècle, bien sûr). Et, pour l'amour de Pete Davidson, NE FAITES PAS de tatouage de couple.

Profitez du plaisir qu'il y a à imaginer ensemble tous ces merveilleux futurs possibles, oui, mais repoussez le moment d'opérer ces gros changements de vie pour apprécier ce que vous avez **maintenant**.

Il est tout particulièrement important de vous assurer que vous n'ignorez pas vos ami·e·s et votre famille et que vous ne laissez pas tomber vos loisirs et vos intérêts habituels pendant ce stade de la relation. Votre partenaire ne satisfera pas (et ne doit pas satisfaire) tous vos besoins. Même engloutie dans votre lune de miel jusqu'au cou, s'il vous plaît, ne laissez pas tomber le reste de votre vie.

C'est une situation que je retrouve très régulièrement chez mes patient·e·s (et oui, bien sûr, à un niveau personnel, je comprends tout à fait cette pulsion). Allez à votre club de lecture. Répondez enfin aux textos de votre sœur, même si c'est une peste. Arrachez-vous aux câlins pour travailler à votre poésie. Votre futur moi vous en sera reconnaissant.

Le stade de la lune de miel dure en moyenne entre trois mois et deux ans. C'est large comme fourchette, je sais. Pour savoir si vous êtes ou non en train de paresser sur les plages tropicales de votre lune de miel, voici ce qui la définit.

- **Des émotions intenses :** vous produisez tout plein d'hormones agréables comme de la dopamine, de la sérotonine et de l'ocytocine (miam), qui jouent toutes un rôle dans le fait que vous soyez extatique, ravie et irrésistiblement attirée par votre chéri·e. Bien sûr, c'est juste un paquet de réactions chimiques qui se produisent dans votre cerveau, mais quel pied ! C'est de loin la meilleure défonce naturelle disponible.
- **L'idéalisation :** vous vous concentrez sur les qualités de votre moitié et avez tendance à ignorer ou minimiser ses défauts. Ce qui est très bien pour l'instant. Cela contribuera à la force de votre connexion émotionnelle et alimentera la passion. Dans un petit coin de votre tête, toutefois, rappelez-vous que vous mettez votre partenaire sur un piédestal et qu'iel ne peut pas y rester pour toujours.
- **Une communication fréquente et beaucoup de temps passé ensemble :** donc vous voulez passer chaque seconde de votre vie avec votre poussin d'amour et l'inonder de textos chaque jour où ce monde cruel vous oblige à aller à votre triste travail sans tendresse ? C'est normal ! Envoyez jusqu'à plus soif à votre partenaire des émojis, des mèmes et des vidéos TikTok qui capturent parfaitement votre amour naissant. Mais il y a une vie au-delà de cette seule relation. Un jour, vous ramperez à l'extérieur de votre caverne d'amoûûûr et vous n'aurez qu'une seule envie, passer du temps avec vos potes, donc ne disparaissez pas complètement. Et puis gardez un peu de ce qu'il se passe entre vous deux pour vous deux, justement, plutôt qu'éclabousser de votre bonheur tous les contacts de votre répertoire.

- **L'intimité physique :** votre attraction mutuelle n'a probablement jamais été aussi puissante. Avoir envie de l'autre en permanence est courant à ce stade. C'est à vous de voir quelles sont vos limites respectives, mais tant que tout le monde consent avec enthousiasme, lâchez-vous. En revanche, ce n'est pas parce que vous avez envie de vous arracher mutuellement vos vêtements dès que vous vous croisez que le sexe doit pour autant être parfait. Cela peut prendre du temps d'apprendre à connaître le corps de l'autre et de se sentir à l'aise et en confiance dans la chambre à coucher. On reviendra là-dessus au chapitre 10 !

N'ayez crainte : ces caractéristiques ne disparaissent pas d'un coup à la fin de la lune de miel. Elles sont encore bien présentes dans les relations saines, mais leur intensité est un peu émoussée, et elles sont moins habitées par un sentiment d'urgence.

La lune de miel hantée

Si le stade de la lune de miel est en général défini par l'excitation et la positivité, certains *red flags* peuvent être annonciateurs de problèmes à venir ou de dynamiques toxiques. Et s'il peut être difficile de regarder les choses bien en face en raison de l'euphorie, il faut tout de même rester attentive aux gros signaux d'alarme.

- **Une possessivité ou une jalousie excessives :** est-ce que vous l'obsédez ? Clairement. Mais genre, trop ? de façon flippante ? jalouse, possessive ? Genre, iel a besoin de savoir à chaque seconde où vous vous trouvez ? Voilà qui pourrait fort bien annoncer que votre partenaire a des problèmes d'insécurité émotionnelle, et votre relation pourrait souffrir à l'avenir d'un manque de confiance.

- **La malhonnêteté et l'absence de transparence :** si votre lapin en sucre passe son temps à mentir ou à se montrer évasif, surtout aux tout premiers jours de votre relation « sérieuse », ce n'est pas très bon signe. Franchement. Cela pourrait bien indiquer des problèmes de confiance ou une tendance à la manipulation.
- **Des disputes fréquentes :** les conflits sains font partie de toutes les relations. Si vous vous disputez beaucoup pendant votre lune de miel, toutefois, il faut y prendre en garde. Il s'agit du « Ne confondez pas intensité et intimité » dont je vous ai parlé plus tôt. D'après mon expérience, si vous vous disputez énormément dès le début, cela ne va que s'aggraver avec le temps.
- **Une incapacité à gérer le conflit ou la critique :** si vous vous montrez critique pendant le stade de la lune de miel, c'est certainement d'une façon douce et adorable. Donc si votre sucre d'orge ne peut pas accepter de retours raisonnables et qu'il devient excessivement agressif et sur la défensive, cela peut être le signe de compétences communicationnelles médiocres ainsi que d'une incapacité à gérer sainement un conflit normal.
- **Le contrôle de votre comportement :** il y a un monde entre un·e partenaire qui veut passer chaque seconde avec vous et un·e partenaire qui exige de passer chaque seconde avec vous. Méfiez-vous de quiconque tente de contrôler vos actions, vos décisions ou vos interactions sociales, que ce soit ouvertement ou par le biais de

tactiques de manipulation. Ce type de comportement peut mener à une dynamique du pouvoir malsaine et à une restriction de votre autonomie personnelle.

- **Une incompatibilité dans vos valeurs, vos objectifs et vos styles de vie :** ne vous ai-je pas rappelé de vérifier vos listes avant de définir votre relation et ne vous ai-je pas demandé d'avoir des discussions sur vos valeurs et vos objectifs à long terme ? Mais je vous pardonne, ça arrive à tout le monde de s'emballer et d'aller un peu trop vite. Traditionnellement, vers la fin du stade de la lune de miel, vous commencerez à avoir des aperçus fugitifs de la véritable nature de votre nouvel amoureux·se. C'est ça, apprendre à connaître quelqu'un, non ? Mais si les différences peuvent souvent enrichir une relation, de graves incompatibilités au niveau des styles de vie, des objectifs et des valeurs fondamentales peuvent au contraire annoncer un chemin plein d'embûches et de mécontentement sur le long terme.
- **De (grosses) casseroles liées aux relations passées :** nous avons tous des trucs non réglés dans notre passé, et nous devons à l'autre, sur ce point, une certaine dose de tolérance et d'acceptation. Mais si votre partenaire s'étend trop régulièrement et en long et en large sur ses relations passées, cela peut suggérer qu'iel n'a pas complètement tourné la page, ce qui peut potentiellement avoir un impact sur votre relation à vous.
- **Un investissement inégal dans la relation :** une relation devrait impliquer un investissement et des efforts mutuels. Si vous remarquez que vous y consacrez plus de temps ou de travail émotionnel que votre partenaire, ou vice-versa, cela peut-être le

signe d'un déséquilibre qui, à terme, risque de devenir synonyme de ressentiment ou de rancœur. Ce n'est pas un truc que vous devriez ressentir à ce stade de la relation. Je veux dire, il faut s'en garder un peu pour plus tard, non ?

Cela va probablement sans dire, mais si vous remarquez l'une de ces tendances chez vous, cela vaut le coup de se pencher sur ce qui en est la cause. Aucune relation n'est parfaite, même au stade de la lune de miel, et les désaccords et problèmes occasionnels sont tout à fait normaux. Mais si vous ne cessez d'observer ces *red flags* ou n'importe quoi d'autre affectant votre capacité à être complètement et authentiquement vous, il importe de réfléchir à ces problèmes et de se demander, sincèrement, si cette relation est bien celle qu'il vous faut.

LA LUNE DE MIEL INTERROMPUE

Rompre pendant le stade de la lune de miel, ça craint, mais c'est clairement le bon geste à faire avant de trop s'attacher. Et si vous vous êtes rendu compte que cela ne sera pas la relation longue que vous appeliez de vos vœux, il est temps d'affronter cette situation avec empathie et respect.

Même si je suis partisan des ruptures à l'écrit aux tout premiers jours, je vous encourage à rompre avec votre partenaire en personne si vous avez déjà défini ensemble votre relation. Ou au moins à l'appeler au téléphone. Soyez honnête et directe quant à la raison pour laquelle vous voulez rompre, tout en faisant attention à ne pas trop le ou la blesser dans son amour-propre (pas besoin de se montrer particulièrement dégueulasse et de tout mettre sur le dos de sa personnalité trop nulle !) S'iel le demande et que vous le sentez bien, vous pouvez lui faire un retour précis sur ce qui a cloché. Cela pourra peut-être l'aider à évoluer et à trouver la bonne personne. Terminez par des paroles gentilles sur le temps que vous avez passé ensemble afin qu'un récit positif puisse émerger de votre expérience commune.

Vous l'avez fait !

Vous avez eu cette discussion au cours de laquelle vous étiez vulnérable ! Vous êtes officiellement maquée ! Dans une relation « sérieuse ». C'est énorme !

Tandis que votre lune de miel décroît, votre partenariat devrait gagner en stabilité, sécurité et maturité. Cette transition peut s'avérer un peu déprimante pour certains. C'est normal. Les hormones finissent par se réguler, et la vraie vie par reprendre ses droits. Vous découvrirez peut-être que vous devez désormais gérer des problèmes que vous aviez réussi à ignorer jusque-là et développerez de nouvelles manières de vous connecter l'un·e à l'autre.

Pfff, ça y est, je commence à m'autodéprimer.

Écoutez, une lune de miel incroyable avec suite royale et vue sur la mer ne se traduit pas automatiquement en une relation longue et heureuse. C'est un bon signe. Mais ce n'est pas LE signe. Donc s'il y a quelques cahots sur la route, haut les cœurs ! Après tout, vous êtes encore en train d'apprendre à vous connaître. Certes, la connexion durable et authentique qui se développe avec le temps grâce au respect mutuel et un peu de travail n'a pas le même effet euphorisant que les jours heureux de la lune de miel. Toutefois, elle vous offre quelque chose d'encore mieux : une relation amoureuse construite pour durer.

Je vous assure, ce qui va suivre est grave excitant, les ami·e·s ! Avant de poursuivre, prenez une seconde pour faire le point sur là où vous en êtes.

1. **Comment vos discussions passées cherchant à « définir la relation » se sont-elles déroulées ? Qu'est-ce qui, selon vous, a marché et n'a pas marché ?**
2. **Qu'est-ce que vous ressentez quand vous vous imaginez supprimer vos applications de rencontre pour vous engager auprès d'une seule personne : de l'excitation ? Du soulagement ? De la nervosité ? De l'inquiétude ?**
3. **Est-ce que vous oubliez un gros item de votre liste ? (Checkage de liiiste !) Si oui, prenez une seconde pour réfléchir à la raison pour laquelle vous êtes prête à ignorer des choses importantes pour vous, au nom du progrès de votre relation.**
4. **Est-ce que la progression de votre relation vous semble naturelle ? Ou y a-t-il des zones qui semblent un peu forcées ?**
5. **Êtes-vous prête à définir la relation mais hésitez à aborder la question par peur d'être rejetée ? Que se passerait-il si vous vous frayiez un chemin à travers cette peur ?**
6. **Vivez-vous dans la crainte que votre nouvel·le amoureux·se ne provoque une discussion pour définir votre relation ? Qu'est-ce qui devrait changer pour que vous vous sentiez prête à avoir cette discussion ?**

7. Quels sont les sujets ou les problèmes que vous aimeriez aborder pendant cette discussion ? Sur quoi êtes-vous prête à transiger ? Qu'est-ce qui, au contraire, ne peut pas faire l'objet d'une négociation ?
8. Si vous et votre canard en sucre n'êtes pas sur la même longueur d'onde, comment allez-vous le gérer ?
9. Est-ce que vous vous autorisez à vivre les joies et les frissons de la connexion, où est-ce que vous vous retenez par peur de l'intimité ?
10. Pendant le stade de la lune de miel, avez-vous honoré vos autres engagements et pris le temps de voir vos proches ? Est-ce que votre merveilleuse nouvelle relation se met en travers de votre travail, de vos études ou de projets créatifs qui normalement vous enthousiasment ?
11. Est-ce qu'il y a des sirènes qui sonnent de partout mais que vous ignorez parce que vous voulez continuer à vous rouler dans ces sentiments doux, si doux, de la lune de miel ? Que se passerait-il si vous vous forciez à parler de ces choses qui ne sont pas tout à fait ce qu'elles devraient être ?
12. Prenez quelques minutes pour réfléchir au stade de la lune de miel. Qu'est-ce qui va le plus vous manquer ? Qu'est-ce que, au contraire, vous êtes ravie de laisser derrière vous ?

8

La lune de miel est terminée, petite

Quand, dans une relation, le petit nuage d'euphorie s'est dissipé, vous le savez tous·tes les deux. Peut-être que vous avez votre première grosse dispute. Peut-être que s'iel parle encore une seule fois de cette putain de saison 5 de *Stranger Things*, vous allez vraiment péter un câble. C'est vrai quoi, merde. Ou peut-être que vous êtes enfin suffisamment en confiance pour avouer à votre tendre moitié, originaire de la côte Pacifique nord-ouest, qu'en fait, vous détestez le camping… et que cet aveu n'est pas accueilli avec la mansuétude espérée.

La fin de la lune de miel est inévitable, mais pour peu que cette dernière ait posé les fondements d'une plus grande acceptation de l'autre, d'une communication saine, et de quelques yeux au ciel bien placés, et vous allez passer à quelque chose d'encore mieux.

RIP

Prenez un moment pour pleurer le stade de la lune de miel. Le fait qu'elle prenne fin est sincèrement décevant. Le reconnaître et prendre le temps d'en faire le deuil est à la fois nécessaire et important pour la suite. Si vous êtes dans une relation monogame et que vous espérez un partenariat pour toute la vie, alors il s'agit peut-être de votre dernière lune de miel, ce qui est indéniablement tragique. Alors qu'elles semblaient inamovibles, vous avez l'impression de passer votre temps à chercher les lunettes roses qui vous rendaient le monde si doux. Elles sont là, dans le coin, mais tout au fond de la console centrale, enfouies sous des pièces collantes, une boîte de Tic-Tac à moitié vide et des mouchoirs usagés (rien à voir, mais il serait peut-être temps de nettoyer un peu votre bagnole !).

La partie qui va suivre traite de l'effort conscient qu'il sera nécessaire de faire pour vous rappeler à quel point vous aimez votre roudoudou, même quand vous matez *Yellowjackets* et qu'iel met sur pause toutes les cinq minutes et que, soyons franc, ça commence à grave vous gaver.

Ça a l'air d'une tannée ? Eh bien vous savez quoi ? Ça ne l'est pas forcément !

Cela étant dit, l'une des raisons pour lesquelles un grand nombre de patient·e·s viennent s'allonger sur mon divan est qu'iels (ou que les partenaires qui les attirent) ont tendance à se barrer immédiatement après la lune de miel.

On appelle ça « nénupharder » dans le métier – quand quelqu'un saute sur une nouvelle relation dès que l'actuelle commence à devenir un peu trop difficile ou « réelle » – et il s'agit d'une pratique aussi courante que normale.

Est-ce que vous êtes en train de hocher la tête en pensant « Yep, ça, je connais » ? La prise de conscience est un premier pas important. Si vous êtes dans une relation uniquement pour le kif et pas pour le long terme, pas de problème, mais soyez honnête dès le début et n'envoyez pas de messages ambigus.

Vous avez le droit de changer d'avis à mesure que la relation se développe, bien sûr, mais si, à chaque fois, vous vous évaporez juste après la lune de miel – alors que vous étiez à fond les ballons jusqu'à ce que ça tangue un peu –, vous jouez avec les sentiments des autres. Si vous n'êtes pas sûre de ce que vous voulez, soyez au moins honnête et transparente sur ce point. Et si vous éprouvez des difficultés à le verbaliser, c'est peut-être le signe qu'il est temps d'être un peu seule pour faire le point sur ce que vous voulez vraiment avant de replonger dans l'arène.

Pour réussir la transition du stade de la lune de miel à une relation sur le long terme, vous devez être davantage attirée par la sécurité émotionnelle et une connexion profonde que par l'excitation permanente des débuts.

Bon, je sais que là, je peux donner l'impression que les relations posées sont ennuyeuses au possible et sans la moindre étincelle, ce qui n'est pas vrai du tout. En revanche, il est avéré qu'à la fin de la lune de miel, ce n'est plus la projection positive mutuelle dont nous avons parlé au chapitre précédent qui mène la danse.

Ce qui est une bonne nouvelle en fait, car qui est-ce qui mène la danse désormais ? C'est vous ! Vous êtes enfin capable de regarder les yeux dans les yeux la personne avec qui vous entretenez une relation. Et dans la mesure où vous avez utilisé les listes réalisées au chapitre 3 pour rester fidèle à votre moi authentique et respecter vos besoins, cette personne que vous voyez enfin clairement possède des tonnes de qualités géniales qui complètent les vôtres ! Bravo !

Accrochez-vous. Prenez le temps. Vous n'avez pas peur de travailler un peu pour atteindre l'amour sur le long terme, n'est-ce pas ? Bien sûr que vous n'avez pas peur. Et, en mettant de côté les bienfaits d'un lien amoureux pérenne, les relations de soutien constituent une occasion excellente de bosser un peu sur soi-même (petit rappel : vous n'avez pas besoin d'être « guérie » pour mériter une relation saine – les relations saines *guérissent*).

Il n'y a aucune raison d'avoir peur, à ce stade. Contrairement au visionnage de *Yellowjackets*, qui fout franchement les jetons –, d'ailleurs, les pauses et les questions incessantes de votre partenaire vous épargnent en réalité à tous·tes deux un grand nombre de cauchemars !

L'amour consolidé

Que voulons-nous pour l'après-lune de miel ? Nous voulons une connexion harmonieuse et bien équilibrée connue sous le nom d'**amour consolidé**. L'amour consolidé est mûr. Il est fermement ancré dans la réalité, bien au-delà d'une simple toquade.

Il n'est pas principalement défini par la passion ou l'attraction physique. Il ouvre un espace pour la guérison et le développement émotionnel, intellectuel et spirituel. L'amour consolidé reconnaît et respecte l'individualité de chaque partenaire dans la relation, tout en favorisant une sensation profonde d'unité, de confiance et d'engagement.

L'amour consolidé reconnaît que votre partenaire et vous – ne le prenez pas mal, mais vous aussi – dites des sacrées conneries de temps en temps, mais que cela ne vous définit pas entièrement. Il y a des aspects positifs et négatifs chez votre partenaire (nous contenons des multitudes, mes amis), et vous êtes en mesure de voir et d'apprécier les deux.

Pas mal, hein ?

L'amour consolidé ne peut être atteint qu'une fois la lune de miel terminée, lorsque vous avez découvert les nombreuses facettes de votre partenaire. Il y aura toujours, dans n'importe quelle relation, des choses dont vous vous passeriez volontiers. Le truc pour réaliser l'amour consolidé, c'est de clarifier ce que vous pouvez et ne pouvez pas accepter.

Elle/il/iel a fait quoi, là ?

Comment êtes-vous censée savoir si vous tolérez trop ou, au contraire, pas assez ? Cela dépend (et dépendra toujours) de vous, et de personne d'autre. Mais passons tout de même en revue quelques défauts rédhibitoires qui pourraient sérieusement vous empêcher d'accéder à l'amour consolidé.

1. Si l'un·e des partenaires souffre d'une addiction grave et refuse de se faire aider.
2. Si l'un·e des partenaires souffre d'un trouble psychique grave et refuse de se soigner.
3. S'il existe des mauvais traitements et de la violence physique dans la relation.
4. S'il existe de la manipulation ou de la cruauté émotionnelle dans la relation.
5. S'il existe un schéma durable d'irresponsabilité totale vis-à-vis de la gestion de l'argent/de l'adultère/des enfants présents (rayer les mentions inutiles).
6. S'il n'y a absolument pas d'amour de la part de l'un·e des partenaires.

Au-delà de ces énormes panneaux EXIT, comme à tout stade d'une relation, il n'est pas toujours évident de faire la part des choses entre un petit défaut et un défaut fatal. Pour faire simple, j'aime à voir les petits défauts comme quelque chose qui peut vous irriter ou vous agacer à propos de votre partenaire mais qui ne contribue pas pour autant à une dynamique malsaine ou toxique. Nous avons tous nos bizarreries et nos petites imperfections. Ce que j'appelle petit défaut, ici, peut être le fait d'être désorganisé·e, de ronfler, d'avoir un goût certain pour les blagues lourdingues, ou de se plaindre parce que Burning Man était tellement mieux avant d'être « récupéré par le système » (ce qui est bien évidemment complètement faux). Prenez un peu de recul : vous pouvez fermer les yeux sur ces imperfections, parce que, bon, personne n'est parfait. Vous serez peut-être même capable de voir ces défauts et ces manies sous un angle positif. Par exemple : *Certes, c'est vrai qu'il est bordélique par moments, mais ça va de pair avec sa créativité et ses capacités d'adaptation que j'aime tellement !*

À l'inverse, si vous avez décidé que les ronflements et les blagues Carambar, c'était trop pour vous, rien ni personne ne vous empêche de mettre un terme à cette relation pour partir en quête d'une personne à l'humour sophistiqué et capable de dormir sans respirer. Mais avant de le faire, rappelez-vous que vous allez toujours devoir tolérer une chose ou une autre…

Heureusement pour vous, vous avez déjà fait une liste de vos points rédhibitoires, et vous l'avez déjà vérifiée deux fois. C'est vraiment une super liste, et vous pouvez en être fière. Mais maintenant que vous êtes dans une relation réelle et non plus hypothétique, il est temps de mettre cette liste à l'épreuve et de vous assurer qu'elle tient la route. Et dans la mesure où ça y est, la lune de miel est terminée, vous allez sans doute vouloir le faire proprement ce coup-ci.

Pour rappel, un point rédhibitoire est non négociable. Ce n'est pas un truc charmant ou mignon. C'est quelque chose qui vous empêche d'aimer complètement votre partenaire ou de vivre cette relation en vous manifestant de manière authentique. Les points rédhibitoires varient selon les individus, mais ils impliquent le plus souvent des problèmes importants comme le fait de partager des valeurs différentes, d'avoir des objectifs à long terme incompatibles, ou encore l'existence de comportements abusifs.

Jetez un nouveau coup d'œil à votre liste. Est-ce qu'il y a quelque chose que vous aimeriez ajouter ou changer ? Eh bien c'est le moment !

Même en l'absence de conflit clair avec un item de votre liste, la frontière séparant un simple défaut d'un point rédhibitoire est souvent trouble. Une fois que vous êtes dans une relation, cela relève davantage de l'art que de la science. Dans ce cas, comment savoir si vous faites trop de compromis à propos de ces caractéristiques franchement pas oufs ?

- Ça va sans doute vous faire râler, mais avant toute chose, écoutez ce que vous disent vos tripes. Si quelque chose a l'air de clocher, que vous vous sentez régulièrement mal à l'aise, prêtez-y attention.
- Réfléchissez à vos valeurs et à vos limites. Est-ce que vous faites des compromis subtils sur des choses qui vous importent en fait énormément ? Si oui, eh bien c'est un problème.
- Considérez l'impact que cette relation a sur votre bien-être général. Si vous êtes tout le temps stressée, plus malheureuse qu'heureuse, ou que vous avez abandonné les habitudes, quelles qu'elles soient, qui contribuent en général à votre bien-être, c'est peut-être le signe que vous acceptez *trop*.

- Est-ce que la rancœur et le ressentiment s'installent ? Est-ce que vous partez au quart de tour quand votre partenaire fait ça ? (Mais si, vous savez, *ça.*) Si oui, ce n'est pas top.
- Bien sûr, les qualités et le comportement de votre partenaire sont importants, mais est-ce que votre comportement à vous a changé dans cette relation ? Est-ce que vous vous êtes éloignée ? (Ou existe-t-il une lutte permanente pour ne pas le faire ?) Êtes-vous devenue passive-agressive ? Agressive-agressive ? Si oui, il y a quelque chose chez cette personne qui active ça chez vous.

Au bout du compte, il s'agit de trouver cet équilibre précaire et merveilleux entre l'acceptation des défauts inévitables de votre partenaire et la fidélité à vos propres valeurs et limites ainsi que l'attention à votre santé et votre bien-être. Faites-vous confiance, chérie, et rappelez-vous que vous méritez un amour consolidé.

Le doigt sur la gâchette

Quand les bonnes ondes permanentes deviennent plus intermittentes, cela laisse de la place pour être « activée ». Mais qu'est-ce que cela signifie exactement une fois que vous êtes dans une relation ?

Quand vous êtes « activée » dans une relation, cela signifie que quelque chose que dit ou fait votre partenaire provoque une réaction émotionnelle intense et potentiellement disproportionnée. Un peu comme quand vous voyez un verre sale dans l'évier, et que vous pensez : « *OK, d'accord, très bien. Donc iel en a juste rien à foutre, en fait !* »

Ces réactions prennent souvent leur source dans des traumas, des expériences passées et des casseroles émotionnelles laissées en l'état. Avec un simple acte de non-coopération *(Mais putain, juste mets-les dans le lave-vaisselle ! Il est à dix centimètres, bordel !)*, votre partenaire a involontairement appuyé sur le gros bouton rouge qui met en branle des montagnes russes émotionnelles gracieusement propulsées par les souvenirs de votre père de merde et de votre pourriture d'ex.

Quand vous êtes activée, votre partenaire peut penser que vous réagissez de manière complètement disproportionnée par rapport à la situation. Iel peut être perplexe quant à la raison pour laquelle vous avez soudainement pété une durite. Mais à vos yeux, cela vous semble si raisonnable que vous ne vous êtes peut-être même pas rendu compte qu'iel avait involontairement touché un point sensible.

Rappelez-vous, nous avons tous des casseroles émotionnelles, et c'est normal de tomber dans une casserolade de temps en temps. La clé, c'est de s'en rendre compte, de communiquer et de travailler ensemble pour que votre relation soit une relation de guérison. Bonus : cette expérience pratique dans la gestion des activateurs aura également des bénéfices thérapeutiques à long terme sur vous, à un niveau personnel. Voici quelques trucs sur la manière dont vous pouvez y arriver en créant ce que nous autres, psys, appelons des « expériences émotionnelles correctrices ».

- **Reconnaître ce qu'il se passe :** au moins l'un de vous deux doit reconnaître que quelqu'un a été activé. C'est généralement la personne activatrice et non l'activée qui s'y colle. Au lieu de vous retrouver sur la défensive face au comportement activé, faites de votre mieux pour aller à la rencontre de votre partenaire activé·e avec amour et compréhension, en lui signifiant gentiment mais fermement vos limites. Essayez quelque chose comme : « *Tu as l'air submergé·e par tes émotions, d'un coup. J'aimerais bien comprendre ce qu'il t'arrive. On peut faire une pause ?* »

- **Faites confiance à votre partenaire :** c'est plus facile à dire qu'à faire, mais si votre partenaire vous demande si vous vous sentez « activée », ayez confiance dans le fait que vous pouvez baisser la garde et vous connecter à elle ou lui en acceptant d'être émotionnellement vulnérable plutôt qu'en étant en colère et sur la défensive. Essayez de vous souvenir que ce n'est pas elle ou lui qui, à l'origine, vous a blessée, et que d'ailleurs cette personne cherche à vous répondre avec amour afin que vous vous sentiez écoutée et validée.
- **Réfléchissez ensemble :** prenez du temps pour explorer la raison pour laquelle vous êtes activée. Quelles sont les expériences passées et les émotions non digérées en jeu ? Comprendre la source du problème peut vous aider à le gérer. Dans le cas du verre sale dans l'évier, par exemple, comprendre la cause permet à votre partenaire de vous rassurer sur le fait que, oui, iel s'implique toujours dans la relation, que non, iel ne va pas vous quitter, et que c'est juste qu'iel est un peu paresseux·se et n'avait pas envie de s'occuper de la vaisselle à ce moment-là. Maintenant qu'iel sait que ça peut vous activer, iel fera de son mieux pour mettre *immédiatement* son verre dégueu dans le lave-vaisselle qui, c'est vrai, n'est qu'à 10 centimètres de l'évier.

- **Faites-vous aider :** est-ce que tout ça a l'air trop compliqué, ou trop difficile ? C'est tout à fait compréhensible. Si vous en avez la possibilité et l'envie, demandez de l'aide à un·e thérapeute professionnel·le pour ne pas avoir à naviguer seule sur les eaux noires des émotions.

On fait le point ?

« Toutes les relations devraient faire le point régulièrement ! » hurlent en chœur les thérapeutes de cette planète.

Certes, mais régulièrement, c'est combien ? « Au moins une fois par semaine, mes lapins ! »

Ou au moins une fois par mois si vous découvrez le concept. Et si vous n'en faites aucun ? Eh bien, vous devez être vraiment douée pour communiquer **exactement** ce que vous ressentez, ce dont vous avez besoin et ce que vous voulez **sur le moment**. Franchement, chapeau. Très peu de gens sont capables d'une telle constance. (Je veux dire… moi j'y arrive, bien sûr… mais tout le monde ne peut pas être TherapyJeff, n'est-ce pas ?)

Pour les autres, ça veut dire quoi, exactement, faire le point ?

Eh bien ça veut dire exactement ce que vous voulez ! Inventez vos propres règles. Tout fonctionne tant que vous consacrez un temps dédié à la connexion à l'autre de manière ouverte, présente et sans jugement, dans le seul but d'améliorer votre relation. Bon, OK, c'est assez normatif en fait. Tant que j'y suis, voici mes dix suggestions de points préférés.

1. **Point émotionnel :** parlez de vos états émotionnels individuels et de comment vous vous sentez dans la relation. Identifiez et partagez aussi bien les sources de stress que de joie et discutez de la façon dont vous pouvez vous soutenir mutuellement.
2. **Évaluation de la communication :** à quel point communiquez-vous bien entre vous ? Est-ce que vous partagez facilement vos pensées, vos sentiments et vos inquiétudes ? Identifiez ensemble les zones où vous pourriez mieux communiquer.
3. **Résolution de conflit :** réfléchissez à vos désaccords et à vos disputes récentes. Comment les avez-vous résolus ? Avez-vous été capables de réparer et de vous reconnecter ? Discutez des façons dont vous pourriez améliorer la résolution des conflits et développer des stratégies d'adaptation plus saines.
4. **Intimité et affection :** parlez de vos besoins intimes émotionnels et physiques. Êtes-vous tous·tes deux satisfait·e·s du niveau d'affection, de proximité, et de connexion sexuelle de votre relation ? Explorez ensemble des manières de renforcer cette intimité si nécessaire.
5. **Objectifs de la relation :** discutez ensemble des objectifs à court terme et à long terme de votre relation. Est-ce que vous êtes raccords sur le futur de votre relation ? Cela peut inclure des sujets comme le fait d'emménager ensemble, le mariage, les enfants, les plans de carrière, les finances ou encore les animaux domestiques.

6. **Développement personnel :** partagez vos objectifs individuels personnels et professionnels, et explorez les manières dont vous pouvez soutenir vos développements, aspirations et rêves respectifs.
7. **Limites et espace personnel** : évaluez si vos limites actuelles fonctionnent ou si elles nécessitent des ajustements. Discutez de vos besoins en espace et en temps personnels, en vous assurant que les deux partenaires se sentent respecté·e·s et valorisé·e·s. Gardez en tête que les besoins en espace et en temps sont fluides et peuvent changer d'une semaine sur l'autre.
8. **Confiance et sécurité :** discutez du niveau de confiance et de sécurité dans votre relation. Est-ce qu'il y a des inquiétudes ou des problèmes qu'il conviendrait de traiter pour renforcer la confiance mutuelle ?
9. **Temps de qualité :** réfléchissez au temps que vous passez ensemble et à ce qu'il signifie. Êtes-vous satisfait·e·s de la fréquence et de la qualité de vos expériences et activités communes ?
10. **Appréciation et gratitude :** partagez ce que vous appréciez chez votre partenaire et dans votre relation. Exprimez votre gratitude pour son soutien, son amour et son compagnonnage. Ça peut paraître un peu nunuche, mais il s'agit en réalité probablement du point le plus important de cette liste !

Vous n'avez pas besoin de passer en revue ces dix points à chaque séance. Choisissez ceux qui vous paraissent le plus pertinents, et sentez-vous libres de vous tenir par la main et d'être mignons tout plein pendant le processus.

T'es libre ?

Ces rencards sexy et ces moments magiques que vous avez vécus ensemble pendant la lune de miel, il va falloir les fabriquer à la main maintenant. Et il faut le faire, c'est important ! Essayez de vous garder du temps pour vous reconnecter et vous amuser. Mettez ça sur un Google Calendar partagé, et faites-en une priorité. Des rendez-vous amoureux réguliers renforcent les liens, approfondissent l'affection et développent l'intimité. Et puis, en plus, votre canapé m'a glissé que ce serait une bonne idée de sortir prendre l'air de temps en temps. (Bon, OK, c'était *mon* canapé. Mais j'écris un livre, moi !)

Les classiques le sont pour une raison : prenez le temps de dîner dehors, d'aller au cinéma, puis de faire des choses sexy au lit, dans l'ordre de votre choix. (Le truc du pro : commencez par le sexe avant de sortir dîner. Vous savez pourquoi.)

Mais ce qui n'est pas classique est chouette aussi. *(C'est le moment de passer du Taylor Swift en bande-son de la comédie romantique.)* Promenez-vous dans un quartier que vous ne connaissez pas. Faites un gâteau. Organisez un pique-nique sur le sol du salon. Partez en excursion. Faites-vous des massages. Montrez-vous des TikTok rigolos en mangeant de la tarte. Partagez des spaghettis à la bolognaise jusqu'à ce qu'il n'en reste plus qu'un seul et que vous vous retrouviez, les yeux ronds, en train de vous faire un smack accidentel. *C'est trop mignon !*

Ce que vous faites n'est pas important. Ce qui compte, c'est de le faire. Et tout est possible tant que vous cherchez à avoir du temps de qualité de manière intentionnelle.

TOUT N'EST PAS (TOUJOURS) PROPOS DE VOUS

Après la lune de miel, et pour le reste de votre relation, pensez à comment vous pouvez vous améliorer en tant que partenaire. Demandez-lui ce dont iel a besoin, puis faites-le. Ne partez pas du principe que vous avez tout compris. Laissez-la, laissez-le être l'expert de ses besoins et de ses désirs.

Il ne s'agit pas seulement de sexe, mais ça aide d'y réfléchir comme ça : quand vous êtes chaude, c'est cool que vous soyez confiante dans votre attitude. Franchement, on adooore cet enthousiasme, cette confiance ! Montrez donc de quel bois vous vous chauffez ! Mais quand votre partenaire vous dit spécifiquement ce qui lui plaît ou lui déplaît, écoutez. Iel sait ce qui l'excite. Faites-les, ces trucs ! Oubliez l'idée que vous connaissez mieux qu'iel son corps, son esprit, et ce qu'iel attend de son partenaire.

Cet état d'esprit bénéficie à tout le monde dans un couple. Attendez la même chose en retour.

Laissez tomber la perfection

Après la lune de miel, il est tout à fait normal de vous demander s'il n'y a pas quelqu'un de parfait pour vous, qui vous attend, là, dehors. Mais ne nous voilons pas la face : à part TherapyJeff, la perfection n'est pas de ce monde. (Attendez une seconde, ma coautrice a une quinte de toux.)

Si vous voulez une relation durable et consolidée, il faut oublier l'idée de perfection, aussi bien pour vous-même que pour votre partenaire. Nous sommes toutes et tous des chantiers en cours, à la fois foireux et merveilleux, essayant de faire de notre mieux (oui, oui, même TherapyJeff, dans une certaine mesure). C'est la marge de progression qui compte ici – bien plus que de trouver le ou la « partenaire idéal·e ». Est-ce que votre partenaire est prêt·e à se joindre à vous pour alimenter votre relation avec sa vulnérabilité et un peu de travail, qui, s'il n'est pas toujours agréable, vaut sacrément le coup ?

Si c'est un oui franc et massif, alors essayez de montrer l'exemple en appréciant toutes les qualités de votre partenaire : sa gentillesse, sa loyauté, et ce si joli cul – tout élément qui concourt à une relation saine et épanouissante. Et au lieu de poursuivre une image idéalisée, concentrez-vous sur votre compatibilité. Évaluez votre degré d'entente, que ce soit en ce qui concerne les loisirs, les styles de communication, les intérêts, ou, bien sûr, les saloperies que vous aimez raconter sur les gens que vous n'aimez pas.

La patience est essentielle. Après la fin de la lune de miel, votre relation a besoin de plus de temps et d'efforts pour s'épanouir complètement, donc allez-y doucement et soutenez-vous mutuellement tandis que vous apprenez à devenir un·e meilleur·e partenaire pour l'autre.

En parlant d'apprendre, je pense qu'il s'agit là d'un excellent moment pour continuer à travailler sur votre développement personnel. (La lecture de ce livre en fait partie !) Souvenez-vous que vous non plus, vous n'êtes pas parfaite. Je sais que je l'ai déjà dit, mais personne ne l'est (à part peut-être TherapyJeff).

Tout le monde a au moins une habitude, un comportement, une attitude ou une croyance limitante qu'il aimerait changer, et adopter un état d'esprit de travail sur soi-même bénéficiera aussi bien à vous-même qu'à votre relation dans son ensemble. Pas besoin d'y aller par quatre chemins, voici quelques suggestions pour commencer :

- suivre une thérapie ;
- réserver du temps pour prendre soin de vous-même ;
- essayer d'adopter une attitude de gratitude ;
- tenir un journal ;
- prendre régulièrement le temps de reconnaître vos émotions et de les nommer ;
- apprendre une nouvelle compétence ;
- essayer les affirmations positives ;
- pratiquer la méditation ;
- tenir un suivi de vos habitudes et de vos progrès ;
- lire des livres et des articles écrits par des experts du développement personnel sur des sujets qui vous intéressent (voir p. 357 pour certains de mes préférés).

Les défauts, les bizarreries et même quelques *red flags* constituent ce qui fait de nous des êtres humains. En faisant de votre relation un *safe space* dans lequel vous et votre froufrou d'amour êtes libres de vous manifester de la manière la plus authentique possible, vous êtes en bonne voie vers l'amour consolidé. *Exciting, isn't it* ?

Dans le prochain chapitre, nous allons explorer un art particulièrement exigeant, celui de gérer sainement les conflits. Mais avant cela, prenez un moment pour faire le point en réfléchissant aux questions des pages suivantes.

1. Est-ce que vous ressentez le besoin de rompre après la lune de miel ? Est-ce que cela vous est déjà arrivé ? Pourquoi cela arrive-t-il, à votre avis ?
2. Quels sont selon vous les pires défauts de votre partenaire ? Que se passerait-il si vous réinterprétiez ces derniers de manière positive ? Allez-y, faites un essai.
3. Êtes-vous régulièrement activée dans votre relation ? Est-ce le cas de votre partenaire ? Est-ce que vous êtes capable d'en identifier la raison ?
4. Êtes-vous capable d'avoir des conversations ouvertes à propos des actions et des comportements activés ?
5. Existe-t-il des barrières qui vous empêchent d'être présent·e·s l'un·e pour l'autre et de faciliter une « expérience émotionnelle correctrice » quand l'un·e de vous est activé·e ? Quelles sont-elles à votre avis ?
6. À quelle fréquence faites-vous le point avec votre partenaire ? Est-ce que cette fréquence vous convient ?
7. Est-ce que vous trouvez difficile de faire des points réguliers avec votre partenaire ? Quels sont les trois points principaux que vous aimeriez aborder lors de ces séances ?

8. **Êtes-vous capable de communiquer vos besoins sur le long terme à votre partenaire ? Et si non, qu'est-ce qui vous retient ?**
9. **Est-ce que vous avez demandé récemment à votre partenaire ce que vous pouviez lui apporter en ce moment précis ? Qu'est-ce qui vous empêche de le faire là, tout de suite ?**
10. **Jetez sur le papier au moins trois idées de rencards loufoques que vous pourriez vraiment faire.**
11. **Faites une liste des trois plus grandes qualités de votre partenaire.**
12. **Quelles sont les zones de développement personnel que vous avez envie d'explorer ?**

9

Il faut qu'on parle

(Comment gagner toutes les disputes)

Dans une relation, les conflits sont inévitables. Vous avez beau vous sentir ultra-connectée à votre bigorneau d'amour, vous restez deux créatures indépendantes et autonomes, chacune dotée de besoins, d'envies et d'opinions sur le film qu'on pourrait voir ce soir. Il n'est pas possible d'éviter les disputes et, en vérité, ce n'est même pas souhaitable. Manœuvrer à travers le conflit, s'engager dans des disputes productives, pratiquer le compromis et apprendre à écouter sans être totalement « activé·e » constituent une partie essentielle de toutes les relations épanouies, et ce travail contribue également à nous faire grandir et à nous guérir sur un plan personnel.

Tu n'es pas d'accord ?

Tu cherches la merde ?

Je vais te DÉTRUIRE.

Et par là, je veux dire que je serai si calme et que je poursuivrai si obstinément l'objectif de résolution du conflit que je ne te laisserai pas gonfler cette dispute pour la transformer en une bataille de trois jours – le gagnant étant celui qui parviendra à battre l'autre froid le plus longtemps possible.

Tu me cries dessus ? Je vais gentiment te demander d'arrêter et te faire comprendre l'effet que ça me fait.

Tu es sur la défensive ? Je ferai alors preuve d'empathie sur le fait que tu sentes attaqué·e.

Est-ce que tu invalides mon expérience ? Je te rappellerai qu'il n'y a aucun problème à avoir deux points de vue différents sur une même situation.

Mon équanimité te donnera tout d'abord envie de me taillader la pomme d'Adam (gros hochement de tête de ma coautrice), mais, au bout du compte, on sera en train de s'enlacer comme des pros. (Bon, elle s'est mise à frénétiquement secouer la tête, mais je crois que c'est juste parce qu'elle a encore un peu d'eau dans les oreilles, vu que le mardi, elle a piscine).

Se disputer n'est pas un *red flag*. Une absence complète de conflit est inhabituelle et peut être une indication qu'au moins un des partenaires ne verbalise pas véritablement ses besoins.

Cela étant dit, il y a un monde entre avoir des disputes saines où ça peut chauffer et des disputes violentes et interminables qui vous blessent et vous laissent pleine de ressentiment. Il existe par ailleurs un travail important à effectuer après les disputes pour se reconnecter et réparer la relation.

Dans ce chapitre, je vais vous présenter un modèle que vous pourrez appliquer à un grand nombre des petites et grandes disputes auxquelles les couples se trouvent confrontés et je vais vous montrer comment rebondir pour que la relation en sorte encore plus forte qu'avant.

Je ne vais pas minimiser la difficulté de la chose. Être aussi merveilleux que moi dans les disputes est un don et réclame de la technique (sinon c'est une sale manie). Des livres entiers ont été écrits sur la gestion du conflit et des désaccords au sein du couple. Bon, comme je n'ai qu'un seul chapitre à consacrer à ce sujet (pour l'instant… *Fightez-vous comme vous êtes*, à paraître à l'automne 20??), ne perdons pas trop de temps.

Pour commencer, je vais vous dire la même chose qu'aux couples qui viennent me voir en thérapie : ne vous attendez pas à ce que je choisisse votre camp. Mon seul camp, c'est celui de la relation.

C'est cool, comme réplique, hein ? Un classique de thérapeute.

N'empêche, je sais, ça craint.

Est-ce que vous espériez secrètement que j'allais joindre mes forces aux vôtres et vous donner la soluce pour gagner contre votre chéri·e, qui est certes trèèèès mignon·ne, mais qui a tellement, tellement, TELLEMENT tort ? Oui, je peux comprendre.

Mais quand vous apprenez à gérer les conflits de manière plus productive, c'est la RELATION qui est la grande gagnante. Pas juste vous, de manière individuelle.

L'une des premières choses que je fais quand un couple se dispute dans mon cabinet est de leur rappeler qu'ils s'aiment et s'apprécient. Oui, c'est énervant, je sais. Mais est-ce qu'il est déjà arrivé qu'une dispute se termine comme ça : « *Tu sais quoi, je pensais avoir raison, mais la façon dont tu as insisté encore et encore sur à quel point j'avais tort m'a ouvert les yeux, et maintenant, je suis d'accord à 100 % avec ta version de la réalité. Pardon d'être si stupide !* » ?

Nan.

Donc arrêtez de vous comporter comme des cons, parce qu'après la dispute, ce serait chouette que vous puissiez encore vous regarder dans les yeux, non ?

Le problème, ce n'est pas que vous vous disputiez, c'est la *manière* dont vous vous disputez. Ce qui constitue une excellente transition vers l'un des principes les plus importants de la gestion saine des conflits.

Intention *vs* impact

Quand vous êtes en plein milieu d'un désaccord important avec votre tendre moitié, faire preuve d'empathie ou être capable d'adopter un autre point de vue peut s'avérer difficile. Ce qui peut aider, c'est de se rappeler que vous vous jugez en vous fondant sur l'*intention* dissimulée derrière vos mots et vos actions, tandis que vous jugez tous les autres en vous fondant sur l'*impact* que leurs mots et leurs actions ont sur vous.

Prenons un exemple : vous avez passé des semaines à planifier une fête d'anniversaire complètement folle pour votre dulciné·e. Je parle de faire venir des ami·e·s qui vivent dans d'autres villes, de cuisiner toute la journée, d'unPowerPoint biographique plein d'esprit, ce niveau-là de fête. Arrive le grand soir, et l'élu·e de votre cœur est certes sous le choc, mais un choc qui semble davantage tenir de la consternation que du ravissement.

Vous ne vous doutiez pas qu'iel détestait les surprises. Vous n'en avez jamais parlé. Mais même si ce n'est pas l'anniversaire de ses rêves, est-ce qu'iel ne peut pas, quand même, voir les putains d'efforts que vous avez faits pour sa putain de fête surprise ?

Qui abuse, là, sérieux ?

Même si je suis convaincu que, sur le papier, c'était vraiment une super fête, je suis au regret de vous annoncer que vos bonnes intentions n'ont strictement pas la moindre importance.

Certes, vous n'aviez pas l'*intention* de le/la mettre mal à l'aise, mais vos actions ont eu un impact négatif sur votre partenaire, et ça, c'est votre entière responsabilité.

« L'enfer est pavé de fêtes surprises. »

Un célèbre proverbe que je cite trop bien de mémoire

Des millions de milliards de disputes incluent des variations sur le thème de « Mais ça partait d'une bonne intention ! » (Voir également : « Ce n'est pas ce que je voulais dire ! » ou « Je suis désolé si ___. »)

C'est bien d'avoir de bonnes intentions. Ça veut dire que vous n'êtes pas une personne cruelle et sans principes. Bravo !

Mais ce raisonnement du « ça partait d'une bonne intention », ça fait longtemps qu'il aurait dû prendre une retraite bien méritée. Il est voué à l'échec et détourne l'attention de la personne blessée.

Vos bonnes intentions ne peuvent être prises en compte qu'après que vous avez pleinement pris la responsabilité de l'impact que vous avez eu sur votre partenaire. Si vous n'en êtes pas capable, vous allez vous retrouver dans une dispute où vous continuerez à ressasser vos bonnes intentions tandis que l'autre essaiera de vous faire entendre à quel point vous l'avez fait se sentir mal, et vous serez tous·tes deux encore plus frustré·e·s qu'avant.

Même la personne la plus attentionnée et la plus empathique du monde ne peut pas contrôler la façon dont ses actions et ses paroles ont un impact sur les autres. Le truc, c'est d'apprendre à reconnaître quand votre intention ne colle pas à l'impact qu'a eu votre comportement, et alors d'écouter, d'apprendre et de progresser.

Ça peut demander un peu de pratique, mais voici quelques exercices pour commencer à contrôler vos réflexes rotulaires.

Au lieu de : « Je ne voulais pas te blesser. »
Essayez : « Désolée de t'avoir blessé·e. »

Au lieu de : « Je suis désolée que tu voies les choses comme ça. »
Essayez : « Désolée de t'avoir blessé·e. »

Au lieu de : « Tu ne le prends pas de la bonne manière. »
Essayez : « Désolée de t'avoir blessé·e. »

Au lieu de : « C'est la dernière fois que j'essaie de te faire plaisir. »
Essayez : « Désolée de t'avoir blessé·e. »

Au lieu de : « Tu surréagis complètement ! »
Essayez : « Désolée de t'avoir blessé·e. »

Je pense que vous voyez l'idée, maintenant. Et ce n'est pas parce que vous avez ajouté un « je suis désolée » dans votre phrase que cette dernière se transforme automatiquement en excuse. Oui, dire le mot « désolé » est important, mais si vous rajoutez tout un tas de clauses en petits caractères qui vous permettent d'esquiver la responsabilité de ce qu'il s'est passé ou de tout mettre sur le dos de votre partenaire, ça ne va pas. L'idée, ici, c'est de prendre un moment, alors que la dispute couve, pour faire un pas de côté par rapport à vos émotions, reconnaître l'impact de vos paroles et de vos actions sur votre partenaire et valider son expérience. Vous pourrez décider qui a raison ou tort plus tard (*spoiler* : ça n'a en général plus aucune importance).

Prenez un moment, alors que la dispute est bien là, pour faire un pas de côté par rapport à vos émotions, reconnaître l'impact que vos mots et vos actions ont sur votre partenaire et valider son expérience.

Arrêter de projeter encore et encore sur votre partenaire

Vous vous souvenez du moment où nous nous sommes rendu compte que tous vos problèmes d'intimité étaient la faute de vos parents, du capitalisme et de Hollywood ? Ça, c'était du fun en barre !

Même si j'adorerais me dire que les chapitres qui parlent de la manière dont vous êtes complètement bousillée ont réussi à éclairer tous vos problèmes relationnels passés à la lumière de vos blessures d'enfance – et les ont guéries au passage –, je préfère ne pas me raconter d'histoire. Et vous non plus, vous ne devriez pas.

Ces traumas tapis dans l'ombre vous sautent à la gorge au moindre signe de faiblesse. Par là, j'entends la vulnérabilité, la peur et la colère qui nous envahissent quand nous sommes au milieu d'une dispute. Je veux dire, vous êtes là, en plein milieu du Monoprix, en train d'avoir un débat tout à fait digne sur les mérites respectifs des différents mugs – plutôt celui avec le chat ou celui avec « Je hais les lundis » –, et d'un coup, vous voilà en train d'accuser votre partenaire de penser encore à son ex.

Quand ça commence à chauffer, il est plus important que jamais de comprendre pourquoi vous réagissez si fortement à certaines situations. Si vous pouvez vous le permettre, c'est là l'un des points où la thérapie s'avère d'une grande aide.

Mais il vous suffit de vous appuyer sur votre conscience rudimentaire de la manière dont vous avez été influencée par votre famille, vos relations passées et le monde pour commencer à comprendre pourquoi vous êtes si bouleversée et vous rendre compte que votre réaction est disproportionnée par rapport à l'événement lui-même.

Par exemple, vous vous souvenez de cette fois où votre ex vous a quittée pour *son* ex, et que vous avez fait tomber votre mug de café préféré (celui avec Garfield), qui a éclaté au sol comme vos rêves de bonheur avec ce sac à merde ? Du coup, les mugs, on ne peut pas les saquer, hein ? Et les lundis non plus, tant qu'on y est.

L'une des meilleures choses dans les disputes avec votre partenaire, c'est qu'elles vous fournissent de superbes occasions de bosser sur vous-même.

Imaginons que vous êtes consciente de devoir votre peur de l'abandon à votre père, qui s'est séparé de votre mère et a quitté la maison quand vous aviez huit ans. Maintenant, à chaque fois que vous vous disputez avec votre partenaire et qu'iel demande un peu d'espace quand ça chauffe, vous êtes activée parce qu'une partie de vous est terrorisée à l'idée d'être abandonnée pour de bon – tout comme vous l'avez été par votre père quand vous étiez petite. Et peut-être comme l'ont fait d'autres amoureux·ses par le passé.

Au lieu de se disputer à nouveau parce que vous trouvez déraisonnable et injuste que votre partenaire vous mette à distance et réclame du temps pour lui/elle, essayez de lui faire comprendre, en vous montrant aussi honnête et vulnérable que possible, que vous êtes sans doute en train de projeter votre peur de l'abandon sur lui/elle quand iel demande à être un peu seul·e.

Eh, vous avez vu ? Vous venez de créer un moment de guérison. Oui, oui ! À la fois pour vous et pour votre relation.

S'iel en a la capacité émotionnelle, il y a de fortes chances pour que votre partenaire se montre plus désireux·se de rester avec vous dans ces moments de crises une fois qu'iel aura compris ce qui se cache derrière votre réaction extrême. Ou, s'iel a besoin d'un peu d'espace pour respirer (c'est de bonne guerre), iel peut tout de même faire quelque chose qui vous donnera l'impression d'être aimée et comprise, comme par exemple préciser combien de temps iel sera parti·e ou prendre régulièrement des nouvelles à l'écrit.

C'est là un excellent exemple de la façon dont des conflits sains peuvent nourrir une relation épanouissante – c'est une occasion de renforcer votre lien tout en reconfigurant certains de ces chemins neuronaux que votre famille débile a plus ou moins foutus en l'air, toute chose qui contribue à moins de projection avec le temps.

RAGE AGAINST THE MACHINE (ET, EN FAIT, RAREMENT AGAINST LA VAISSELLE)

Dans presque toutes les relations, il arrive un moment où vous ou votre partenaire allez flipper à cause d'un détail qui, objectivement, n'a pas la moindre importance. Mais pourquoi ? C'est parce que le petit truc qui vous fait flipper symbolise en fait un problème plus profond – dont vous n'êtes parfois pas vraiment consciente vous-même.

Nous avons essayé d'éviter de genrer les membres de la relation à chaque fois que c'était possible, mais il est nécessaire de le rappeler : dans les relations hétérosexuelles traditionnelles, les femmes ont historiquement eu une charge plus lourde que les hommes. Et même pour les plus évolués, les plus progressistes et les plus féministes d'entre nous, ce déséquilibre imprègne si profondément la culture qu'il peut s'insinuer dans la relation de plein de manières vicieuses, qui, au final, mènent à un ressentiment majeur.

Cela peut se manifester de diverses façons, mais il y en a deux qui sont trop importantes pour que l'on puisse se permettre de les ignorer.

La répartition inégale des responsabilités *: quand un partenaire (en général, la femme) assume une part disproportionnée de la cuisine, du nettoyage, de la planification, du soin des animaux domestiques et tutti quanti, vous finirez par vous disputer à ce sujet.*

Le travail émotionnel : *par défaut, ce sont souvent les femmes qui se retrouvent à prendre émotionnellement soin de la relation et à être responsables de la gestion permanente du bien-être émotionnel des deux partenaires. (Pour plus d'informations à ce sujet, voir* Fair Play, *d'Eve Rodsky.) Truc de ouf : cela mène souvent à de l'amertume et du ressentiment. Si vous vous disputez régulièrement sur des sujets tournant autour du thème de la répartition déséquilibrée de la charge domestique, mentale et émotionnelle, prenez le temps de vous*

demander si des rôles de genre traditionnels dépassés ne sont pas en train d'alimenter vos désaccords.
Tout d'abord, si vous ne l'avez pas encore fait, réfléchissez un peu à vos valeurs dans cette zone, à vos limites et au rôle que vous êtes prête à jouer dans la relation.
Quand vous êtes prête, ayez un dialogue ouvert avec votre partenaire pour parler de vos émotions et de vos inquiétudes respectives, le tout dans une discussion exempte de jugement.
Ensuite, redistribuez les responsabilités. Établissez ensemble un plan qui vous semble juste à tous les deux. Pour un succès maximum, restez souple et capable de vous adapter au gré des circonstances.
Enfin, le patriarcat est une réalité. Faites votre part pour le démanteler en faisant des choix conscients afin de remettre en cause les stéréotypes de genre aussi bien dans vos pensées que dans vos actions. Et si vous êtes un de ces gars qui disent des trucs du genre « Mais pour moi, elle n'a même pas l'air sale, cette baraque. Et franchement, la graille, ça me va très bien. C'est elle qui veut tout ça… », eh bien grandis, frérot ! Fais ta part. En fait, fais même un peu plus que ça, parce que ce ne sera encore probablement pas assez. (Je t'aime, frérot… mais toi comme moi on sait que c'est vrai.)

Renoncer à l'idée d'objectivité

D'innombrables disputes constituent des variations sur le thème de « C'est *ça* qui s'est vraiment passé », ce à quoi il est répondu : « Tu te fous de ma gueule ? C'est *ça* qui s'est passé ! »

J'ai le plaisir de vous annoncer que vous vous mettez tous·tes les deux le doigt dans l'œil jusqu'au coude.

Ou plutôt, j'ai le plaisir de vous annoncer que la « vérité » n'a aucune importance. En réalité, il n'y a aucune vérité objective, dans une dispute. Il y a seulement deux vérités subjectives.

Tout comme pour l'intention et l'impact, les seules choses qui comptent ici sont vos expériences subjectives respectives, et si vous ne pouvez pas valider celle du soleil de votre vie, peu importe à quel point ce dernier a selon vous « tort », vous êtes parti·e·s pour des disputes horribles, interminables et sans vainqueur.

Pendant une dispute, il est extrêmement tentant de corriger tout ce que l'autre dit de faux (d'après vous), jusqu'au moindre détail. Il est facile de perdre de vue le tableau d'ensemble pour se concentrer sur des affirmations « vérifiables ». Je vous comprends. Sincèrement. Je veux dire, existe-t-il quelque chose de plus satisfaisant au monde que de brandir son téléphone et d'asséner la preuve irréfutable que : *« En fait, tu m'as envoyé le texto à 17 h 01, et non pas avant 17 heures comme tu t'acharnes à le dire, OK ? »*

Il n'y a aucune vérité objective, dans une dispute.
Il y a seulement deux vérités subjectives.

Je vous en supplie, résistez à cette pulsion. Parce quand il s'agit de petites disputes qui surgissent dans une relation au sein de laquelle, par ailleurs, vous vous soutenez mutuellement, cela n'a strictement aucune importance, et vous ne vous rendez franchement pas service. (Note : cela ne s'applique pas aux comportements et aux actions qui violent les limites établies ensemble.)

Oui, je sais, c'est dur, et cela peut même sembler impossible dans le feu de l'action. Vous êtes le personnage principal, ou même, n'ayons pas peur des mots, le héros du film de votre vie. Et là, d'un coup, votre cerveau vous propose d'asséner le coup de grâce à l'aide d'un coup de pied retourné au ralenti ! Si seulement votre partenaire pouvait simplement considérer les FAITS, iel se rangerait à votre point de vue, vous supplierait à genoux de lui pardonner, et la dispute serait terminée.

Hmmmm, non. Désolé. Même pas en rêve.

La seule manière de dépasser cet obstacle est de partir de votre reconnaissance du fait que l'existence de deux vérités distinctes n'est pas seulement une possibilité, mais une certitude. Au lieu de vous concentrer sur votre propre histoire – celle où vous êtes la star du spectacle, l'intrépide héraut de la vérité –, essayez de garder un peu de bande passante pour vous intéresser au récit qu'a élaboré votre partenaire dans son coin.

Prenez une minute. Comptez jusqu'à dix. Demandez-vous ce que vous essayez d'obtenir avec ces discussions. Et essayez de déplacer radicalement votre point de vue, de faire preuve de curiosité.

GASLIGHTING

Le terme gaslight [littéralement, « éclairage au gaz »] provient d'un film éponyme[7] *des années 1940 dans lequel Charles Boyer manipule Ingrid Bergman pour lui faire croire qu'elle devient folle. C'est un très bon film si vous aimez les thrillers psychologiques et que vous avez envie de découvrir une Angela*

7. N.d.T. : Hantise, en français.

Lansbury jeune et sexy (donc ***avant*** Arabesque*), mais dans la vraie vie, il s'agit d'une technique vraiment abusive utilisée pour manipuler, se défausser de toute responsabilité et exercer son contrôle sur quelqu'un d'autre. Les phrases qui suivent constituent des exemples de cette pratique.*
– Tu n'as pas besoin de savoir. Ça n'a pas d'importance.
– Je n'ai jamais dit ça. Tu imagines des trucs/tu entends des trucs/tu te rappelles mal.
– C'est toi qui m'as fait faire ça. C'est toi qui as un problème.
– Wow. C'est dingue comme tu surréagis. On parle de rien du tout, là.
Beurk ! Donc oui, la « vérité » dans une dispute peut être subjective, mais si votre partenaire refuse en permanence de considérer votre point de vue, réfute régulièrement vos expériences ou vous dit que vos réactions sont illégitimes ou irrationnelles, vous êtes en train de vous faire gaslighter. Ce n'est pas le genre de truc qui n'arrive qu'une fois, et, avec le temps, cela peut peser sur votre santé mentale. Restez fermement accrochée à votre vérité, demandez de l'aide à l'extérieur si vous en avez besoin, et rappelez-vous que vous avez parfaitement le droit de prendre vos cliques et vos claques.

Mais tu vas te calmer, putain ?

Au plus fort d'une dispute, c'est une véritable gageure de reconnaître le primat de l'impact sur l'intention, ou celui des vérités subjectives sur la vérité objective (la vôtre).

Pourquoi ?

Mais parce que vous êtes hors de vous ! Et que, peut-être, vous avez un peu peur aussi, même si vous n'appelleriez pas ça comme ça. Vous êtes sur la défensive, vous réagissez sans réfléchir, vous n'écoutez sans doute pas très bien, et il est peu probable que vous soyez complètement dans l'instant présent. Même si votre esprit n'en est pas conscient, vous êtes submergée d'émotions et de souvenirs du passé. Vous ne voyez pas les choses clairement, et vous ne traitez pas votre partenaire avec le respect et la tendresse auquel iel a le droit. Vous n'êtes pas calme. Vous êtes le contraire de calme.

En un mot, vous êtes activée.

C'est pas grave, hein, il n'y a rien qui cloche chez vous. Comme nous l'avons vu, il arrive à tout le monde d'être activé. Même à moi. Vous voulez me faire partir en vrille ? Il suffit de me dire que je me comporte comme ma sœur.

Il ne s'agit pas *de ne pas* être activé. Il s'agit de remarquer *quand* vous l'êtes, d'avoir de l'empathie et de la compassion pour vous-même, et de vous retirer de la dispute jusqu'à ce que vous soyez calmée.

Vous n'avez le droit de reprendre votre querelle que quand vous êtes tous·tes les deux complètement présent·e·s à l'instant et dans un état que nous, psychothérapeutes, appelons de « pleine conscience ». La pleine conscience est un état extraordinaire. Quand vous êtes dans cet état, vous êtes capable de considérer d'autres points de vue que le vôtre. Vous êtes capable d'admettre que vous vous êtes trompée. Vous êtes capable d'écouter ce que votre partenaire a à dire et de lui restituer ce que vous avez entendu. Vous pouvez accueillir des critiques difficiles à entendre. Vous n'êtes plus arc-boutée sur vos positions et êtes capable de demander de l'aide si vous vous sentez frustrée ou submergée par vos émotions.

Vous saurez que vous êtes en état de pleine conscience quand vous n'aurez plus l'impression d'être *obligée* de vous défendre. Quand, physiquement et émotionnellement, vous vous sentirez en sécurité. Quand vous serez fermement ancrée dans votre amour et votre attention à votre partenaire.

Avant de parler des sujets difficiles, attendez d'avoir un espace mental et émotionnel suffisant pour pouvoir le faire de manière productive. Et une fois que vous y êtes, c'est le moment de mettre les deux mains dans le cambouis !

ESSAYEZ CES PRATIQUES QUAND VOUS VOUS SENTEZ ACTIVÉE

Partez faire une promenade : *le mouvement et un changement de décor peuvent faire des merveilles sur un esprit activé.*
Écoutez de la musique : *s'ancrer dans l'un des cinq sens aide, mais la musique s'avère en général particulièrement apaisante.*
Faites des mots croisés ou des maths : *activer une autre partie de votre esprit, moins émotionnelle, permet de se réinitialiser plus facilement.*
Concentrez-vous sur votre respiration : *ralentir et se concentrer sur de longues inspirations et expirations peut vous ancrer dans le moment et rappeler à votre cerveau reptilien qu'il est en sécurité.*
Appelez un·e ami·e : *parfois, vous avez juste besoin de vider votre sac avec quelqu'un d'autre que votre partenaire.*

« Je me sens ___ quand tu ___. »

OK, mais alors comment fait-on pour avoir des disputes productives qui mènent à des résolutions saines des conflits ?

La manière la plus rapide de régler une dispute est que l'une des personnes impliquées parle de ce qu'elle ressent – si possible d'une manière qui n'attaque pas directement l'autre personne – tandis que l'autre se contente d'écouter sagement, puis valide l'expérience celle/celui qui parle.

Et puis on échange les rôles.

C'est aussi simple que ça.

Mais c'est aussi super balèze.

Parce que, comme nous l'avons vu, quand votre sucre d'orge s'exprime, vous vous sentez attaquée, et la pulsion de se défendre ou de corriger est extrêmement puissante.

Commencez par décider qui parlera en premier de son expérience émotionnelle. Si vous n'arrivez pas à vous mettre d'accord, je conseille en général à mes patient·e·s de décider que c'est celui qui a exprimé la première plainte qui parlera en premier.

La première règle est que vous devez faire de votre mieux pour parler de votre expérience émotionnelle, et non pas du fait que votre partenaire est une sombre merde. Ce qui peut s'avérer difficile puisqu'il se comporte effectivement comme une enflure.

Essayez d'utiliser cette structure : « *Je me sens* ___ *quand tu* ___. » Si c'est un classique, c'est qu'il y a une raison.

Et ne faites pas le coup du : « *Je me sens en colère quand tu te comportes comme un connard.* » J'avoue, c'est marrant, mais ça ne fait pas beaucoup avancer le schmilblick. Essayez d'être précise, et de ne pas mettre de l'huile sur le feu

Ça peut par exemple ressembler à quelque chose comme ça : « *J'ai ressenti de la colère quand tu m'as laissée toute seule à la fête* », *ou* « *Je me suis sentie en danger quand tu as commencé à discuter avec ton ex »*, ou « *Je me suis sentie abandonnée quand je n'ai pas réussi à te trouver à la fin de cette soirée »*.

Est-ce que votre mec/nana s'est comporté·e comme de la merde en vous laissant toute seule à la fête, en badinant avec son ex ou en filant à l'anglaise ? Je veux dire, j'aimerais bien entendre sa version de l'histoire, parce que là, c'est vrai que ça ne sent pas bon. Mais votre objectif, ici, est d'exprimer votre expérience dans l'espoir qu'iel pourra comprendre ce que vous ressentez.

Sa tâche, de son côté, consiste à restituer, avec ses propres mots, ce que vous avez vécu afin que vous vous sentiez écoutée et comprise. Pour pouvoir le faire, iel doit **écouter attentivement** ce que vous dites et **entendre** vos émotions. Cela signifie qu'iel doit entrer en contact avec votre douleur. Iel doit s'abstenir de se défendre, même s'iel a l'impression que vous vous souvenez mal. La question n'est pas de savoir qui se souvient de quoi. Il faut abandonner l'idée de « vérité objective » et embrasser celle selon laquelle il existe deux vérités subjectives également valides.

Vous avez envie d'entendre un truc comme : « *Quand nous sommes arrivés à la fête, je me suis dirigé·e tout droit vers mes potes, tu t'es sentie abandonnée et ça t'a mise en colère. Puis, quand nous avons rigolé avec mon ex, tu t'es sentie jalouse de notre complicité et de notre connexion. Et le pire, c'est que quand tu as voulu partir parce que tu ne t'amusais pas, tu n'as pas réussi à me trouver parce que j'étais dehors en train de discuter avec mes potes, ce qui t'a donné l'impression que tu n'étais pas importante à mes yeux et que je ne prenais pas soin de toi. Ça craint, c'est clair, et je comprends pourquoi tu es aussi en colère.* »

L'objectif, ici, est qu'iel soit capable de comprendre votre douleur, qu'iel éprouve la quantité appropriée de culpabilité, et qu'iel manifeste des remords authentiques (oui, même s'iel n'est pas d'accord). Quand cela se produit, vous vous sentirez entendue, ce qui constitue un incroyable soulagement. Et n'oubliez pas, une fois que vous avez eu votre tour, ce sera à lui ou elle de parler de son expérience, et vous devrez alors faire preuve d'écoute et d'empathie, ce qui est beaucoup moins marrant. Mais vous vous rappelez comme c'était doux et chaud de sentir votre expérience émotionnelle se faire valider ? Vous ne voulez pas que votre partenaire ressente la même chose ?

Peut-être que vous êtes sceptique, du genre : « *Il n'y a pas moyen qu'iel ait une version vraisemblable à me présenter. Iel est complètement à côté de la plaque.* » Si ces pensées n'arrêtent pas de tournicoter dans votre tête, c'est normal et naturel, mais essayez tout de même de les chasser. Donnez-lui la même chance que celle qu'iel vous a donnée.

Iel dira peut-être un truc du genre : « *Quand nous sommes arrivé·e·s à la soirée, je me sentais bizarre et angoissé·e, donc je me suis réfugié·e dans le cercle de mes amis, comme je le fais d'habitude, mais je t'ai oubliée. Et quand mon ex m'a coincé·e, je me suis senti·e obligé·e de lui parler parce qu'iel était seul·e à cette fête, et que je ne voulais pas être blessant·e. À la fin de la soirée, on m'a mis la pression pour que je joue à un jeu à boire et j'ai perdu le fil.* »

Est-ce que ce récit excuse son comportement ? Que dalle. Iel vous a laissé tomber. Est-ce que ce sont des excuses ? Non plus. Donc on n'en a pas encore terminé ici. Mais son récit fournit un contexte à ses actions, et la manière dont iel s'exprime montre qu'iel est conscient·e de ne pas avoir assuré.

Restituez-lui maintenant ce qu'iel vous a dit. Confirmer son expérience non seulement l'aidera à se sentir mieux mais vous aidera tous deux à vous sentir plus proches. Et maintenant, vous disposez d'une nouvelle information qui pourrait s'avérer fort utile lorsqu'à l'avenir vous irez ensemble à une soirée. Ça pourrait être un truc du style : « OK, j'entends ce que tu dis sur le fait que tu te sois senti·e angoissé·e et que tu te sois rabattu·e sur une de tes vieilles techniques de célibataire. La prochaine fois, je te propose qu'on en parle avant de sortir. »

Vous pouvez prendre un nouveau tour si vous voulez, tant que vous êtes prête à en faire de même pour votre partenaire. Répétez l'opération autant de fois que nécessaire, prenez des pauses quand vous en avez besoin (est-ce que vous êtes en train de sortir de l'état de « pleine conscience » ?), jusqu'à ce que vous vous sentiez tous·tes deux entendu·e·s et compris·es. Tout ce qu'il reste à faire, c'est de demander pardon.

LE COMPROMIS : C'EST L'ENFER, MAIS ALLONS-Y GAIEMENT QUAND MÊME !

Vous, probablement : « *Donc, si je comprends bien, personne ne gagne, c'est ça ? Sans moi.* »
TherapyJeff : « *Mais si, mais si ! C'est la relation qui gagne.* »
Vous, probablement : **marmonne de vagues insultes dans sa barbe**
TherapyJeff : « *Excusez-moi, je n'ai pas bien entendu. Est-ce que vous avez dit que je pouvais aller me faire poutre ? Et que vous vous en battiez les douilles ? Désolé, je n'entends pas toujours bien.* »
Vous, probablement : **croise les bras et fixe le sol d'un air renfrogné**
TherapyJeff : « *Ah oui, je comprends maintenant, vous avez dit que vous étiez prête à faire un compromis parce que c'est le*

> *seul véritable choix possible si vous voulez faire partie d'une relation aimante, saine et équilibrée, c'est ça ? »*
> **Vous, probablement :** **lâche un long soupir puis hoche à peine la tête**

De l'art de l'excuse

Présenter des excuses qui viennent du cœur est facile, simple, terriblement efficace et quasiment impossible à faire à la suite d'une dispute.

Mon meilleur avis ? Ressaisissez-vous ! Dites que vous êtes désolée d'une manière directe, et arrêtez de laisser votre putain d'ego se mettre en travers de votre route. Quand vous avez fait quelque chose pour blesser votre partenaire, vous devez vous excuser. À chaque fois. Pour citer la célèbre phrase de monsieur Nike : « Juste fais-le. »

Et ne compliquez pas les choses, pour l'amour de Dieu. Des excuses réussies ne comportent que quatre éléments.

- **Endossez la responsabilité :** « Je t'ai laissé tomber à la fête et j'ai passé plus de temps à parler à mon ex qu'à toi. » Juste les faits, rien que les faits : dites ce que vous avez fait et qui a attristé ou énervé votre lapinou. Laissez tomber le contexte (que vous vous sentiez plus à l'aise avec vos amis et que vous vous sentiez mal pour votre ex), ne tournez pas autour du pot, et ne vous trouvez pas d'excuse (du genre : « vous étiez socialement anxieuse, et après vous n'avez pas vu le temps passer »).
- **Faites preuve d'empathie :** « Je t'ai fait te sentir abandonné·e, blessé·e, déboussolé·e et en colère. » Pas besoin d'en faire un roman. Contentez-vous de

nommer les principales émotions qu'a ressenties votre partenaire, telle qu'iel les a exprimées, et passez à autre chose.

- **Dites-le :** « Je suis vraiment désolée de t'avoir blessé·e. Je me sens mal de t'avoir laissé tomber. Ce n'est pas le genre de partenaire que j'ai envie d'être. » La clé, pour dire que vous êtes désolée, c'est de LE DIRE. Et d'exprimer des remords authentiques, sans détourner les excuses pour raconter à quel point VOUS, vous vous sentez coupable et combien c'est douloureux. C'est pas le moment.
- **Engagez-vous dans le futur :** « La prochaine fois que nous irons ensemble à une fête, je ferai attention à venir régulièrement te voir au cours de la soirée pour vérifier que tout va bien de ton côté. » Dites-lui que vous allez faire les choses de manière différente si la situation se reproduit dans le futur. Et surtout, pensez-le vraiment. Vous n'avez pas envie de vous prendre à nouveau la tête comme ça, si ? Pensez à toutes les autres super disputes qui vous attendent. Ne vous limitez pas à ce pauvre sujet-là. Veillez à ce que votre engagement dans l'avenir soit simple, facile à retenir et facile à mettre en œuvre. Et si votre partenaire a des suggestions quant à la manière d'éviter de reproduire cette situation, soyez à l'écoute.

Est-ce qu'il faut toujours que quelqu'un s'excuse après une dispute ? Non. Aucune loi ne vous oblige à présenter des excuses. Et parfois, des excuses lâchées du bout des lèvres pour obtenir la paix peuvent entraîner une rancœur persistante et, au final, faire plus de mal que de bien. Mais comment faire quand personne ne semble vouloir s'excuser ? Eh bien, vous n'avez d'autre choix que de tomber d'accord sur le fait que vous n'êtes pas d'accord.

Accepter le dissensus est un outil sous-utilisé de la boîte à outils relationnelle. Cela s'explique en partie parce qu'il n'est pas facile à utiliser. Déjà, il faut que **les deux parties** soient d'accord pour jouer cette carte. Ça ne peut pas être l'un·e de vous qui lève les bras au ciel en gueulant « Bon, bah on n'est pas d'accord, voilà ! » avant de partir en claquant la porte.

L'art d'être vraiment d'accord pour ne pas être d'accord repose sur le respect mutuel. Il n'est pas question de savoir qui a raison ou tort, mais de reconnaître que différents points de vue et perspectives peuvent exister – et que ce n'est pas grave. Chaque personne doit d'abord authentiquement écouter l'autre, essayer de comprendre d'où il parle, et prendre acte de son expérience sans la juger. Si votre parole naît de l'amour et de la compréhension, cela peut constituer une magnifique façon de mettre fin à une dispute.

Le débrief post-dispute

Passer de l'autre côté d'une dispute n'est pas un mince exploit. Les deux parties peuvent se sentir un peu éreintées, donc il importe d'être particulièrement attentionnée et indulgente envers vous-même et l'un·e envers l'autre. Sortir par le haut d'un conflit, ce n'est pas de la menthe à l'eau. Bravo.

La partie la plus difficile d'une dispute est de parvenir à se reconnecter quand cette dernière est terminée. Peut-être pouvez-vous faire une activité réconfortante que vous aimez tous·tes les deux, comme regarder un film, cuisiner ensemble ou n'importe quelle idée pas trop risquée.

Après une dispute, il peut s'avérer utile de faire un petit débrief, si vous vous en sentez capable. Attendez une journée, peut-être deux, puis prenez le temps de créer un espace dans lequel vous pouvez parler à cœur ouvert et posez-vous ces questions – du moins celles qui vous semblent pertinentes à ce moment-là.

1. Pourquoi penses-tu que cette dispute a éclaté ?
2. Est-ce que tu as l'impression que j'ai compris ce qui t'a mis en colère au début ?
3. Est-ce que tu as l'impression que j'ai véritablement endossé la responsabilité de t'avoir fait du mal de cette manière ?
4. Est-ce qu'il existe encore des sources de ressentiment dont tu aimerais parler ?
5. Est-ce que tu as pensé à quelqu'un d'autre pendant que nous nous disputions ? Comme un membre de ta famille ou un ex-partenaire ?
6. À quoi faudrait-il que je fasse davantage attention quand le problème se reposera ?
7. Comment puis-je t'aider à te sentir plus en sécurité, à un niveau émotionnel, la prochaine fois que nous nous disputerons ?
8. Est-ce que tu as l'impression de comprendre mon point de vue ?
9. Est-ce que tu as l'impression que cette dispute participe d'un schéma plus général dont nous devrions être plus conscients ?
10. Est-ce qu'il y a quelque chose que j'ai fait ou dit pendant notre dispute qui t'a donné l'impression que je dépassais franchement les bornes ?
11. Est-ce que tu sais à quel point je t'aime et je te respecte ?

Si vous avez beaucoup de mal à vous calmer et à vous reconnecter après une dispute, ou si vous quittez régulièrement les disputes pleine de rancœur et de colère, vous allez avoir besoin de pratiquer ces compétences de gestion du conflit, parce que si elles sont totalement normales à faibles doses, ces émotions, quand elles reviennent trop souvent, ont tendance à se renforcer, se développer et devenir de plus en plus toxiques avec les temps.

La bonne nouvelle, c'est que vous allez avoir tout plein d'occasions de vous entraîner. Parce que, dans votre couple, les disputes ne sont pas une espèce en voie d'extinction, loin de là. Petite chanceuse !

En vérité, apprendre à naviguer dans le conflit ensemble, en acceptant d'être vulnérables et en faisant attention à l'autre, approfondira votre connexion et vous rendra plus proches que vous ne l'avez jamais été. Maintenant, consacrez un peu de temps à travailler sur ces questions.

Et ne levez pas les yeux au ciel, vraiment, ce n'est pas le moment de me chercher.

?

1. **Est-ce que vous faites tout votre possible pour éviter les conflits dans vos relations amoureuses ? Dans quelle mesure cela implique-t-il de faire une croix sur vos besoins ?**
2. **Est-ce que la manière dont votre partenaire gère généralement les conflits vous semble plutôt productive ou improductive ? Est-ce qu'après les disputes, vous êtes blessée et pleine de rancœur, ou, au contraire, plus connectée que jamais ?**

3. Est-ce que vous regrettez régulièrement vos paroles ou votre comportement après une dispute ? Essayez d'écrire précisément ce que vous désireriez changer.
4. Pensez à une dispute qui a découlé du décalage entre intention et impact. Comment avez-vous réagi ? Et votre partenaire ? Qu'auriez-vous pu faire tous les deux pour reconnaître l'impact de vos paroles et de vos actions l'un sur l'autre ?
5. Trouvez un ou plusieurs exemples spécifiques de situations dans lesquelles vous avez projeté des expériences passées sur votre partenaire actuel (ça nous arrive à tous). Mettre ces situations à l'écrit peut vous aider à les reconnaître quand elles surviennent, vous donnant l'occasion d'exprimer votre expérience de manière authentique et vulnérable avant que les choses ne dégénèrent.
6. Est-ce que vous vous accrochez régulièrement sur des broutilles ? Est-ce que vous êtes capable de prendre un peu de recul pour comprendre de quoi il s'agit en réalité ?
7. Est-ce que vous êtes d'accord avec l'idée qu'il existe une vérité unique et objective ? Dans quelle mesure cette croyance contribue-t-elle à votre relation ? Que se passerait-il si, dans le cadre de votre système de croyance, vous laissiez une petite place à la coexistence d'expériences subjectives irréductiblement différentes ?

8. Quels sont les différents outils ou les différentes actions que vous mobiliserez pour vous réinitialiser quand vous vous rendrez compte que vous avez été activée par une dispute ?
9. Est-ce que vous ou votre partenaire avez du mal à atteindre un état de pleine conscience quand vous êtes au beau milieu d'une dispute ? Est-ce que vous avez du mal à accorder à votre partenaire ou à vous-même l'espace nécessaire pour atteindre cet état ? Citez une chose que vous pourriez faire différemment pour atteindre cet objectif.
10. Pensez à une dispute récente qui ne s'est pas bien passée avec votre partenaire. Maintenant, repassez-vous la scène en la passant à la moulinette du « Je me suis sentie ___ quand tu as ___ ». Est-ce que les choses se seraient passées différemment si vous vous étiez exprimée ainsi ?
11. Rédigez trois exemples de l'excuse en quatre parties. Utilisez de véritables désaccords si possible.
12. Est-ce que votre partenaire et vous débriefez régulièrement après une dispute ? Si oui, comment cela se passe-t-il ? Et si non, pouvez-vous essayer la prochaine fois ?

10
Où l'on parle (enfin) de sexe

La vulnérabilité – un mot qui met mal à l'aise un grand nombre de mes nouveaux/nouvelles patient·e·s, du moins au début – est un état de totale honnêteté et d'authenticité émotionnelle. Quand vous êtes vulnérable avec votre partenaire, vous lui permettez de voir, d'entendre et de comprendre vos émotions, vos pensées, vos besoins, vos désirs et vos insécurités. Même les plus embarrassantes, celles que vous n'osez même pas dire à haute voix. Oui, même **celle-là**.

Le docteur Brené Brown (que vous connaissez peut-être parce que c'est l'une des conférencières TED Talk préférées de votre mère) a effectué un formidable travail de recherche pour mettre au jour les dégâts opérés par le mythe culturel selon lequel la vulnérabilité est une faiblesse. Elle soutient (avec d'autres) que faire preuve de vulnérabilité est en réalité un acte d'immense courage.

Et je ne saurais être plus d'accord. Quand vous êtes vulnérable, vous exprimez les besoins et les désirs de votre moi le plus authentique et le plus profond, vous livrant du même coup à la possibilité d'être rejetée et de souffrir. C'est vraiment incroyablement courageux !

Pratiquer la vulnérabilité dans une relation est extrêmement important. Une grande partie de ce que nous avons vu dans ce livre jusqu'ici a consisté en réalité à apprendre, en douceur, à faire de la vulnérabilité une habitude. Partager tous les aspects de votre moi authentique permet de construire la confiance, de renforcer les connexions et de créer des liens sains et solides. Et plus on la pratique, même quand ce n'est vraiment pas facile, et plus ça devient facile – tout particulièrement quand notre partenaire fait preuve d'attention et de compréhension.

La sexualité constitue l'un des domaines dans lequel l'on peut se sentir le plus vulnérable. S'exposer physiquement peut vous mettre mal à l'aise et vous rendre consciente de vous-même. L'intimité émotionnelle qui découle du fait de parler de vos désirs peut être intense et même écrasante. La peur du rejet, la possibilité de raviver des expériences traumatiques passées, l'angoisse de la performance et la possibilité de la douleur émotionnelle sont toutes très présentes dans la pièce lors de l'acte sexuel.

Ça y est, vous êtes émoustillée ?

Pour remettre ENCORE votre mère sur le tapis (et dans ce chapitre tant attendu sur le sexe, qui plus est), quand elle vous a dit que le sexe devait être quelque chose entre deux personnes qui s'aiment et prennent soin l'une de l'autre, elle n'était pas complètement à côté de la plaque. Dans ce cas précis, par « qui s'aiment », j'entends « ont suffisamment confiance dans le fait que l'autre ne va pas sauter à pieds joints sur sa vulnérabilité ».

Nous sommes « sex-positive », ici, et il n'y a absolument rien de mal dans le fait de passer aux choses sérieuses avec le mec ou la meuf super mignon·ne que vous venez de rencontrer à la soirée quiz du pub. Mais cela reste un acte de vulnérabilité, quand bien même vous auriez prévu de ne jamais revoir cette personne. Et quand vous avez des relations sexuelles régulières avec la même personne (disons par exemple votre partenaire dans une relation officielle), le sexe devient de plus en plus intime.

Il y a deux raisons à cela.

1. Tout d'abord, comme vous travaillez à définir ensemble ce à quoi va ressembler votre vie sexuelle sur le long terme, il n'y a aucun moyen d'échapper à des discussions au cours desquelles vous serez extrêmement vulnérables.
2. Tandis que vous vous impliquerez davantage dans cette relation, il n'est pas inhabituel qu'émergent des problèmes de compatibilité sexuelle. Je le répète : ce n'est pas là quelque chose d'inhabituel.

Dans une nouvelle relation, la chimie, la nouveauté et toutes ces hormones euphorisantes sont souvent suffisamment puissantes pour invisibiliser les difficultés sexuelles émergentes. Et juste au moment où votre sucre d'orge et vous vous sentez encore plus engagés, posés et plus amoureux que jamais, il devient impossible d'ignorer plus longtemps les problèmes qui se posent dans la chambre à coucher.

Ce n'est pas juste ? Oui, c'est vrai. Mais les problèmes de sexe ne signent pas automatiquement la mort de la relation, pour peu que vous soyez prête à être créative et à augmenter votre tolérance aux conversations dans lesquelles vous êtes vulnérable (une capacité qui, par ailleurs, vous servira dans bien d'autres secteurs de votre vie). Si ça vous semble un vrai tue-l'amour, je peux respecter ça ! Faire preuve de vulnérabilité quand il s'agit de sexe, c'est clairement un gros morceau, on n'a jamais rien vu d'aussi dur (titre de ma *sextape*). Mais passer outre ce réflexe de « non merci, je déteste » peut non seulement améliorer votre vie sexuelle, mais également renforcer votre relation.

Il n'existe pas de définition du « bon sexe » ; je peux vous confirmer qu'il s'agit d'une cible mouvante. Et même si vous êtes en train de vous dire un truc du genre : « *TherapyJeff, je peux sauter ce chapitre, parce que j'assure grave au pieu, et je suis le dieu/la déesse/la créature divine de n'importe quel genre du sexe* », je vous en conjure, poursuivez votre lecture.

Tous les corps sont différents, et tous les corps changent. Simple, basique. Les talents de haute volée que vous avez développés avec vos partenaires précédents ont de fortes chances de ne plus s'appliquer. Acceptez une fois pour toutes que vos « trucs » ne fonctionnent pas toujours aussi bien que vous le voudriez.

Le « bon sexe », c'est avant tout une histoire d'expérimentation et d'essais-erreurs. Et pour enfoncer le clou, il requiert également une extrême vulnérabilité – tout le monde ne partage pas naturellement ses fantasmes, ses désirs, et ses kinks vraiment chelous.

Dans la mesure où le sexe, par nature, vous conduira à des moments étranges et inattendus, la clé réside dans la communication. Un peu d'humour ne peut pas faire de mal non plus.

Dans ce chapitre, je tenterai de vous fournir quelques moyens simples pour faire preuve de vulnérabilité et parler de vos besoins, de vos désirs et de vos lignes rouges. Nous allons couvrir certains des sujets les plus classiques, dont celui des libidos mal ajustées, un problème très courant et super énervant parce que le sexe, ça devrait juste marcher ! Ou pas, en fait. Si vous pensez que ça devrait « juste marcher », alors vous loupez plein d'occasions d'avoir des discussions improbables et gênantes… qui pourraient par ailleurs mener au meilleur sexe de votre vie. Nous allons aussi parler du sujet brûlant de la tromperie et de l'infidélité : qu'est-ce qui compte, et comment gérer cette situation.

Like a virgin

L'éducation sexuelle a beau bénéficier d'un vaste soutien à un niveau national (selon des enquêtes du Planning familial), il semblerait qu'il existe encore un immense écart entre ce qui est enseigné aux élèves et ce qu'ils auraient besoin d'apprendre.

Le fait que vous ayez ou non reçu une éducation sexuelle officielle dépend énormément de l'endroit où vous avez grandi et de l'école que vous avez fréquentée. Si vous avez eu la chance d'en recevoir une, le contenu des cours fut certainement ultra-basique. Peut-être qu'avec vos potes, vous avez gloussé pendant la leçon d'anatomie, quand le prof a expliqué que « ça rentrait là-dedans », levé les yeux au ciel en entendant de la propagande pro-abstinence, grimacé devant des photos en gros plan de MST franchement dégueulasses, et que vous continuez encore aujourd'hui à faire des blagues un peu lourdes sur les digues dentaires sur le groupe WhatsApp de votre promo. Ou bien peut-être que vous avez accepté de signer un serment de virginité en échange d'un coupon de réduction chez Pizza Hut (ça valait carrément le coup !).

Étant donné ce triste état des lieux, il n'est guère surprenant qu'un grand nombre d'entre nous n'aient qu'une approche rudimentaire de notre propre sexualité et de ce qui nous excite.

Si je vous demandais de vous asseoir et d'écrire la liste de ce qui vous excite ou, au contraire, vous refroidit aussi sec, est-ce que vous en seriez capable ? Si la réponse est oui, histoire de la jouer « Livre dont vous êtes le héros », allez-y, asseyez-vous et faites-la, cette liste. Et si votre réponse est « Ouh là, non », ne vous inquiétez pas, vous n'êtes pas seule. Surtout, continuez à lire. (Pour être clair : je veux que *tout le monde* continue à lire.)

Je vois beaucoup de patient·e·s, adultes qui n'ont jamais pris la peine de se pencher sur leurs propres désirs. Figurez-vous que c'est tout à fait normal

Même si nous nous considérons comme sexuellement libéré·e·s, nous faisons partie d'une société en réalité plutôt prude. Avant même d'être en âge de les comprendre, nous sommes bombardé·e·s de messages à propos du sexe véhiculant honte, humiliation et rapports de pouvoir, qui sont d'autant plus efficaces qu'ils sont corroborés par ces putains de rôles de genre historiques.

S'il s'agit d'une partie importante de votre relation, travailler activement à vous dépouiller de ce type de bagages culturels est un moyen puissant d'approfondir votre relation avec votre partenaire. Au-delà de ça, et de manière plus importante, c'est ce travail sur vous-même qui vous aidera à approfondir votre propre connexion à votre moi authentique.

Développer une compréhension fondamentale de ce qui vous excite et de ce qui vous refroidit est une excellente manière de commencer. En plus, vous allez voir, c'est marrant.

Ce qui vous excite, ça peut être tout et n'importe quoi, tant que ça vous donne envie de sexe. Ça peut être une caresse délicate ou bien un regard que vous lance votre partenaire de l'autre côté de la pièce et qui veut dire « baise-moi ». Un Nespresso (je pars du principe que George Clooney lit ce livre, salut Gorgeous !) ou bien vos fantasmes les plus échevelés (l'exhibitionnisme ? les infirmières coquines ? les vampires de l'espace ? Vous pouvez être aussi bizarre que vous voulez, ici personne ne juge personne). Ce peut être aussi des émotions qui font battre votre petit cœur romantique (par exemple, un poème que Timothée Chalamet aurait écrit spécialement pour vous, et qui en plus rimerait !). Bon, en gros, tout ce qui vous rend ultra-chaudasse.

Ce qui vous refroidit, c'est tout ce qui amoindrit la probabilité d'une excitation ou inhibe votre réaction sexuelle. Les tue-l'amour, quoi. Il s'agit d'un système qui appuie d'un coup sur la pédale de frein quand quelque chose déraille. Comme la scène dans *Amours troubles* où Jennifer Lopez parle de fourrer la dinde (désolé, Ben, mais tu sais très bien que cette scène n'avait rien de sexy, pas plus que le reste du film d'ailleurs). Les tue-l'amour peuvent également être activés par des menaces potentielles – la peur que votre coloc entre dans la pièce, par exemple – ou par des barrages mentaux comme l'angoisse de la performance, une dysmorphophobie ou encore des perturbations émotionnelles.

Pour faire la liste de vos sources d'excitation ou, au contraire, de dégoût, posez-vous donc les questions suivantes.

1. Qu'est-ce qui a marché pour moi autrefois ? Et, tout aussi important, qu'est-ce qui n'a pas marché ?
2. De quelle manière est-ce que j'aime être touchée ? Y a-t-il au contraire des façons que je n'aime pas ?
3. Au-delà du toucher, quels autres stimuli (odeur, bruit, goût, etc.) éveillent ma sensualité ?

4. Qu'est-ce que je trouve le plus sexy chez mon ou ma partenaire ?
5. Par quels fantasmes suis-je intriguée ?
6. Est-ce qu'il existe certains rapports de force que j'aime ou que je sais avoir envie d'explorer ?
7. Quelles sont mes limites ? Est-ce qu'il y a des choses que je sais que je n'aurai jamais envie de faire ?

J'oubliais ! Est-ce que vous vous masturbez ?

Pour beaucoup de personnes, tout particulièrement celles pourvues d'un corps féminin, la société a souvent rendu le sujet de la masturbation tabou. Allez beauté, fais-toi plaisir et donne-toi un peu d'amour !

Prendre le temps de s'explorer, sans se presser et en se libérant de la pression d'atteindre l'orgasme, est l'une des manières les plus rapides d'identifier ce qui vous excite et ce qui vous dégoûte. Il s'agit, dans ce cadre, de penser davantage au voyage qu'à la destination, et de prendre le temps de cartographier les paysages uniques de votre corps en vous interrogeant sur ce qui vous fait du bien.

Tout le monde possède son propre petit mélange personnel de sources d'excitation et de dégoût, et ce mélange peut changer avec le temps. Vous pensez que J-Lo et Ben Affleck ont la même vie sexuelle que lors de leur premier essai ? Vous êtes complètement à côté de la plaque ! Donc soyez patiente avec vous-même. Et si vous voulez creuser, mes deux expertes préférées sur le sujet sont de loin Emily Nagoski et Shan Boodram.

Pour toutes celles et tous ceux qui continuent à se sentir un peu perdu·es, un rappel : chacun sa route, chacun son chemin. Il n'existe aucune « bonne » manière, ou manière

« normale », d'avoir du plaisir sexuel. Autorisez-vous un espace dans lequel vous pouvez explorer, apprendre et grandir.

Pour un flirt avec toi, je ferais n'importe quoi (mais pas ça)

Pour citer mon pote Dan Savage, est-ce que vous vous êtes posé mutuellement la question : « C'est quoi, ton truc ? »

C'est un très bon moyen pour commencer à parler librement de sexe, et puis ça a l'air facile, non ? Vous seriez surprise des résultats de cette simple question. Elle est posée de manière plus systématique dans les communautés kinky et queer, donc si pour vous il s'agit d'une question standard, tant mieux !

Mais si vous êtes plutôt du style « *Ouais, euh, je n'ai jamais pensé à poser ce genre de questions* » et que vous pratiquez du sexe hétéro, il existe une probabilité non nulle pour que vous ayez été conditionnée à penser que le sexe, c'est avant tout l'introduction d'un pénis dans un vagin. C'est clairement l'une des formes possibles du sexe, mais il en existe un paquet d'autres.

Même si cela fait quelque temps que vous êtes ensemble, demandez à votre tendre moitié quel est son truc, et, peut-être encore plus important, qu'est-ce qu'elle *ne* kiffe *pas du tout*. Ainsi, tout le monde disposera des mêmes infos cruciales sur qui kiffe quoi. Non seulement vous n'êtes plus en train de tâtonner pour savoir ce qui excite votre partenaire, mais savoir quelles sont vos limites respectives peut s'avérer incroyablement libérateur.

La communication ouverte favorise la confiance et la compréhension, qui contribuent à leur tour à créer une expérience sexuelle sécurisante et satisfaisante pour tout le monde. Et puis, discuter de vos préférences respectives peut mener à la découverte de nouvelles manières excitantes de vous connecter et d'approfondir votre lien sexuel.

Let's talk about sex (baby)

La conversation sur vos fantasmes et vos tabous s'est bien passée, n'est-ce pas ? Bravo, vous avez fait du bon boulot. Parler de sexe est étrange et rend vulnérable, surtout si c'est la première fois que vous vous penchez sur la question. Malheureusement, il n'y a rien qu'on puisse faire à ce propos.

Ha ha, je vous ai bien eue !

Il y a évidemment quelque chose que l'on peut faire ! On peut en parler davantage. Le secret, c'est la pratique, et parler autant que possible de sexe rend de plus en plus facile le fait de communiquer à propos de vos désirs, de vos besoins et de vos fantasmes.

Donc prenez la parole, nom d'un gode.

En plus, c'est excitant.

Voici certaines de mes questions favorites pour améliorer le niveau de vos conversations sexuelles.

Dix questions à poser à votre partenaire pendant l'acte sexuel

1. Comment c'est pour toi ?
2. Est-ce que tu aimes quand je te touche comme ça ?
3. Est-ce que tu veux que je ralentisse ? Que j'accélère ? Ou le rythme te va ?
4. Est-ce que tu veux que je sois plus douce ? Ou au contraire plus brutale ?
5. Est-ce qu'il y a une position que tu as envie d'essayer ?

6. Dis-moi un truc que tu as envie que je fasse, là, maintenant.
7. Comment est-ce que je peux rendre ça incroyable pour toi ?
8. Est-ce qu'il y a un point précis de ton corps sur lequel tu aimerais que je me concentre ?
9. Ça te va, comme niveau d'intensité ?
10. C'est quoi ton secret pour ressentir encore plus de plaisir ?

Dix questions à poser à votre partenaire après l'acte sexuel

1. Quel a été ton moment préféré ?
2. Qu'est-ce que j'aurais dû faire davantage ?
3. Qu'est-ce que j'aurais pu faire mieux ?
4. Est-ce que tu m'as fait quelque chose qui n'était pas ton truc ?
5. Est-ce que je t'ai fait quelque chose qui n'était pas ton truc ?
6. Est-ce que tu as pensé à des fantasmes pendant qu'on faisait l'amour ?
7. Est-ce que tu as ressenti de la douleur ou de l'inconfort ?
8. Est-ce qu'il y a quelque chose qui t'a paru gênant ou bizarre ?
9. Quelle partie de ton corps t'excite le plus ?
10. Comment veux-tu que nous nous connections, maintenant, après le sexe ?

Est-ce que vous devriez poser chacune de ces questions pendant ou après le sexe ? Non, sans doute pas. Ça ferait beaucoup, quand même. Choisissez-en quelques-unes qui vous paraissent les plus faciles ou les plus adaptées à votre situation, et allez-y. Vous deviendrez une pro en un tour de main.

Une fois que vous aurez pratiqué et développé une bonne tolérance de base à la vulnérabilité qui accompagne nécessairement les conversations tournant autour du sexe, vous serez en mesure de commencer à travailler ensemble sur des questions spécifiques.

Le consentement enthousiaste de tous les partenaires n'est pas négociable, et n'oubliez pas de vérifier régulièrement le vôtre. Si vous hésitez, posez-vous les dix questions qui suivent avant d'avoir un rapport sexuel.

1. *Est-ce que je suis enthousiaste à cette idée ?*
2. *Est-ce que je peux me faire suffisamment confiance pour prendre une décision claire, ou est-ce que mon jugement est altéré par la drogue/l'alcool/la dépression/mon petit cœur brisé ?*
3. *Est-ce que cette personne respectera mes limites ? Et sait-elle, d'ailleurs, quelles sont ces limites ?*
4. *Est-ce que je me sens en sécurité avec cette personne ? Ou pas complètement à l'aise ?*
5. *Est-ce que je suis prête à gérer les émotions compliquées qui pourraient survenir ?*
6. *Est-ce que cet acte sexuel pourrait avoir un impact négatif sur quelqu'un que je connais ou sur la personne avec laquelle je m'apprête à coucher ?*
7. *Est-ce que je suis prête à avoir un rapport sexuel pas terrible ou maladroit avec cette personne ?*

8. *En quoi le fait de coucher avec cette personne peut-il changer notre relation ?*
9. *Est-ce que je sais ce qui me donnera du plaisir dans cette situation ?*
10. *Est-ce que je pense que cette personne dispose des compétences nécessaires pour me donner du plaisir ?*

Under pressure

L'angoisse de la performance est le problème sexuel que je traite le plus dans mon cabinet. Un fait peu connu : les rapports bucco-génitaux sont une excellente manière de calmer les crises d'angoisse.

L'angoisse de la performance touche les gens indépendamment de leur genre, et elle naît en général d'une inquiétude quant à votre capacité à faire éprouver du plaisir à votre partenaire, maintenir une érection ou atteindre un orgasme. Elle est souvent liée à des attentes sociales ainsi qu'à des insécurités personnelles. La plupart du temps, cela n'a rien à voir avec le fait que vous ayez terriblement ou pas du tout envie de baiser avec quelqu'un. Pire, souvent, plus vous avez envie de faire l'amour, et plus votre angoisse de la performance se fait forte – et plus vous devenez obnubilée par le fait de donner à votre partenaire un type de plaisir spécifique ou par l'espoir que votre corps se comporte d'une certaine façon.

Et puis, de toute façon, les corps sont bizarres et ne font pas toujours ce qu'on aurait souhaité. Le problème comme la solution se trouvent dans l'objet de cette angoisse. Le sexe ne devrait pas être une « performance », mais si vous y tenez absolument, est-ce que le trac n'est pas un truc ultra-courant ? Pour gérer l'angoisse de la performance, il faut passer d'un point de vue fondé sur la performance à un point de vue fondé sur le plaisir, et s'entraîner à rester ancrée et présente à votre corps. Vous pouvez très bien vous entraîner en vous concentrant sur des activités qui vous fournissent un plaisir intime potentiellement sexuel mais non lié à l'acte en tant que tel. Utilisez votre imagination et Internet, mais puis-je me permettre de suggérer un massage sensuel, ou une masturbation mutuelle ?

Pour diriger et conserver votre attention sur votre corps, concentrez-vous sur le fait de faire des observations conscientes avec vos cinq sens. Par exemple…

La vue : « *Waouh, qu'est-ce qu'elle est sexy aujourd'hui, et puis elle porte ses sous-vêtements rouges que j'adore. Un vrai régal !* »

L'ouïe : « *Ce petit grognement qu'il fait quand je lui mordille l'oreille me rend complètement dingue.* »

Le toucher : « *Ces draps en lin sont vraiment super agréables contre ma peau. Quelle bonne idée d'avoir fait cet investissement !* »

Le goût : « *Hmmm, du baume à lèvre cerise + dentifrice à la menthe + un soupçon de café. J'adore !* »

L'odeur : « *Hmmm, la bougie de Gwyneth Paltrow senteur vagin. Sa petite touche de bergamote et de cèdre…* »

Est-ce que ça ne vient pas de devenir un peu chelou ? Eh bien tant mieux ! Parce que le sexe, c'*est* chelou.

Bon, vous avez l'idée générale en tout cas.

Si vous vous rendez compte que votre attention est en train de dériver, passant de « Que c'est bon d'être dans mon corps ! » à « Argh, est-ce que je vais assurer ? », ramenez-vous gentiment (mais fermement) dans l'instant présent. Ça demande un peu de pratique, et on n'y arrive pas du jour au lendemain. Ce qui aide, sans surprise, c'est d'avoir un·e partenaire attentionné·e et bienveillant·e (et si ce n'est pas vous qui êtes aux abois, alors soyez cette partenaire !). Et ce qui aide encore plus, c'est de vous entraîner à l'autocompassion et à la patience.

Comme absolument tout ce qui a trait au sexe, communiquer de manière ouverte et vous mettre davantage au diapason des besoins et des désirs de vos partenaires réduira l'anxiété et favorisera une expérience sexuelle plus agréable et plus détendue. Et vérifier que vous êtes en bonne santé, sans MST ni IST, est toujours une bonne idée.

LE TÉLÉPHONE PLEURE

Je vais vous apprendre quelque chose que vous ne savez pas : les téléphones sont profondément intégrés à tous les aspects de notre vie. Et ces machines greffées à nos mains se mettent clairement en travers de notre vie sexuelle. Un smartphone, ce n'est pas sexy ! À moins que… ce ne soit là votre intention. Je suis à fond pour les textos pleins de sous-entendus sexuels, voire plus francs du collier, et de nombreux couples matent du porno (éthique, bien évidemment) ensemble sur leur tablette pour se chauffer un peu.

Mais attention aux effets négatifs sur votre sexualité. On prend facilement l'habitude de se mettre au lit et de faire le tour de ses applis jusqu'à s'endormir. Or la nuit est également un moment idéal pour coucher ensemble ou se connecter intimement. Ne laissez pas vos machines vous voler ce précieux temps de connexion. Établissez des règles, comme un temps sans téléphone ni ordinateur avant de se coucher, ou encore le fait de laisser vos portables dans une autre pièce, afin de donner la priorité à votre relation intime.

Ça s'en va et ça revient

Des niveaux de désir décalés constituent un autre défi incroyablement courant. L'un de vous a envie de faire l'amour mais l'autre n'est pas d'humeur ? Eh bien, bienvenue dans une relation amoureuse ! (C'est standard.)

En dehors de la lune de miel, connaissez-vous beaucoup de couples qui sont sur la même longueur d'onde sexuelle, en permanence ? Non. Tout le monde, à un moment ou à un autre, va devoir affronter cette disparité de la libido.

Que vous soyez ou non la partenaire à la plus haute libido, le plus important dans le décalage du désir est de reconnaître que chaque personne a ses propres trucs qui l'excitent ou qui, au contraire, la refroidissent. Quand on discute de ces différences, la communication ouverte et l'empathie sont incroyablement importantes.

Si vous parvenez à développer un sentiment de sécurité et de confiance dans la relation, vous serez alors capable de réfléchir ensemble et de créer un environnement à même de favoriser l'intimité, le plaisir et la satisfaction des deux parties, le tout dans le respect des désirs et des limites de chacun.

Tout ceci étant dit, le plaisir va et vient, et ce au gré de millions de variables. Parfois, ces variables sont hors de votre contrôle ou de celui de votre partenaire, et il s'agit alors d'un état des choses que vous devez tolérer jusqu'à ce que vous soyez à nouveau sur la même longueur d'onde. Voici quelques trucs pour traverser le plus sereinement possible les périodes de décalage du désir.

1. **Normaliser la différence :** comprenez qu'il est parfaitement normal dans un couple de connaître des niveaux de désirs différents. Reconnaissez que le

désir fluctue dans le temps et varie d'une personne à une autre. Ne paniquez pas, et ne jugez pas.

2. **Favoriser l'intimité émotionnelle :** renforcez votre connexion émotionnelle en passant du temps de qualité ensemble, en faisant des activités que vous aimez tous·tes deux, en pratiquant l'empathie et la compréhension. L'intimité émotionnelle contribue à créer un environnement sécurisant pour explorer votre relation sexuelle, et ça, c'est méga-excitant.
3. **Explorer le toucher non sexuel :** adoptez des comportements affectueux, pratiquez des câlins et des caresses qui ne sont pas nécessairement de nature sexuelle. Cela peut sembler contre-intuitif, mais contribue en réalité potentiellement à créer une impression d'intimité et de proximité indépendamment de vos niveaux différents de désir sexuel.
4. **Soyez flexible et faites preuve de créativité :** soyez ouverte et prête à essayer de nouvelles choses, à tenter de nouvelles expériences sexuelles. Cela peut vous aider à trouver des intérêts communs et à découvrir de nouvelles manières de jouir ensemble de votre intimité physique, même si vos niveaux de désir diffèrent. Quel est votre fantasme ? Est-ce que vous en avez un ? Sinon, faites une recherche Google ou demandez à une IA de vous faire une liste, et voyez ce qui vous émoustille.
5. **Cherchez de l'aide professionnelle :** si vous avez l'impression que ce décalage de désir provoque une détresse ou des conflits trop importants dans votre couple, n'hésitez pas à demander de l'aide à un sexothérapeute qualifié.

(I can't get no) satisfaction

Vous ne vous sentez pas satisfaite au lit ? Est-ce que vous en avez parlé ? Est-ce que vous demandez explicitement ce que vous voulez ? Plus facile à dire qu'à faire, n'est-ce pas ? Est-ce que ce serait une incroyable révélation, à ce stade de notre voyage ensemble, si je suggérais que la solution de votre problème se trouve dans la communication ouverte ?

Vivre une période d'insatisfaction sexuelle est complètement normal. Mais si cette période est prolongée ou si elle affecte négativement d'autres aspects de votre relation, c'est signe qu'il est temps d'en parler.

Quand vous abordez le sujet de la satisfaction sexuelle, il importe que vous vous concentriez sur les choses que vous *aimez* plutôt que sur celles que fait votre partenaire et que vous détestez.

Au lieu de : « Je déteste quand tu ___ . »
Essayez : « Tu sais ce qui m'exciterait grave ? Que tu me ___ comme un·e___. »

Au lieu de : « Quand tu ___, je suis désolée, mais ça ne le fait pas. »
Essayez : « Tu ne veux pas qu'on essaie un truc nouveau ? Par exemple, si tu ___, je pense que ce serait ultra-sexy. »

Si vous réussissez à ce que ça reste léger, je recommande également souvent à mes patient·e·s un jeu dans lequel, au cours de l'acte sexuel, l'un d'eux fait un retour toutes les cinq secondes sur ce que fait l'autre. La seule règle est que si le « commentateur » reste silencieux plus de cinq secondes, l'autre s'arrête, et son tour est terminé. Donc si vous kiffez, vous l'encouragez, et si vous voudriez plutôt qu'il passe à autre chose, vous le dites. Vous ne vous taisez pas.

Ce jeu vous oblige à participer activement et à exprimer ce qui fonctionne et ce qui ne fonctionne pas d'une manière non critique. Au bout du compte, votre partenaire y gagne une connaissance précise de ce qui vous excite ou vous refroidit. N'oubliez pas : c'est chacun son tour !

POURVU QU'ELLES SOIENT DOUCES

Le porno est du divertissement, et non de l'éducation. Et pourtant, la pornographie est si présente qu'elle peut créer des attentes irréalistes en termes d'image de son corps, de performances sexuelles, et de sexe tout court. Le porno a une influence magistrale sur notre rapport au sexe et sur les types de corps et d'actes sexuels qui nous attirent. À moins que vous n'ayez jamais regardé de porno/lu de littérature érotique/maté en boucle certaines scènes de Sexcrimes *(loin de moi l'idée de vous traiter de menteuse, je commence en revanche à me demander si vous avez Internet), il peut être intéressant d'examiner votre rapport au porno. Posez-vous ces questions, puis envisagez une discussion avec votre partenaire à propos du rôle de la pornographie dans votre relation.*

1. *Comment pensez-vous être influencée par le porno ?*
2. *Désirez-vous changer votre rapport au porno ?*
3. *Est-ce que le porno est un obstacle dans votre relation ?*
4. *Est-ce que vous préférez mater un bon boulard plutôt que faire des choses sexuelles avec votre partenaire ?*
5. *Et si oui, quelle en est la raison, et que pouvez-vous faire pour passer plus de temps avec votre chéri·e et moins avec le porno ?*

> *Enfin, si vous avez l'impression de trop dépendre du porno ou que vous avez une relation malsaine à ce dernier, pensez à demander une aide professionnelle à un thérapeute spécialisé dans l'addiction à la pornographie.*

Embrasse-les tous

Si vous êtes dans une relation monogame et que la flamme ne brûle pas autant que vous le voudriez, vous pouvez envisager d'ouvrir la relation. C'est à la mode en ce moment, vous ne voulez pas être ringarde, non ? Je rigole.

Changer la structure de votre relation pour être *swag* n'est jamais une bonne idée. Mais si vous êtes curieuse d'explorer les possibilités qu'offre une relation non exclusive, abordez le sujet délicatement, avec de la curiosité, et surtout de l'empathie pour votre partenaire. Il existe une probabilité relativement forte pour que votre moitié ait prévu de s'épanouir dans une relation monogame sur le long terme, donc la demande d'ouverture de la relation peut s'avérer assez choquante. Je vous suggère dans ce cadre de lire tous·tes deux le livre de Jessica Fern, *Polysecure: Attachment, Trauma and Consensual Nonmonogamy*[8], avant d'opérer le moindre changement de cet ordre dans votre relation.

Jessica insiste sur l'importance de l'affection, de la sécurité et du bien-être émotionnel dans les relations non monogames. Voici une liste de quelques questions (inspirées par son travail) que vous pourriez aborder avec votre baobab d'amour.

---

8. N.d.T. : non traduit en français. Pour un ouvrage de référence sur le polyamour en français, nous invitons le lecteur ou la lectrice curieux·se à lire : *La Salope éthique. Guide pratique pour des relations libres sereines,* de Dossie Easton et Janet W. Hardy, trad. de Céline Robinet et David Le Guillermic, Noisy-sur-École, Tabou, 1997.

- Comment pouvons-nous maintenir un attachement sécure dans notre relation tout en l'ouvrant à d'autres ? Quels besoins affectifs avons-nous respectivement, et comment pouvons-nous nous assurer qu'ils sont respectés ?
- Comment allons-nous veiller sur le bien-être émotionnel de l'autre tout en naviguant dans les méandres d'une relation ouverte ? Quels sont nos activateurs émotionnels respectifs, et comment pouvons-nous y rester attentifs dans ce contexte ?
- Existe-t-il des traumas ou des expériences passées susceptibles d'avoir un impact sur notre capacité à gérer une relation ouverte ? Comment pouvons-nous créer un *safe space* pour discuter de ces problèmes et essayer de les résoudre ensemble ?
- Quelles limites et quels contrats devons-nous établir pour créer un sentiment de sécurité et de confiance dans notre relation ouverte ? Comment pouvons-nous communiquer et négocier ces limites de manière efficace ?
- Comment ferons-nous pour maintenir une communication ouverte et honnête tout en explorant la non-monogamie ? Comment pouvons-nous nous assurer que nous nous fournirons mutuellement le soutien émotionnel adéquat au cours de ce processus ?
- Comment allons-nous gérer les conflits et les difficultés qui ne manqueront pas de survenir dans le cadre de notre relation ouverte ? Quelles stratégies pouvons-nous développer pour aborder ces questions d'une manière saine et constructive ?

- Comment parviendrons-nous à équilibrer nos ressources émotionnelles, énergétiques et temporelles tout en entretenant d'autres relations ? Quelles stratégies pouvons-nous mettre en place pour accorder la priorité à notre relation principale tout en favorisant notre connexion avec les autres ?
- Comment allons-nous gérer les sentiments de jalousie et d'insécurité qui pourront survenir quand nous ouvrirons notre relation ? Comment pouvons-nous développer une forme de résilience émotionnelle et favoriser un sentiment de sécurité dans ce contexte ?

Si votre réaction à l'une de ces questions est quelque chose comme « Mais j'en sais foutre rien, moi ! », c'est normal. Il s'agit de questions difficiles, auxquelles il convient de réfléchir longtemps et soigneusement. Beaucoup de gens explorent des options non monogames dans des relations épanouissantes, certes, mais ouvrir votre relation est une décision importante qui doit être mûrement réfléchie.

P… de toi

L'infidélité n'a souvent rien à voir avec le sexe. S'il vous plaît, ne pensez pas que, à cause ma phrase précédente, j'affirme que l'infidélité et le sexe vont toujours de pair. Ce n'est pas toujours le cas. Mais comme l'infidélité *inclut* en général le sexe, surmonter un adultère implique presque toujours de s'aventurer à de nouveaux niveaux d'ouverture et de vulnérabilité (qui sont les thèmes sous-jacents de ce chapitre, je préfère le dire au cas où j'aurais été trop subtil), et il est donc logique d'en parler.

Tout le monde ne partage pas la même définition de ce qui constitue une infidélité. Est-ce que le badinage compte ? Et quid du porno ? J'ai bien sûr mon opinion personnelle, mais elle n'a aucune importance. C'est à vous de voir. Ce qui compte, c'est que vous et votre partenaire soyez sur la même longueur d'onde sur ce qui constitue une infidélité. Et dans le cadre d'une relation non traditionnelle ou ouverte, tomber d'accord sur un ensemble de règles précises est d'autant plus important.

C'est la raison pour laquelle je recommande de parler le plus tôt possible de la question de l'infidélité. Je vois tellement de couples se retrouver dans mon cabinet parce qu'ils ont eu trop peur d'avoir cette discussion. Donc arrêtez ce que vous êtes en train de faire, posez votre livre, tournez-vous vers votre adorable moitié, et demandez-lui : « Pour toi, qu'est-ce qui compte comme une infidélité, et, en cas de désaccord, comment pouvons-nous, à ton avis, trouver un terrain d'entente ? »

Ah, et puis : ne trompez pas votre conjoint·e. L'infidélité, c'est nul à chier. Vous allez vous sentir super mal, et si votre partenaire l'apprend ou que vous lui dites, icl va être blessé·e. Et je peux quasiment garantir que cela aura un impact sévère sur votre relation. Donc bon.

J'ai déjà été infidèle. Eh bien je continue à me sentir minable. Je porterai le poids de cette faute pour le reste de ma vie et je fais de mon mieux pour ne jamais, jamais refaire cette erreur. Le chemin pour me pardonner moi-même, mais aussi pour assumer l'entière responsabilité de cette erreur, a été extrêmement long. Épargnez-vous cette croix !

Passons maintenant en revue les raisons les plus courantes pour lesquelles vous pourriez désirer tromper votre partenaire et ce qu'il convient de faire avant de commettre l'irréparable, quelle qu'en soit la définition dans votre couple.

- **Parce que vous n'êtes pas satisfaite sexuellement.** Pour rester sur le thème de ce chapitre, vous pouvez avoir envie d'aller voir ailleurs parce que vous ne recevez pas ce que vous voulez. C'est tout à fait compréhensible. Mais ce serait bien moins coûteux de parler à votre partenaire du fait que vous aimeriez voir vos besoins sexuels satisfaits plutôt que de vous lancer dans l'épuisante gymnastique mentale nécessaire pour s'autoriser à être infidèle.
- **Parce que vous avez l'impression de ne pas avoir le pouvoir dans cette relation.** Ça, c'est un truc bien vicelard. Ce n'est pas comme si vous alliez vous dire : « Tiens, j'ai remarqué que je manquais de pouvoir dans cette relation, remédions-y grâce à l'infidélité ! » Enfin, c'est ce que j'espère parce que sérieux, qui parle comme ça dans sa tête ? Il s'agit en général de quelque chose qui se tapit sous la surface de notre conscience. Si vous ressentez la pulsion d'être infidèle et que vous ne comprenez pas bien pourquoi, prenez un peu de recul pour vous demander si le rapport de force, dans votre relation, est suffisamment équilibré. Si ce n'est pas le cas, il existe une chance pour que vous soyez en train d'essayer de corriger ce déséquilibre en trahissant votre partenaire.
- **Parce vous vous expérimentez votre « véritable moi » avec quelqu'un d'autre.** Il s'agit là de l'une des raisons les plus courantes de l'infidélité chez mes patients. Quand vous traînez avec quelqu'un d'autre – quelqu'un qui vous attire – et que vous pouvez

exprimer auprès de cette personne une version de vous-même que vous n'exprimez pas auprès de votre partenaire, vous pourriez commencer à avoir envie de la pécho. Peut-être que cette personne sait à quel point le macha latte glacé de Starbucks défonce tout. Ou que vous êtes d'accord sur quel Batman est le meilleur Batman. Écoutez, dans tous les cas, je vous encourage à dire à votre partenaire que vous aimeriez pouvoir être plus authentique dans votre relation, le tout dans l'objectif de satisfaire vos besoins sans pour autant hypothéquer l'avenir de votre couple.

- **Parce que vous pensez que vous le méritez.** Nous méritons tous de belles choses, mais là, ça flirte un peu avec la folie des grandeurs et le narcissisme quand même. Cela étant dit, nous avons tous un peu de cette énergie en nous – certains clairement plus que d'autres. Notre boulot, c'est de gérer ce petit pleurnichard narcissique en nous et de nous rappeler que, même si nous avons l'impression que le monde tourne autour de nous, nos actions ont des conséquences, et que ce n'est pas bien de blesser les personnes qui nous sont les plus proches.
- **Parce que vous avez l'impression que certains de vos besoins émotionnels ne sont pas satisfaits.** Si vous vous sentez émotionnellement négligée ou non soutenue dans votre relation, il est possible que vous commenciez à chercher ce soutien ailleurs. Avoir l'impression que quelqu'un satisfait ENFIN vos besoins émotionnels est terriblement excitant. Mais vous savez ce qui aurait été encore plus cool ? Que vous donniez à votre partenaire une chance de satisfaire vos

besoins émotionnels. Alors, vous vous dites : « *Mais enfin, TherapyJeff ! Je lui en ai donné des milliers !* », et oui, je vous crois et je comprends votre frustration. Mais est-ce que vous lui avez fait comprendre à quel point la situation était désastreuse ?

- **Parce que vous pensez que la relation est « pratiquement terminée ».** Jusqu'à ce qu'elle soit terminée, elle n'est pas terminée. Point barre.

OK, c'est bien beau tout ça, mais que faire si vous avez déjà trompé votre partenaire ? Comment êtes-vous censée gérer ça ? Eh bien déjà, vous pourriez commencer par la boucler et ne jamais recommencer. C'est une option, et certains soutiendront que confesser une infidélité causera une douleur non nécessaire si la personne infidèle éprouve des remords authentiques, a fait tout son possible pour que cela ne se reproduise jamais et croit que la confession est susceptible de mettre un terme à la relation. L'acte de se confesser est clairement identifié comme relevant davantage du soulagement de la culpabilité du trompeur que du véritable bénéfice de la personne trompée.

Pour mémoire, je ne cautionne pas cette option. Je pense que vous devriez être honnête et que, tout comme vous, votre partenaire a droit à un consentement éclairé. Même ainsi, toutefois, il est important de souligner qu'il s'agit d'une question complexe, susceptible d'accueillir de nombreux points de vue différents.

Qu'est-ce que j'entends par « consentement éclairé ? » Seulement que les deux parties ont droit de disposer de toutes les informations pertinentes susceptibles d'affecter leur décision de poursuivre ou non une relation.

Quand on parle de l'infidélité, le principe du consentement éclairé signifie donc que votre partenaire dispose du droit de connaître votre infidélité parce que cette dernière peut radicalement transformer son point de vue sur votre relation ainsi que son désir de continuer ou non à l'entretenir. L'infidélité que l'on n'avoue pas contrevient non seulement à la liberté de l'autre personne de prendre ses propres décisions mais aussi à son droit à prendre ces dernières en se fondant sur *toutes* les informations disponibles, et l'expose également à des risques potentiels (les MST et les IST, pour n'en nommer qu'un) qu'elle n'a pas accepté d'encourir. Alors passez à table !

Et si c'est vous qui avez été trompée ? Tout d'abord, je suis sincèrement désolé pour vous. La confiance qui existait encore il y a peu n'existe plus, et vous vous retrouvez à tout remettre en question. C'est horrible, je le sais.

Prenez le temps dont vous avez besoin pour réfléchir. J'aime à encourager la personne trompée à poser toutes les questions qu'elle a besoin de poser. Mais gardez en tête que vous ne pouvez pas désentendre les réponses à vos questions, donc assurez-vous d'être émotionnellement capable de les gérer.

D'après mon expérience, de nombreux couples sont capables de surmonter l'infidélité. Donc vous n'avez pas nécessairement besoin de rompre. Vous êtes très certainement entourée de proches bien intentionnés qui vous expliquent que c'est là la SEULE OPTION, mais si vous voulez essayer de sauver votre relation, ne les laissez pas vous mettre la pression. Si vous voulez rompre immédiatement, toutefois, vous avez bien évidemment carte blanche ! Pour vous aider à prendre une décision, vous pouvez vous poser les questions suivantes.

1. Que semble penser votre partenaire de ses actes ? A-t-il pris ses responsabilités et a-t-il manifesté des remords sincères ?
2. Mon partenaire parvient-il à exprimer ce qui l'a conduit à l'infidélité ?
3. S'agit-il d'un accident de parcours ou d'un schéma comportemental récurrent ?
4. Comment cette infidélité a-t-elle affecté mon amour-propre ? Est-ce que je reste avec lui ou elle par peur d'être seule ?
5. Dans quelle mesure est-ce que je permets à mes proches d'influencer ce que je ressens ou ce que je suis censée faire ? En quoi notre dynamique de couple a-t-elle changé ? Ce changement me convient-il ?
6. Cette relation reste-t-elle en adéquation avec mes limites et mes valeurs personnelles ?
7. Est-ce que je me sens capable de véritablement pardonner à mon partenaire et de tourner la page ? Est-ce que je suis prête à m'atteler à la tâche difficile de reconstruction de la confiance et de réparation de la relation ?
8. Que dois-je faire pour me sentir à nouveau en sécurité ?

Si vous voulez essayer de tenir le coup et d'avancer ensemble, pensez à aller voir un conseiller conjugal, ça peut vraiment aider !

Pendant ce temps, n'oubliez pas de prendre soin de vous. Faites tout ce qui vous fait du bien – prenez un bain moussant, buvez une pinte de Chouffe, écrivez ou filmez des sacs plastique emportés par le vent. Vous avez le droit.

Rappelez-vous, c'est votre chemin. Suivez-le de la manière qui vous semble adéquate, et ne laissez personne vous bousculer. Tenez bon !

Onde sensuelle

Pour résumer, le sexe est un domaine extrêmement chargé émotionnellement dans lequel nous sommes incroyablement vulnérables, et il est courant de connaître toute une série de problèmes et de difficultés dans sa vie sexuelle. Si je n'ai pas parlé de votre problème spécifique dans ce chapitre, ne vous dites pas que c'est parce qu'il y a quelque chose qui cloche chez vous : ce n'est pas le cas.

Il est important de se rappeler que chercher de l'aide et du soutien est toujours une bonne idée, que vous décidiez de parler avec un·e ami·e, un·e thérapeute ou encore un·e coach en sexualité. La honte, la culpabilité et la gêne à propos de vos problèmes sexuels ne devraient pas avoir droit de cité dans ce contexte. Par ailleurs, essayez de pratiquer l'autocompassion et la patience si vous rencontrez des difficultés ou si votre corps ne fait pas exactement ce que vous voudriez qu'il fasse. Rappelez-vous, vous n'êtes pas toute seule, et il existe de nombreuses ressources disponibles pour vous aider à manœuvrer parmi les écueils que vous pourriez rencontrer dans votre vie sexuelle. Rappelez-vous aussi qu'on a vu souvent rejaillir le feu de l'ancien volcan qu'on croyait trop vieux, tout ça.

Avant de nous rhabiller et de fermer la porte de la chambre, prenez quelques minutes pour réfléchir aux questions qui suivent.

?

1. Dans vos relations amoureuses (actuelles et passées), comment avez-vous accepté la vulnérabilité qui va de pair avec le sexe ? Qu'est-ce qui vous fait le plus peur quand vous êtes vulnérable ?
2. Quelles sont les trois choses qui vous excitent le plus ? Et les trois qui vous refroidissent aussi sec ? Est-ce que votre partenaire peut accéder facilement à ces informations ?
3. Pouvez-vous faire la même liste, mais pour votre partenaire ? Qu'est-ce qui vous empêche de lui poser la question, là, maintenant ?
4. Est-ce qu'il y a des kinks ou des fantasmes que vous voudriez réaliser ? Êtes-vous capable d'aborder ce genre de sujet avec votre chéri·e ?
5. Qu'est-ce qui, chez vous, peut déclencher une angoisse de la performance ? Et chez votre partenaire ?
6. De quelle manière voudriez-vous que votre partenaire se comporte si vous commencez à ressentir de l'angoisse pendant l'acte sexuel ? S'agit-il d'une conversation que vous pourriez avoir maintenant ?
7. Existe-t-il des solutions pour que vous vous sentiez moins rejetée quand votre partenaire n'a pas envie de faire l'amour en même temps que vous ? Et, à l'inverse, pourriez-vous trouver une façon encore plus adorable de dire « pas ce soir, chéri·e » ?

8. Quelle est la meilleure manière de vous mettre en condition quand vous n'avez pas envie de sexe ? Et votre partenaire ? Est-ce que vous avez échangé ces informations ?
9. Pourriez-vous envisager d'ouvrir votre relation ? Est-ce que vous soupçonnez votre partenaire d'en avoir envie ? Si vous jouez avec l'idée d'une telle conversation, quelle en serait à vos yeux l'issue idéale ?
10. Est-ce que vous êtes insatisfaite sexuellement, et est-ce que cela vous affecte ? Si oui, pouvez-vous en parler à votre partenaire sans qu'iel se sente jugé·e ?
11. Quel rôle joue la pornographie dans votre vie et dans vos relations ? Est-ce que vous êtes honnête à ce propos avec votre partenaire ?
12. Qu'est-ce qui compte comme une infidélité ? Avez-vous établi ensemble une définition claire de cette dernière ?

11

Guide de survie à la relation amoureuse

Vous avez réussi à traverser les contrées dévastées du Mordor des rencontres, négocié les rapides de la lune de miel, gravi les pics escarpés des conflits et entretenu une vie sexuelle satisfaisante. Maintenant, tout ce qu'il vous reste à faire, c'est de jouir du paysage sur la route plate et droite du bonheur éternel. C'est le moment d'activer le pilote automatique et de poster ce beau coucher de soleil sur Insta, en mode #nofilter. Vous devriez d'ailleurs refourguer ce livre au pauvre gus qui n'a pas encore compris comment on pouvait en arriver là. Je veux dire, à ce stade, qu'est-ce qui pourrait mal tourner ?

TOUT. ABSOLUMENT TOUT.

Mais ne vous laissez pas effrayer. Vous êtes sur le chemin d'un amour durable et consolidé, et vous avez déjà réuni tout un tas d'outils utiles sur le long terme (de rien !).

Entretenir des relations saines et épanouissantes requiert des efforts continus. Il s'agit là d'une vérité universelle, y compris dans les relations longues entre partenaires bien appariés. C'est seulement quand les couples cessent d'accorder la priorité à leur relation qu'ils finissent par se sentir déconnectés, sans avoir la moindre idée de comment ils en sont arrivés là.

Comme vous continuerez à passer du temps avec votre aimé·e, vous ne cesserez pas pour autant de lui découvrir des défauts et des imperfections. Marrant, non ? Certains de ces défauts étaient là depuis le début, mais se manifestaient moins souvent. Et d'autres comportements problématiques sont tout nouveaux ! Parce que nous grandissons, nous changeons, nous évoluons. Parfois pour le meilleur (« T'apprends le japonais ? Mais c'est génial, ça ! »), parfois pour le pire (« Tu peux arrêter de te la péter avec ton japonais ? Parce que franchement, ça commence à me gonfler »). C'est la vie ! Et c'est mieux que le contraire. (Vous voyez ? Moi, par exemple, je commence à développer une nette tendance aux blagues pourries.)

« La seule constante, c'est le changement »

(Le mantra de votre instructeur de Cross-Fit – il est à la limite du supportable, mais bon, maintenant vous réussissez à faire cinq pompes de suite, peut-être que ça vaut le coup ?)

C'est un bon moment pour vous rappeler que l'amour que vous vous portez doit être un amour consolidé. Pour rappel, un amour consolidé va au-delà de l'attraction superficielle (même si c'est chouette d'en avoir encore, de l'attraction superficielle) et s'enracine dans le fait de comprendre, d'apprécier et d'accepter tous les aspects de l'autre, y compris quand ils évoluent. Un amour consolidé grandit et devient le reflet de votre histoire partagée, ainsi que de vos forces et de vos bizarreries, et même de vos imperfections respectives.

Un amour qui dure, malgré les obstacles et le développement personnel, témoigne de votre résilience commune et de votre engagement, et constitue la pierre angulaire de tous les partenariats sur le long terme véritablement sains et satisfaisants.

Et tout ce que vous avez à faire pour y parvenir, c'est d'appliquer à la lettre ce que je vous ai dit dans ce livre.

Non, mais plus sérieusement, vous avez déjà fait la plus grande partie du boulot.

Dans ce chapitre, nous allons passer en revue toutes les choses cruciales auxquelles il convient de faire attention pour maintenir une relation amoureuse consolidée et durable. Si vous lisez cela *avant* d'être dans une relation sur le long terme, c'est encore mieux ! Ce guide de survie, en vérité, est utile à tous les stades d'une relation. Et en prendre connaissance au plus tôt augmentera vos chances de succès.

Nous nous pencherons également sur la manière de rester connectée à votre moi authentique et de ne jamais oublier de communiquer vos besoins individuels, quand bien même ils évolueraient au fur et à mesure de la relation.

Être *absolutely* authentique

Nous avons beaucoup parlé de l'importance de représenter votre moi le plus honnête et le plus authentique dans votre quête de l'amour. Eh bien cela vaut également pour les relations sur le long terme. Ça peut avoir l'air facile, dit comme ça, mais ça ne l'est pas. La vie va suivre son cours, et vous allez faire de nouvelles expériences, surmonter de nouveaux défis et explorer votre développement personnel de toutes sortes de manières qui peuvent transformer subtilement ou au contraire radicalement votre point de vue, vos objectifs ou vos comportements.

Avec le temps, ces changements peuvent vous pousser à ajuster ou même à dissimuler votre moi véritable pour maintenir le *statu quo* dans la relation. Il est pourtant crucial de conserver votre authenticité et de communiquer ouvertement sur votre évolution afin de garantir que la relation évolue en même temps que vous et continue à satisfaire vos besoins.

Cela peut devenir compliqué en raison de la nature dynamique de notre développement personnel et du caractère imprévisible de la vie. Rappelez-vous, il ne s'agit pas uniquement de vous adapter à votre partenaire, mais aussi de rester fidèle à votre moi authentique. Si vous n'y arrivez pas, vous allez finir par en ressentir de l'insatisfaction et de la rancœur.

Pour être sûre que vous respectez les besoins de votre moi authentique alors que votre relation progresse, vérifiez régulièrement les listes que nous avons établies ensemble dans le chapitre 3 (je suggérerais de manière trimestrielle, mais faites comme bon vous semblera). Relisez ces listes avec un œil critique et curieux, et n'hésitez pas à y ajouter les nouveaux items qui vous viendraient à l'esprit. D'ailleurs, tout comme vous avez évolué avec le temps, votre partenaire a connu son propre développement personnel.

Une fois que vous avez amendé vos listes afin qu'elles correspondent à la personne que vous êtes désormais devenue, demandez-vous…

1. Est-ce que ma relation active régulièrement mes peurs ou mes réflexes de défense ? Si oui, sommes-nous

capables de traiter ces activateurs d'une manière qui guérisse nos traumatismes plutôt que de les raviver ?
2. Est-ce que je me suis retrouvée à faire des compromis sur des points non négociables ?
3. Mon partenaire possède-t-il toujours les qualités dont j'ai besoin pour me manifester de manière authentique dans la relation ?

The secret is to communiquer

Maintenir une communication ouverte et honnête est terriblement important. C'est ça que je veux comme épitaphe. Je sais que vous le savez, et vous savez que je sais que vous le savez, mais je devais le dire encore une fois, sinon, la police de la thérapie conjugale me mettra en prison, et la caution est de deux cent cinquante mille conversations à cœur ouvert.

La communication est la CLÉ de toute relation sur le long terme, et elle est souvent la première victime de la complaisance quand cette dernière s'installe. Elle peut aussi disparaître progressivement si vous n'y faites pas attention. Les couples sains expriment leurs besoins, leurs émotions et leurs désirs honnêtement et directement sans craindre le rejet ou la critique. Même face à un désaccord potentiel, le courage de prendre la parole est de la plus haute importance pour consolider les liens affectifs.

Si un quelconque problème, petit ou grand, apparaît quand vous vérifiez l'une de vos listes, parlez-en lors de votre prochain point relationnel – parce que vous n'avez pas arrêté de les faire, n'est-ce pas ?

Merci *very much*

« La gentillesse est un cadeau que tout le monde a les moyens d'offrir. »

(Le poster « inspirant » dans la laverie de l'immeuble – je sais que c'est toi qui l'as accroché, Jennifer. Puisque je te dis que ce n'est pas moi qui volé tes colis Amazon !)

Alors, ça fait quoi d'être appréciée ? C'est chouette, hein ? Quand quelqu'un remarque tout ce que vous faites, tous les jours, ça donne quand même la pêche. Remercier votre partenaire pour les nombreuses manières dont iel vous soutient et rend votre vie plus facile devrait aller de soi. Si vous n'exprimez pas votre gratitude quand iel fait la vaisselle alors que c'est votre tour, sort le chien quand vous avez la migraine ou réfléchit avec vous quand vous avez des problèmes au boulot, je vous en supplie, faites-le immédiatement.

Au-delà de la pratique quotidienne consistant à exprimer votre reconnaissance, faites qu'iel se sente apprécié·e pour toutes les choses spéciales et extraordinaires qui font qu'il est lui, qu'elle est elle. Que ce soit pour son goût exquis pour les groupes contemporains qui ont un son très années 1990, ou pour sa manière de toujours parvenir à esquiver le camping pour vous emmener contre votre gré dans un hôtel de luxe (et vous devez bien reconnaître, au bout du compte, que c'était une meilleure idée) : manifestez-lui votre amour ! Un simple « merci » ou un compliment qui vient du fond du cœur, ça fait du bien à tout le monde, y compris à la personne qui a exprimé sa reconnaissance.

La gratitude, ça ne devrait pas être tous les trente-six du mois. Exprimez-la de manière quotidienne, avec énergie et créativité, et votre relation n'en sera que plus forte. Tous les autres vont être *tellement* jaloux.

Soigner le *quality time*

Voici un secret bien gardé : les couples qui se consacrent au moins quarante minutes de temps de qualité par jour ont des relations plus longues et plus heureuses. Ce n'est pas pour me vanter, mais j'ai découvert ce secret tout seul à la fac, et je le rabâche depuis à tous les couples qui ont le malheur de passer la porte de mon cabinet. Et vous savez quoi ? Ça marche du tonnerre. Définissez « temps de qualité » comme vous voulez : partir pour une petite promenade au parc, se lancer dans une partie de jambes en l'air débridée, faire des crêpes… Tout marche tant que vous êtes mentalement présente. Faites de votre mieux, dans la mesure du possible, pour sanctuariser ce temps tous les jours (ou au moins une fois par semaine), pour organiser ce moment où, pour un court instant, vous posez vos téléphones et vous consacrez totalement l'un·e à l'autre.

C'est pas parce que *you are me* qu'*I am you*

Le moment paraît judicieux pour vous rappeler que la relation n'est pas censée combler chacun de vos besoins. Ça n'arrivera jamais. J'avoue, ce serait sympa… mais un peu ennuyeux aussi peut-être ?

Nos besoins émotionnels individuels sont complexes et multiformes, et si nos partenaires peuvent jouer un rôle essentiel et même déterminant dans leur satisfaction, ils ne peuvent à eux seuls y parvenir complètement. Et c'est là qu'intervient l'authenticité. Pour vous assurer que c'est bien votre moi le plus authentique que vous présentez, il importe que vous compreniez qu'au plus profond de vous-même, vous contenez des multitudes. Quand vous prenez conscience de la profondeur de votre être, il devient alors évident que personne, pas même votre extraordinaire partenaire, ne peut nourrir chacune des parties qui vous constituent.

Mais alors pourquoi attendons-nous qu'ils en soient capables ? Ah oui, c'est vrai, des siècles d'attentes monogames toxiques.

Prenez bien soin de distribuer de l'amour autour de vous et de ne pas demander à votre partenaire d'être tout, tout le temps. Faites un travail que vous trouvez important, explorez des expériences qui nourrissent votre âme, lancez-vous dans des projets créatifs épanouissants, pratiquez des hobbies qui vous enthousiasment, fréquentez des ami·e·s qui vous comprennent… en un mot, ne perdez pas de vue toutes les choses qui contribuent à votre bonheur, votre bien-être émotionnel et votre satisfaction générale.

C'est à vous de découvrir à quels besoins doit EXACTEMENT répondre votre partenaire. Reportez-vous à vos listes du non-négociable, tout en restant consciente que vos besoins, tout comme vos pensées et vos émotions à leur égard, peuvent très bien changer avec le temps, et que c'est tout à fait normal.

To pass the éponge

« Le lâcher-prise est le prix de la liberté. »

(La tasse à café de votre collègue la plus irritante – je suis désolé, mais Brenda a raison. Il faut absolument qu'elle arrête de programmer des réunions quand un mail aurait suffi !)

Si nous avons consacré un chapitre entier à la gestion du conflit, c'est pour une bonne raison : parce que c'est terriblement important. Si vous l'avez sauté, rendez-vous service et reprenez-le. Pas seulement parce que le texte est truffé de conseils extraordinaires mâtinés de traits d'esprit sophistiqués (dans ta face, ChatGPT !), mais parce qu'échouer à avoir des conflits directs ne peut apporter que rancœur et ressentiment, alias les fossoyeurs de l'amour.

Il ne s'agit pas du nombre de disputes que vous avez, mais bien plutôt de la façon dont vous parvenez à réparer et à vous reconnecter après coup. Si vous vous sentez régulièrement vidée et épuisée après une dispute, penchez-vous d'un peu plus près sur la manière dont vous gérez les conflits en tant que couple.

Faites de votre mieux pour oublier les petites rancunes et embrasser le pardon. Personne n'est parfait, donc il ne vous servira vraiment à rien de collectionner toutes les offenses minuscules qui vous sont faites comme s'il s'agissait d'autant de billets VIP pour un concert de Taylor Swift. Lâchez l'affaire et concentrez-vous sur l'amour et la connexion que vous partagez.

C'est plus facile à dire qu'à faire, je sais. Mais ces relations sur le long terme, pleines d'amour et de joie, sont également imprégnées de pardon et de lâcher-prise. Votre partenaire va, c'est sûr et certain, faire des choses qui vont vous mettre hors de vous, et régulièrement en plus. Je veux dire, c'est même carrément absurde à quel point iel peut vous gaver. Et il y a de bonnes chances pour qu'iel continue à vous courir sur le haricot pour le reste de votre vie. Si tout se passe bien. La clé, pour gérer ça, c'est de comprendre que votre partenaire n'a presque jamais l'intention de vous blesser.

Pour rebondir, vous n'aurez d'autre choix que de lui pardonner ses boulettes potentiellement blessantes. Vous le ferez parce que vous l'aimez et que vous croyez en ses bonnes intentions. Bien sûr, ça ne marche plus si son comportement est vraiment horrible, mais toutes les fautes petites ou moyennes devraient être pardonnées, ce qui nécessite que vous soyez véritablement capable de passer l'éponge et de ne garder aucun grief. En fait, il s'agit de lui accorder le bénéfice du doute, autant que vous en êtes capable, et d'attendre la même chose en retour. Votre relation vous en remerciera.

Cultiver la *friendship*

Selon les docteurs John et Julie Gottman, les rock stars de la recherche et de la thérapie conjugale (adoptez-moi !), les relations fortes et durables reposent sur la culture d'une profonde amitié. Cela implique non seulement de comprendre, mais aussi de se frotter vraiment à la parole de l'autre. Exprimez votre admiration à haute voix, montrez-vous curieux de sa vie, et cultivez l'appréciation et le respect. Prêtez une grande attention aux efforts de votre partenaire pour interagir ou chercher du soutien auprès de vous, et répondez-y avec enthousiasme, tout comme vous le feriez avec vos meilleurs potos.

RÉPONDRE ASAP

Une chose qui revient très souvent sur la table pendant les séances de thérapie de couple, et à laquelle je tiens de manière tout à fait personnelle : répondez aux appels et aux textos de votre partenaire, pour l'amour de Dieu. Une réponse rapide lui montre que vous y accordez de l'importance et qu'iel est une priorité pour vous. Si vous êtes dans une relation sur le long terme et que vous continuez à vous faire désirer, franchement, posez-vous la question : à quoi vous jouez ? Bien sûr, il y a des limites, et d'ailleurs, en général, ça aide d'en parler à l'avance (par exemple : « Je ne peux pas t'écrire quand je suis au boulot »), mais essayez au maximum de garder votre canal de communication ouvert et de réagir vite.

To take care of l'autre

Papa et Maman (Johnny et Juju Gottman) parlent également beaucoup de la manière dont le fait de soutenir l'autre dans ses objectifs joue un rôle fondateur dans les relations saines à long terme, dans la mesure où ce soutien reflète un respect mutuel pour les aspirations personnelles et l'individualité de chacun. En soutenant les objectifs de votre partenaire, vous lui montrez que vous accordez de l'importance à son bonheur et à son épanouissement. Cela favorise également un environnement propice au travail d'équipe, dans lequel les deux partenaires se sentent encouragés et capables de grandir, à la fois ensemble et de manière individuelle.

Donc ne soyez pas timide et devenez la pom-pom girl de votre partenaire, même si ça veut dire le ou la soutenir alors qu'iel apprend péniblement *Can't stop* des Red Hot à la guitare, ou fêter sa décision de créer un podcast consacré à la façon dont ses morceaux préférés de rock alternatif des années 1990 recèlent en réalité des leçons de vie de la première importance.

A little connection, siouplaît ?

Désolé d'insister autant sur les Gottman, mais sinon, comment vont-ils me remarquer ? Ah, d'ailleurs, je vous ai dit qu'ils étaient les champions toutes catégories des relations épanouies sur le long terme, et des légendes absolues du champ de la psychologie ? Ah, je vous l'ai dit ? Bon, quoi qu'il en soit, J&J défendent l'idée qu'il est bon de répondre avec amour aux petites demandes de connexion de votre partenaire.

Une demande de connexion, ça peut être aussi simple que l'envoi d'une vidéo TikTok ou le partage d'une pensée comme ça, en passant, sur à quel point sa sœur est chiante. Quand vous répondez positivement à ces demandes (« Waouh, encore une vidéo TikTok instructive et de qualité, mais où vas-tu les trouver ? », ou encore « Mais t'as trop raison, comment elle fait pour être aussi relou ! »), cela montre à votre partenaire que vous accordez de la valeur à ses pensées et à ses expériences, et que cela vous intéresse de partager ces choses ensemble. Répondre en permanence à ce type de demandes, qui, quand on y pense, constituent en fait une grande partie de la relation elle-même, crée une sorte de « compte d'épargne relationnel » de confiance et de bonne volonté.

En fait, les travaux de recherche des Gottman ont découvert que les personnes qui répondaient systématiquement aux demandes de connexion de l'autre tendent à être plus heureux et plus satisfaits dans leur couple. Il convient donc de ne jamais sous-estimer le pouvoir des petites réponses pleines d'amour : elles s'ajoutent les unes aux autres pour former un lien puissant, profond et résilient. Et puis, c'est toujours marrant de dire du mal des autres. Je veux dire à deux, en tant que couple.

Let's date jusqu'à la fin des temps

Je sais que c'est ultra-cliché, et j'en ai déjà parlé plus tôt dans ce livre, mais ne cessez jamais de vous organiser des rendez-vous en amoureux. Continuez à lui faire la cour. Cherchez à l'impressionner. Veillez sur la flamme, comme une vestale.

Oui, c'est vrai, c'est bien plus difficile de conserver la magie des rendez-vous une fois que la lune de miel est terminée, et il peut même sembler quasiment impossible d'en trouver tout simplement le temps, une fois que vous avez des enfants/animaux domestiques/boulots qui créent un chaos adorable/insupportable. La vie, c'est comme ça. Et je comprends. Mais faire l'effort de conserver cette tradition peut vraiment faire des merveilles et contribuer à maintenir la flamme et à approfondir votre lien.

Donc n'arrêtez pas de vous pomponner et de mettre votre plus belle chemise pour aller au resto. Faites une balade toute bête dans la nature. Allez voir un film, puis parlez-en autour d'un verre. Peu importe ce que vous faites, tant que vous traitez ces rendez-vous comme une partie sacrée de votre routine relationnelle. Et ça vaut pour la deuxième année comme pour la quinzième.

Vous vous rappelez quand, lors de vos premiers rencards, vous n'aviez qu'une envie, c'était d'en apprendre plus sur votre petite belette d'amour ? Au bout du compte, bien sûr, tous les couples ont à un moment ou à un autre l'impression de tout connaître de l'autre. Mais même si vous connaissez parfaitement ses histoires d'enfance comme son passé amoureux foutraque, la vie continue et il y a toujours de nouvelles choses à apprendre sur l'autre ainsi que sur la manière dont il ou elle évolue. Qu'il s'agisse de sa nouvelle passion pour *Les Marseillais à Miami* ou de sa plongée aussi soudaine que pas du tout inquiétante dans l'univers de la crypto-monnaie (rien à voir, mais pour ceux que ça intéresse, je vends des NFT de TherapyJeff qui vont prendre une valeur de malade mental, la vérité si je mens !), intéressez-vous et soyez curieuse. Peu importe depuis combien de temps vous êtes ensemble, il y a toujours quelque chose de nouveau à découvrir à propos de votre partenaire. N'arrêtez jamais de poser des questions et de cultiver votre émerveillement. C'est vraiment l'une des parties les plus géniales des relations longues.

Yolo

Retour au premier chapitre, quand vous étiez une ridicule *newbie* des rencards, et que je vous ai dit que j'allais vous aider à avoir une relation sécure sur le long terme. Vous y êtes arrivée, ce qui prouve donc à quel point j'ai eu raison sur toute la ligne. Même si les relations sécures peuvent sembler ultra-chiantes, elles sont également la source d'une sécurité et d'une stabilité confortables. Et si c'est ça que vous voulez, alors il faut jouer le jeu et faire votre part. Même si cela ne vous semble pas naturel, il s'agit bien là de quelque chose que vous pouvez apprendre, et il n'est jamais trop tard pour commencer, que vous soyez ensemble depuis deux mois ou vingt ans.

La docteure Sue Johnson, créatrice de la Thérapie centrée sur les émotions (ou TCE), est une experte des relations sécures sur le long terme (je suis un grand fan de Sue ! Courez lire son livre, *Serre-moi fort ! Sept conversations pour une vie entière d'amour*). La Dre Johnson recommande de développer activement certaines qualités pour entretenir une relation heureuse, saine et épanouie. Ce n'est pas une coïncidence si toutes ces caractéristiques sont apparues de manière très détaillée dans les pages précédentes. Mais, en guise d'aide-mémoire final, Sue et moi recommandons que vous cultiviez…

1. **L'accessibilité :** soyez là pour l'autre, toujours dispo pour prêter une oreille attentive ou une épaule pour pleurer. Soyez à l'écoute des besoins et des inquiétudes de l'autre.
2. **La réactivité :** prenez soin l'un de l'autre en montrant de l'empathie et en validant vos émotions respectives.
3. **L'engagement émotionnel :** partagez vos émotions de la manière la plus ouverte et la plus honnête possible pour construire une connexion émotionnelle profonde et durable.
4. **Une communication efficace :** devenez des pros pour parler de choses difficiles et résoudre les conflits de manière positive. Point besoin de drama ici : exprimez vos besoins, vos sentiments et vos désirs de manière honnête et directe, sans craindre le rejet ou la critique.

5. **La confiance :** ayez confiance dans le fait que vous pouvez compter l'un sur l'autre, aussi bien émotionnellement que physiquement. Croyez dans le fait qu'il existe dans votre relation un système de soutien quasiment infaillible.
6. **La sécurité :** sentez-vous en sécurité dans la relation, en sachant et en valorisant le fait que la stabilité et la force de votre lien pourront surmonter n'importe quel orage.
7. **La flexibilité :** adaptez-vous au changement et relevez des défis ensemble. Peu importe ce que vous réserve la vie, cette chienne, affrontez les épreuves ensemble, comme une équipe.

Pour faire *short*

Je m'apprête à être carrément nunuche. Z'êtes prêt·e·s ?

> ***« Regarde-nous. Hé, regarde-nous, un peu.***
> ***Qui l'aurait cru ? Pas moi. »***
>
> – Paul Rudd, *Hot Ones*

Il est crucial d'honorer cette vérité : construire et nourrir une relation sur le long terme au sein de laquelle vous pouvez manifester votre moi authentique est l'une des expériences les plus uniques et les plus satisfaisantes qu'un individu puisse avoir dans sa vie. Ce voyage dans lequel vous vous êtes embarquée, cette exploration conjointe de l'amour, et non pas seulement d'un partenariat, est un témoignage de la possibilité d'une connexion humaine, de la joie des expériences partagées et de la beauté de l'entrelacement de vos croissances respectives.

Ce chemin est pavé d'innombrables problèmes mignons ou terribles, en perpétuelle mutation, et votre voyage collectif et individuel connaîtra plus d'un virage imprévu. Il y aura des moments au cours desquels vous aurez envie de tout laisser tomber comme d'autres où vous ne pourrez pas vous imaginer vivre sans cette personne – un niveau d'amour du genre « Je me jette devant le bus pour te protéger ». Et, au milieu de ces remous et de ces changements, l'amour – un amour authentique et consolidé – constituera l'infaillible boussole qui vous guidera vers une compréhension et une acceptation de l'autre toujours plus profonde, ainsi que vers votre évolution mutuelle.

Bien ou bien ?

N'oubliez jamais l'importance de la curiosité, de la patience, de la communication ouverte et de la priorité accordée au temps de qualité. Et pensez à pratiquer le pardon. Fêtez vos triomphes respectifs. Encouragez les rêves et les aspirations de votre partenaire, même s'ils sont stupides. SURTOUT s'ils sont stupides !

Chaque acte d'amour, chaque moment partagé, chaque victoire et chaque épreuve affrontée ensemble constituent les briques et le mortier qui consolident votre couple.

Le guide de survie présenté dans ce chapitre n'est pas un livre de règles strictes mais constitue plutôt une boîte à outils destinée à vous aider à naviguer sur les eaux houleuses mais si gratifiantes des relations longues. Revenez-y si nécessaire, et, surtout, restez fidèle à vous-même, à votre partenaire et à l'amour que vous avez en partage.

Dans une relation longue, la destination n'a pas d'importance : il s'agit de savourer chaque étape de ce voyage que vous faites ensemble, et de l'histoire d'amour unique que vous écrivez à deux. Parce qu'au bout du compte, rien n'est plus extraordinaire que ça. À part rendre tous vos copains jaloux, évidemment. Mais juste derrière, le top du top, ça reste ces conneries à propos de l'amour et de la connexion humaine.

Dans une relation sur le long terme, la destination n'a pas d'importance : il s'agit de savourer chaque étape de ce voyage que vous faites ensemble et de l'histoire d'amour unique que vous écrivez à deux.

Avant que nous fassions un petit écart pour nous aventurer sur le terrain des ruptures éthiques et empathiques, prenez le temps de répondre à ces quelques questions.

1. **Quels obstacles à l'amour consolidé voyez-vous dans votre relation ? De quelles manières votre partenaire et vous faites déjà l'expérience de l'amour consolidé ?**
2. **Est-ce que vous trouvez difficile de rester authentique une fois que vous êtes dans une relation pérenne ? Eh bien vous n'êtes pas la seule ! Que se produirait-il si vous communiquiez ouvertement à propos de votre évolution ?**
3. **Est-ce que vous consultez régulièrement vos listes pour vous assurer que votre relation satisfait bien les besoins que vous avez identifiés comme nécessaires à votre moi authentique ?**

4. Êtes-vous capable d'exprimer vos besoins, vos émotions et vos désirs honnêtement et directement sans craindre d'être rejetée ou critiquée ?
5. Quand avez-vous pour la dernière fois remercié ou montré votre appréciation à votre partenaire pour toutes les petites choses qu'iel fait et pour sa personnalité ? Si la réponse n'est pas « aujourd'hui », faites une liste de cinq façons grâce auxquelles vous pourriez lui exprimer votre gratitude la semaine prochaine.
6. À quelle fréquence passez-vous du temps de qualité avec votre partenaire ? Quels sont les obstacles qui vous empêchent d'augmenter cette fréquence ? Quelle est votre manière favorite de passer du temps de qualité ensemble ? Écrivez trois choses que vous faites régulièrement, et ajoutez deux nouvelles idées.
7. Est-ce que vous vous surprenez régulièrement à tenir les comptes de toutes les petites offenses qui vous sont faites ? Que se passerait-il si vous effaciez l'ardoise ?
8. Quelles sont les choses que vous appréciez le plus chez vos ami·e·s ? Est-ce que ces caractéristiques sont également présentes dans votre relation amoureuse ? Est-ce que l'amitié que vous entretenez avec votre partenaire est solide ?
9. Est-ce que vous connaissez et soutenez les objectifs de votre partenaire ? Quels sont-ils ? (Écrivez-les.) Est-ce qu'il y a quelque chose d'autre que vous pourriez faire pour être son meilleur soutien ?

10. Quelles sont les petites choses que fait votre partenaire en guise de demande de connexion ? Comment y réagissez-vous ?
11. Est-ce que vous avez l'impression de savoir tout ce qu'il y a à savoir à propos de votre partenaire ? (Si oui : vous vous fourrez le doigt dans l'œil !) Essayez de trouver trois questions à propos de votre partenaire dont vous ne connaissez pas la réponse.
12. Laquelle des caractéristiques des relations sur le long terme et épanouies vous semble la plus facile à cultiver ? Et laquelle vous semble la plus difficile ? Pourquoi, d'après vous ?

12
Le tendre art de la rupture

Rompre, c'est l'horreur absolue. Si c'est moi qui romps, je donnerais tout pour être à la place de l'autre, et si c'est moi qu'on largue, je ferais n'importe quoi pour échanger. En gros, je ne veux pas être concerné, ni de près ni de loin, par la rupture. S'il est temps que la relation se termine, je veux que l'on me dépose à la clinique d'*Eternal Sunshine of the Spotless Mind* et que l'on efface chacun de mes souvenirs (un super film sur la rupture, au passage). Donnez-moi des lésions cérébrales, s'il vous plaît, tout plutôt que devoir faire le deuil.

Les ruptures me détruisent. Et je sais que je ne suis pas le seul.

Si vous deviez retenir une seule chose de ce chapitre, que ce soit celle-ci : la douleur émotionnelle que vous vivez quand une relation se termine est valide.

Peu importe que vous ayez été ensemble deux mois ou deux ans. Peu importe au final qu'il s'agisse d'une séparation volontaire et raisonnable ou d'une réaction en chaîne incontrôlable, pleine de bruit et de fureur : les répercussions sont les mêmes, et la guérison prend du temps.

Savoir exactement à quel moment il convient d'arrêter d'investir du temps et de l'énergie dans une relation qui ne marche pas peut aider. Après la rupture, un grand nombre d'entre nous se retrouvent à se demander s'il n'aurait pas fallu faire un peu plus d'efforts ou si, au contraire, il aurait mieux valu rompre beaucoup plus tôt. Dans ce chapitre, nous allons voir s'il est possible de mieux interpréter le marc de café des relations ratées, et ce qu'il convient de faire une fois que vous savez que vous voulez rompre. Je vais également vous fournir des stratégies pour gérer la guérison post-rupture et vous donner des trucs pour éviter de tomber dans l'attrayant piège consistant à replonger dans une relation qui a déjà donné tout ce qu'elle avait à donner (si vous avez survécu à l'enfer de cette rupture, c'est pour une bonne raison, mon amie).

Should I stay or should I go

Déterminer s'il est temps ou non de mettre un terme à une relation peut sembler une décision incroyablement complexe à prendre. Et il arrive que cela soit le cas. Démêler les fils de la vie partagée que vous vous êtes fabriquée – tout particulièrement si vous avez emménagé ensemble, avez mélangé vos finances, avez acheté un vignoble dans le sud de la France ou devez prendre en compte d'autres petits facteurs comme, disons, des animaux ou des enfants – constitue un défi de taille.

Alors comment pouvez-vous affirmer que la rupture est vraiment la chose à faire ?

Comme je l'ai rappelé dans le dernier chapitre, intégrer la vérification régulière de vos listes à votre routine relationnelle vous aidera à identifier l'émergence d'un gros point noir mettant en danger votre capacité, au sein de la relation, à rester fidèle à votre moi authentique. Mais il reste rare qu'un comportement inédit et portant sur un point non négociable émerge soudainement au point qu'il soit clair qu'il faut absolument rompre AUJOURD'HUI.

Parfois, ce qu'il faut faire, c'est vraiment écouter ses tripes.

Ça a l'air idiot, hein ? Mais en vérité, il n'est pas toujours facile de vous connecter à vos véritables émotions parce qu'elles sont souvent dissimulées derrières d'autres émotions aussi bruyantes que puissantes, comme la peur de blesser votre partenaire ou l'angoisse à propos de tout ce qu'une rupture pourrait impliquer.

Tout d'abord, demandez-vous : « *Est-ce que je sais, en mon for intérieur, que cette relation doit cesser ?* »

Je ne parle pas des pensées normales et peut-être quotidiennes relevant du « *oh mon Dieu mais qu'est-ce qu'iel m'énerve, c'est pas possible* ». Ce genre de pensées vont et viennent, qui que vous soyez. Mais si vous vous retrouvez à réprimer la pensée que cette relation est arrivée à son terme parce que cette idée est trop désagréable, vous n'avez pas besoin d'autre preuve qu'il est temps de passer à l'action.

Si vous ne parvenez pas à accéder à votre intuition, que vous ne lui faites pas confiance, ou que vous avez passé toute votre vie à l'ignorer royalement, dites-vous que vous n'êtes pas la seule dans ce cas. Si vous êtes dans cette situation, j'aimerais que vous vous posiez ces dix questions.

1. Est-ce que nous nous critiquons en permanence sans pour autant faire quoi que ce soit pour changer cette dynamique ?
2. Est-ce que la rancœur a pris le dessus ? Est-ce qu'il m'arrive de péter les plombs et de partir au

quart de tour quand iel fait un truc objectivement mineur mais qui déclenche immédiatement ma colère et prend le contrôle de mon cerveau parce que c'est lié à plein d'autres choses ? Est-ce que je passe mon temps à chercher des prétextes pour me mettre en colère ?

3. Est-ce que nous sommes tout le temps sur la défensive, au point de ne plus être en mesure de prendre la responsabilité de quoi que ce soit ? Que nous ne puissions plus faire autre chose que nous faire mutuellement des reproches jusqu'à l'épuisement ?
4. Est-ce que l'un·e de nous ne prend plus la parole, devient super évitant·e, ou plus ou moins paralysé·e quand un désaccord apparaît ou qu'une dispute éclate ?
5. Est-ce que les interactions positives et amoureuses ont diminué ? Ou même carrément disparu ?
6. Est-ce que nous sommes encore attiré·e·s l'un·e par l'autre ? Ou notre vie sexuelle a-t-elle tiré sa révérence, sans la moindre intention de remonter sur scène ? Est-ce que nous continuons à nous témoigner au moins de l'affection physique ? Et si non, est-ce que nous en parlons ?
7. Y a-t-il une absence de respect ou d'admiration ? Est-ce que j'ai l'impression d'être valorisée dans notre relation ? Est-ce que nous nous méprisons mutuellement et passons notre temps à dire à nos ami·e·s à quel point nous ne parvenons plus à nous supporter ?
8. Est-ce que nous avons l'impression d'être dans la même équipe ? Est-ce que nous avons l'impression d'avoir même encore une relation ? (Quand la réponse

est non, c'est de loin la pire situation !) Est-ce que j'ai la sensation de ne pas être soutenue, de ne pas être aimée ?

9. Est-ce que je fais confiance à mon ou ma partenaire ? Est-ce qu'il y a eu des mensonges à répétition, des trahisons ou bien des infidélités ?
10. Est-ce que je ne me sens plus capable de rester fidèle à moi-même dans cette relation ? Est-ce que j'ai l'impression d'avoir perdu mon individualité ? Si oui, est-ce que c'était pour maintenir la relation ?

Rien n'est tout noir ou tout blanc, mais répondre à ces questions devrait vous permettre d'y voir plus clair.

Si vous êtes toujours indécise, et que vous êtes raisonnablement confiante dans le fait que ce qui vous retient, ce n'est pas seulement la peur et l'angoisse, demandez-vous peut-être si vous pouvez rassembler suffisamment d'amour pour donner une nouvelle chance à votre histoire.

Vous sentez-vous capable de tourner la page et de commencer un tout nouveau chapitre de votre vie commune ? Pouvez-vous parler honnêtement à votre partenaire de ces inquiétudes ? Qu'est-ce qu'il faudrait qu'il se passe pour que vous vous sentiez prête à redonner une chance à votre couple ? Êtes-vous capable de pardonner et de tirer un trait sur vos rancœurs passées ?

Je vous pose ces questions sans que les réponses vous engagent, parce que dans ce monde moderne, les relations sont de plus en plus considérées comme jetables. C'est comme si on avait l'impression qu'il existe une réserve infinie de partenaires potentiels qui nous attendent ; il suffit de swiper. Quand on a oublié à quoi ressemble le célibat, ça peut sembler très attirant. Mais rappelez-vous, c'est aussi extrêmement éprouvant.

Chaque connexion est unique, et chaque personne est un individu complexe, et non un profil interchangeable sur un écran. Si vous pensez qu'il y a quelque chose qui vaut le coup d'être sauvé, sauvez-le !

Une rupture ou une pause ?

L'idée de faire une « pause » dans la relation est antérieure à celle, célèbre, de Ross et Rachel, qui a irrémédiablement divisé le pays il y a une centaine d'années. Et j'avoue que je n'en suis pas fan. Si Ross et Rachel étaient venus me voir en thérapie, je ne leur aurais pas conseillé cette pause.

Cela étant dit, si vous avez vraiment besoin de temps de votre côté pour réfléchir à ce que vous voulez vraiment, vous pouvez tout à fait demander une pause. Tant qu'il ne s'agit pas d'un pis-aller, parce que vous avez trop peur pour mettre véritablement un terme à la relation. Dire au revoir est difficile, c'est normal. Mais si vous considérez que la « pause » est une étape sur un chemin qui mène inexorablement à la rupture, essayez de surmonter votre peur et mettez un terme à la relation. Ne pas le faire sera plus douloureux pour tous les deux sur le long terme.

Si vous décidez de faire une pause, je vous suggère de réfléchir ensemble à cette liste avec votre partenaire.

1. **Identifiez votre objectif.** Essayez de comprendre et d'expliquer pourquoi vous avez besoin de cette pause. Est-ce que c'est pour prendre du recul ? Pour réévaluer vos sentiments ? Soyez honnête avec vous-même et avec votre partenaire sur ce qui vous motive ici.

2. **Établissez des limites claires.** Il ne s'agit pas par défaut d'un blanc-seing pour aller voir ailleurs ! Décidez des règles concernant les autres relations, les partenaires sexuel·le·s, la fréquence de la communication ou encore celle de vos retrouvailles.
3. **Établissez un calendrier.** Une pause d'une durée indéterminée peut entraîner de l'angoisse et un sentiment d'incertitude. Discutez d'une fenêtre temporelle acceptable pour les deux parties. J'aurais tendance à dire pas plus de deux ou trois semaines.
4. **Respectez-vous.** Même pendant la pause, continuez à respecter les émotions et les besoins de votre partenaire. Évitez les actions susceptibles de provoquer de la peine ou de la confusion. Comportez-vous de manière gentille et éthique.
5. **Communiquez.** Quand la pause sera terminée, ayez une discussion ouverte et honnête à propos de vos expériences et de vos émotions. Cette conversation déterminera très probablement l'avenir de votre relation, donc elle est importante. Traitez-la en conséquence.

Rappelez-vous, il s'agit uniquement de conseils d'ordre général, et chaque situation est unique. Mais suivre ce cadre peut vous aider à rendre une rupture plus constructive et moins destructrice.

Je suis venue te dire que je m'en vais

Bon. Vous avez fait de votre mieux pour écouter vos tripes. Vous vous êtes posé des questions difficiles. Et vous êtes prête à rompre avec votre partenaire. Maintenant vient l'heure de la partie la plus difficile : le lui dire.

Ne vous posez pas trop de questions sur la question du *timing*. Il n'y a jamais de bon moment pour briser un cœur, et tout ce que vous pouvez espérer, c'est de ne pas faire absolument n'importe quoi. Par exemple, ce n'est pas une bonne idée de lui annoncer la nouvelle la veille de sa soutenance de doctorat, mais en revanche, il n'est peut-être pas utile de repousser cette discussion au prétexte qu'il fête ses vingt-six ans pile poil dans quatre mois. Je veux dire, vingt-six ans, ça ne correspond à rien du tout, tandis que docteur… D'ailleurs, vous êtes vraiment sûre que vous voulez rompre ?

Oui, vous en êtes sûre. Mais qu'allez-vous dire ?

Vous pouvez changer les paroles et les adapter à votre situation, mais je veux bien être votre Cyrano, pour le coup, et vous souffler votre texte.

Je suggère de commencer par l'indémodable : **« Il faut qu'on parle. »**

C'est une phrase qui fait froid dans le dos, une sentence qui tombe. Mais en même temps, il s'agit d'un code universel annonçant une discussion difficile, ce qui permet à votre partenaire de se préparer (un peu) émotionnellement et mentalement à ce qui est sur le point de lui tomber sur le coin de la gueule.

Dans le chapitre 7, je vous ai recommandé de parler très tôt dans la relation de vos préférences en termes de rupture. Si nous nous fréquentons, je vous ai par exemple déjà dit que s'il vous vient un jour l'idée saugrenue de me quitter, je préférerais recevoir un peu à l'avance un message écrit m'annonçant que nous allons devoir parler. Cela me permettra d'avoir une réaction émotionnelle privée, et m'autorisera à vous répondre une fois que je m'en sentirai mentalement capable. Et puis, cela me permettra de vous demander de continuer par texto, ou bien de vous appeler, ou encore de vous retrouver en personne. Pour résumer, ça me laisse le choix des armes, et c'est une manière de faire que je trouve à la fois polie et respectueuse. Je ne comprends pas pourquoi tout le monde ne fait pas ça et ne veut pas ça, mais bon.

Après que vous avez décidé de la façon dont vous voulez asséner cette terrible réplique, soyez concise et directe.

Ça pourrait donner quelque chose comme : **« J'y ai beaucoup réfléchi ces derniers temps, et j'ai décidé de te quitter. »**

Voilà. C'est simple et c'est en même temps très difficile. Comme sortir du lit quand on n'en a pas envie, ou plier un drap-housse quand on est dyspraxique.

À partir de là, c'est à vous de jouer. Il s'agit avant tout de dire des choses difficiles à dire. Je recommande de proposer de passer en revue les raisons pour lesquelles vous désirez rompre et de prendre le temps d'écouter ce que ressent votre partenaire, tout en restant aussi honnête et gentille que possible.

Mais c'est à vous de décider du temps que vous consacrerez à cette discussion. Cela peut prendre cinq minutes ou cinq heures. Je recommande qu'elle soit courte et d'en avoir une plus tard (environ une semaine après), quand les émotions seront un tout petit peu moins intenses et que vous aurez l'impression qu'il serait constructif de rentrer davantage dans le détail.

Si votre nouvel·le ex veut parler à de nombreuses reprises pendant les semaines et les mois qui suivent, vous n'avez aucune raison de l'accepter pour la seule raison que vous vous sentez coupable d'avoir rompu.

CINQ RAISONS POUR LESQUELLES JE PRÉFÉRERAIS QUE TU ME QUITTES À L'ÉCRIT (SI CELA FAIT AU MOINS SIX MOIS QUE NOUS SOMMES ENSEMBLE)

Parfois, dans certaines situations, je pense que rompre par message est la meilleure option parce que…

1. *Il n'y a pas toujours besoin d'en faire tout un foin ! Rompre en personne implique de longues conversations éreintantes et maladroites, tandis que les messages écrits peuvent être courts, élégants et clairs. Pas d'au revoir flottants ou de sorties dramatiques ? J'en suis.*
2. *Tu ne verras pas mes réactions émotionnelles. Je peux porter le masque que je veux si tu me lis alors que je reste planqué derrière mon écran. Est-ce que c'est moins authentique ? Oui, c'est clair. Mais en même temps, j'ai peut-être envie de cacher mes émotions, ce que me permet l'écrit. J'adore cette sensation de contrôle.*
3. *Pas de sexe d'adieu. Ça peut ressembler à une belle occasion manquée, mais si nous nous retrouvons au lit, je risque d'en sortir perdu et d'en vouloir davantage. Personnellement, je préfère être triste et en colère plutôt que de te désirer en vain.*
4. *J'ai les preuves ! Je n'ai pas besoin de compter sur ma mémoire défaillante pour me rappeler exactement ce que tu as dit au cours de cette expérience émotionnelle intense. Si tu es une connasse, j'en ai la preuve sur mon tél., et je peux la consulter quand je veux.*

> 5. *Je n'ai pas besoin de voir ta sale gueule ! Mais si j'en ai envie, je peux demander à voir ta sale gueule, ce qui me permet de consentir à une rupture en personne avec ta sale gueule en face de moi, au lieu de me la voir imposer – ta sale gueule.*

La maison ne fait pas de retour

Un des trucs les plus nazes à propos des ruptures, c'est que vous êtes probablement tous·tes les deux à la fois honnêtes et vulnérables, si bien que, pour la première fois depuis longtemps peut-être, le lien qui vous unit peut vous sembler incroyablement puissant. Ce sentiment peut même vous faire douter de ce que vous êtes en train de faire et renoncer à votre projet de rupture.

Je vais être complètement transparent : je fais ça environ une fois sur deux. Dès qu'il y a un peu de vulnérabilité, je tombe dans le panneau. Et le résultat est pour moi toujours le même : cela ne fait que prolonger le supplice, et nous sommes obligés d'avoir une autre discussion horrible peu de temps après. Si vous êtes comme moi, rejoignez mon équipe et engagez-vous à ne pas revenir sur ce que vous avez dit parce que vous vous sentez soudain plus connecté·e·s que vous l'avez jamais été.

Vous pouvez également avoir envie de revenir sur votre rupture parce que ça y est, vous commencez à prendre *vraiment* la mesure de ce que vous avez perdu, et que c'est plus douloureux que ce que vous aviez prévu. Il s'agit d'une émotion normale, mais ce serait égoïste de demander à l'autre de vous remettre ensemble pour la seule raison que vous n'êtes pas capable de gérer la souffrance pour le moment.

Je suis désolé, mais vous avez besoin de l'entendre : ne couchez pas ensemble « une dernière fois ». À nouveau, il n'est pas rare d'en avoir envie, mais ça envoie clairement des messages contradictoires. De plus, ce sera bien plus bizarre et bien plus triste que ce que vous vous imaginez, et puis l'un·e de vous deux va devoir partir après, et tout le monde se sentira merdeux·se. Non, franchement, ça ne vaut pas le coup.

Ne soyez pas la personne qui soutient son ex dans la douleur de la rupture. Je sais que vous avez été sa personne référente pendant tout ce temps, et qu'il est difficile et même contre-intuitif de lui faire du mal puis de partir. Mais encore une fois, il ne faut pas envoyer de messages contradictoires.

Ce n'est plus votre boulot de lui offrir du réconfort. Il faudra qu'iel s'appuie sur ses proches pour être soutenu·e et guérir, et il vaut mieux établir ça clairement dès le grand saut.

Votre ex était une personne à part entière avant de vous connaître, et iel le sera encore après vous. Bien sûr, vous êtes incroyablement spéciale, mais croyez-moi quand je vous dis qu'iel va pouvoir gérer la rupture sans votre aide. Iel va souffrir, et vous aussi, mais vous allez tous les deux vous en sortir. Et iel évoluera, deviendra plus fort·e et grandira probablement grâce à ça.

Les histoires d'amour finissent mal. En général. C'est l'un des risques que l'on prend quand on en entame une, et personne n'aime ça.

Mais mettre fin à une relation qui ne satisfait plus vos besoins est un acte éthique, et vous n'êtes pas une personne mauvaise parce que vous avez changé d'avis. C'est tout à fait normal de vouloir des choses différentes.

Ses émotions ne sont pas plus importantes que les vôtres. Ne mettez pas son bonheur avant le vôtre. Nous n'avons qu'une vie dans notre forme corporelle actuelle (si vous voulez en apprendre plus sur le monde spirituel, je vous invite à lire *Décédez comme vous êtes,* à paraître), et vous méritez d'être heureuse et épanouie.

Je t'en remets au vent

Votre cœur est brisé. Votre vie est en lambeaux. Vous ne savez pas quoi faire de votre peau. Vous ne savez plus qui vous êtes, qui vous étiez. Tout est merdique, et vous avez peur que cela ne change jamais. Vous ne voyez pas la lumière au bout du tunnel. Il n'y a pas de tunnel, d'ailleurs. Seulement une cave où il fait tout noir, remplie de douleur. Une partie de vous sait que tout cela est normal, et que cela finira par aller mieux, mais ça ne change rien. Vous vous noyez dans le chagrin, et ne voyez pas comment vous pourriez vous en sortir.

Vous vous êtes fait larguer.

Peut-être que c'était prévu depuis longtemps, ou peut-être que c'est sorti de nulle part. Peu importe. Et la version de vous, celle que vous étiez avec cette personne qui vient de mettre votre cœur en pièces, est bel et bien partie à jamais. Il s'agit d'une véritable perte, et elle doit être reconnue en tant que telle.

L'ancien vous a pris ses cliques et ses claques. Le nouveau vous n'est pas encore là. Et vous, vous surgissez, mal à l'aise, dans ce clair-obscur.

Peut-être que sortir du lit est une épreuve. Que vous n'avez pas envie de manger. Peut-être que vous allez vous enquiller à la suite les quarante-huit épisodes d'une série franchement pas dingue, parce que plus rien n'a d'importance.

Il s'agit là de symptômes tout à fait normaux après une rupture.

Tout ce que vous avez besoin de savoir se résume à cela : ça va passer. Ça va aller mieux. Un nouveau vous va pousser à partir de cette douleur.

Mais comment ? Quand ?

Tout d'abord, prenez tout le temps que vous voulez. Essayer de fourrer toute sa tristesse et son chagrin dans un week-end, c'est rarement une bonne idée. Vous avez ma permission pour éprouver toutes les émotions que vous voulez, et aussi longtemps que vous voulez. Et quel que soit l'étrange cocktail qui fait surface – de la confusion, de la rage, peut-être même du soulagement –, ne vous jugez pas et ne vous critiquez pas : faites preuve d'indulgence. Et préparez-vous à ce que le processus de guérison ne soit pas linéaire.

Il est probable que vous n'ayez d'autre choix que d'aller à votre travail ou votre école alors que vous ressentez une douleur insoutenable, ce qui devrait être illégal. Mais vous allez y arriver. Et traverser une journée après l'autre, surtout les plus dures, contribuera à reconstruire votre résilience. Vous n'en aurez pas l'impression, mais ces distractions sont exactement ce dont vous avez besoin à cet instant.

Dès que vous en serez capable, cherchez du soutien. Qu'il s'agisse d'une communauté en ligne ou d'ami·e·s en chair et en os, se connecter à d'autres personnes et faire des petits pas dans le monde des vivants vous aidera à gérer vos émotions et à vous sentir moins seule. Soyez extrêmement claire et spécifique sur le type de soutien que vous attendez d'eux. Vous voulez une caisse de résonance ? Qu'ils soient positifs jusqu'à la nausée ? Qu'ils vous secouent ? Qu'ils soient cycliquement les trois ? Ou bien qu'ils s'assoient en silence ? Dites-le !

Quand vous émergez de votre apathie suffisamment longtemps pour vous rendre compte qu'on ne voit plus votre canapé sous les cartons de pizzas, il est temps de tomber le pyjama en pilou. Commencez par de tout petits pas pour entamer votre rétablissement physique et mental. Afin d'augmenter votre tolérance à tout ce qui n'est pas votre canapé, introduisez des activités sans enjeu qui vous apportent de la joie et du réconfort, qu'il s'agisse de relire un livre doudou, d'aller jusqu'au coin de la rue pour boire un double express en terrasse ou pour acheter une revue *people*.

Je ne crois pas que le « temps guérit tout », mais bien plutôt que le « temps de convalescence guérit tout ». Soyez indulgente et patiente avec vous-même, et quand vous vous en sentirez capable, prenez le temps de réfléchir à votre relation. Qu'avez-vous appris grâce à elle ? Que voulez-vous absolument éviter dans vos futures histoires ? Écrivez-le. On mûrit dans l'expérience du deuil, mais nous avons en général besoin d'être passé·e·s de l'autre côté pour nous en rendre compte.

Se remettre du fait d'avoir été plaqué·e est un processus qui n'a pas de limite dans le temps. C'est énervant, je suis bien d'accord. Personne ne peut vous dire au bout de combien de temps c'est trop long, mais si vous êtes au fond du trou pendant plusieurs mois, ou que vos émotions sont ingérables, il serait peut-être opportun de consulter un·e professionnel·le de la santé mentale.

L'après : préparez-vous à douter comme jamais

Dans les jours qui suivent immédiatement une rupture, vous allez vous retrouver à interroger absolument tous les éléments de cette décision.

Si c'est vous qui avez rompu, vous passerez peut-être des heures interminables à vous demander ce que vous auriez pu dire ou faire de manière différente. C'EST NORMAL et cela ne signifie absolument pas que vous avez fait une énorme boulette et que vous devriez vous remettre ensemble !

Si vous êtes la personne plaquée, vous aurez sans doute envie d'appeler votre ex et de plaider votre cause. Mais rappelez-vous, si ça ne marchait pas, c'est qu'il y avait une raison. Votre cerveau rusé essaie de vous piéger parce qu'il est prêt à tout pour que les choses « reviennent à la normale », même si cela signifie se remettre dans une relation qui visiblement ne fonctionnait plus.

Vous vous sentez perdue, seule, et peut-être même désespérée. Soyez compatissante avec vous-même. « Accueillez cet inconfort », comme vous dirait n'importe quel thérapeute. Le soulagement de se retrouver à nouveau dans la relation serait de bien courte durée.

Vous pouvez vous remettre ensemble. Ce n'est pas illégal, même si ça devrait peut-être l'être (j'écris ce soir à mon sénateur !). Mais avant de faire quoi que ce soit, j'insiste lourdement sur le fait que vous devriez prendre du temps, vraiment, pour faire le point sur les raisons pour lesquelles la relation s'est terminée et faire le travail émotionnel nécessaire pour comprendre et métaboliser les raisons pour lesquelles les choses ont tourné ainsi et pas autrement.

En ce qui concerne les contacts avec votre ex, essayez tout simplement d'en avoir le moins possible. Wow. Je sais. Arrêter tout à coup de parler à quelqu'un qui était jusque-là le centre de votre vie est extrêmement déstabilisant. Mais limiter les contacts vous aidera à démêler sa vie de la vôtre et vous pourrez ainsi vous concentrer sur votre guérison. Dans certaines situations, il peut sembler plus simple, plus sain, et même parfois nécessaire à un niveau pratique que la sortie de la vie de l'autre soit très progressive. Mais même dans ces cas-là, il vaut mieux essayer de réduire au maximum le temps passé ensemble et consacrer ce dernier à la résolution des problèmes communs en cours (comme déménager ou trouver un arrangement pour la garde d'Igor, votre iguane).

Acceptez qu'il est normal de se sentir mal – mais genre vraiment mal – et accueillez vos émotions au lieu de les refouler. Mais si vous avez besoin de vous barricader derrière vos défenses ou que vous restez dans le déni quelque temps après la rupture, simplement pour arriver à survivre à chaque journée qui passe, je vous en donne inconditionnellement la permission.

Accordez la priorité à votre rétablissement. Et si cela veut dire rester quelque temps vautrée dans votre canapé, aucun problème. Voyez *The Office* dans les deux versions, américaine et britannique. Ignorez les « Vous êtes encore là ? » de Netflix (va te faire foutre, Netflix !). Restez au lit trop longtemps. Prenez des jours de congé sans aucune raison. Mangez de la nourriture réconfortante (comme un bon gratin de pâtes !)

Au début, il s'agit de pure survie émotionnelle, et arriver à tenir jusqu'au soir est déjà largement suffisant. Assez vite, toutefois, il faut quitter son pyjama et ses livraisons Uber Eats pour des activités plus saines, au risque de rester coincée à jamais sous votre plaid à manches intégrées (je rigole !). La politique des petits pas, en achetant de la nourriture saine, en faisant une promenade ou en dormant tout votre soûl s'avère extrêmement payante sur le long terme. Bravo si vous y parvenez dès le début, nous n'en sommes pas tous capables.

Dégotez-vous un ou des potes de rupture. Trouver des gens que vous pouvez contacter quand vous avez envie de téléphoner à votre ex, quand vous êtes prête à coucher de dépit avec ce beauf de Jérôme de la compta, ou encore que l'envie de vous couper une frange devient irrésistible. (En fait, allez-y, faites-vous cette frange – vous allez être ravissante !)

Appuyez-vous autant que possible sur votre cercle de proches. N'ayez pas peur de compter sur vos ami·e·s et sur votre famille. Vous leur donnez l'opportunité d'être là quand vous avez besoin d'eux, et puis, vous feriez exactement la même chose, n'est-ce pas ? Donc vous n'êtes pas *seulement* un boulet.

NOBLESSE OBLIGE

Votre ex était une sale enflure, on est tous d'accord. Mais, par pitié, pour votre propre bien, essayez de vous comporter avec respect après la rupture. Peu importe à quel point ça s'est terminé de manière moche, chaotique et douloureuse, vous ne regretterez jamais de vous comporter comme une adulte. Si vous vous sentez flouée, il peut être difficile de réprimer la pulsion de faire du mal à votre ex-partenaire. Cette ordure le mérite, je suis bien d'accord ! Toutefois, l'une des manières les plus efficaces de commencer à se sentir mieux est d'éviter d'infliger de tous nouveaux remords à votre psyché. Donc essayez de vous conduire d'une manière qui rende justice au lien unique que vous partagiez auparavant.

La tristesse n'aura pas de fin

Au fond de vous-même, vous le savez déjà, mais pour tourner la page, vous allez devoir entrer en contact avec votre douleur et éprouver consciemment toutes les émotions qui vous habitent. Si vous ne le faites pas, elles finiront, quoi qu'il arrive, par vous rattraper en se manifestant de diverses manières aussi surprenantes que désagréables.

Vous vous rappelez quand il y avait seulement cinq étapes du deuil ? Ah, le bon vieux temps. Eh bien maintenant, il y en a sept ! C'est vraiment pas juste. Et vous savez ce qui encore plus injuste ? Ces étapes ne sont pas linéaires. Avec tout le respect que je dois à Elisabeth Kübler-Ross, la « reine du deuil », qui a théorisé les différents stades du deuil : Bouuuuuhh !

Il est tout à fait courant de passer d'une étape à l'autre, parfois dans la même heure. Il devrait même y avoir une sorte de prix pour avoir connu les sept étapes en une seule journée. Et imaginez, le prix serait de vivre tout le spectre émotionnel de la perte et d'en apprendre davantage sur vous-même au cours de ce processus. Ce serait tellement cool ! (Je ne comprends pas que vous n'ayez pas encore balancé ce livre par la fenêtre, façon Bradley Cooper dans *Happiness Therapy*.)

Voilà ce que vous devez attendre de ce moment qui, ne nous voilons pas la face, va forcément être horrible.

1. **Le choc et le déni :** il s'agit souvent de la première étape. Vous pouvez vous sentir comme anesthésiée et vous pouvez nier la réalité de la situation, ce qui constitue une manière de gérer la douleur immédiate. Franchement, ce n'est pas la pire manière d'affronter la vie quand elle vous la fait à l'envers.

2. **La douleur et la culpabilité :** cette étape est une concurrente sérieuse au titre de PIRE étape. Celle-là, nous tentons tous·tes de la passer la plus vite possible, mais, de manière ironique, on a généralement l'impression d'y être coincé·e·s pour l'éternité. L'enfer, quoi. Une fois que le choc initial s'assourdit, la douleur et la culpabilité nous foncent dessus comme un camion. Cette étape peut s'avérer particulièrement difficile, et vous pouvez être tentée de faire des choix, disons, peu avisés. Rappelez-vous que les relations « rebonds » vont aussi briser des cœurs, dont peut-être le vôtre. La culpabilité est également extrêmement courante parce que – et c'est seulement une hypothèse – peut-être que s'en vouloir à soi-même nous donne une illusion de contrôle.
3. **La colère et le marchandage :** cette étape peut sembler la plus pathétique de toutes, mais je vous promets qu'il est normal d'être franchement pitoyable à ce stade. Il est possible que vous passiez votre frustration sur vos proches, que vous emmerdiez tout l'univers, ou que vous tentiez de négocier une reprise de la relation (« Mais je peux changer, je te le jure ! »). À ce stade, il est courant de devenir obsédée par toutes les choses positives de votre ancienne relation et de vous convaincre que vous êtes encore tous·tes les deux amoureux·ses.
4. **La dépression, la réflexion, et la solitude :** tandis que la réalité de la situation commence à s'imposer, les sensations de tristesse et de solitude se font de plus en plus écrasantes. Il est possible que vous désiriez

consacrer beaucoup de temps à réfléchir au passé et à essayer de comprendre ce qui s'est passé de travers. Votre cerveau vous glissera peut-être que vous êtes condamnée à être seule pour le restant de vos jours, et que même si vous retrouviez quelqu'un de bien, il serait hors de question que vous vous retapiez tout ça. Ça servirait à quoi, franchement… L'enfer, c'est les autres… Tout passe… Rien de nouveau sous le soleil… Et puis franchement, qu'est-ce que ça fait si j'écoute du Nine Inch Nails en boucle ? Indus un jour, indus toujours. La musique goth est plus vivante que mon âme noire et frissonnante, de toute façon. Pauvre choute. Ne vous inquiétez pas, vous avez raison : tout passe.

5. **Le grand bond en avant :** oh, mais regardez-vous ! Tout à coup, les fleurs s'ouvrent et les chiens du quartier se retournent sur votre passage. Les choses commencent à aller un peu mieux à ce stade. Adele est remplacé par Dua Lipa. Le sentiment de tristesse et de solitude s'amoindrit – il était temps – et vous commencez à porter un regard plus positif sur votre vie. Peut-être que finalement, vous trouverez quelqu'un avec qui vous serez bien. Ou peut-être que ce n'est même pas la peine, vous êtes tellement heureuse et fantastique toute seule ! Vous n'êtes pas bien, là, détendu·e du chignon, à dessiner au parc avant de manger toute seule au restaurant en lisant un bon bouquin ?
6. **La reconstruction :** pendant cette étape, vous commencez véritablement à adapter votre vie à

l'absence de votre ex. Tout ce qu'iel faisait dans la maison, c'est vous qui vous y collez maintenant. Et c'est pas la mort, en fait. Vous vous en sortez très bien ! Vous évoluez, et vous vous enquillez les vidéos de TherapyJeff, ce qui est bien la preuve que vous êtes sur la bonne voie. Peut-être que vous assumez pour la première fois vos responsabilités dans cette triste histoire. Peut-être que vous allez voir un·e psy. Vous pouvez enfin commencer à penser avec gratitude à votre relation passée, car elle vous a aidé·e à grandir.

7. **L'acceptation et l'espoir :** l'ultime étape du deuil (mais, comme vous l'aurez compris, la guérison n'est pas linéaire, pas plus que les étapes précédentes) consiste à accepter ce qu'il s'est passé et à tourner la page. S'il peut bien sûr subsister des sentiments résiduels de tristesse, vous commencez à reprendre espoir dans l'avenir. Peut-être même que vous ne craignez plus de vous mettre à sangloter de manière incontrôlée si vous croisez votre ex. En fait, vous serez peut-être même contente pour elle ou pour lui quand vous apprendrez qu'iel est à nouveau maqué·e. Mais ne nous emballons pas.

Tout le monde fait son deuil d'une manière différente, et le rythme de votre progression n'appartient qu'à vous. Mais si les sentiments de tristesse sont trop puissants ou durent trop longtemps (en vertu de votre définition uniquement), rappelez-vous que vous pouvez chercher du soutien auprès de votre famille, de vos ami·e·s, ou de professionnel·le·s de la santé mentale. Il n'y a aucune honte à demander de l'aide.

Depuis que tu es parti·e…

Comme, au cours des différentes étapes du deuil, nous faisons sans grand plaisir des tours de montagnes russes émotionnelles, il est tout à fait normal que nous devenions obsédés par l'idée de « tourner la page ». Mais qu'est-ce que ça veut dire, au bout du compte ? Le fait de tourner la page est la résolution finale de la relation et l'acceptation véritable qui vous permet de tout enfermer dans un petit paquet mental avec un joli petit nœud pour passer à autre chose sans le moindre regard en arrière.

Ça a l'air cool, hein ? Eh bien je suis désolé, mais il est peu probable que ça vous arrive. C'est énervant, mais c'est comme ça. Même ainsi, je sais qu'un grand nombre d'entre nous sommes tenté·e·s d'avoir une dernière grande discussion avec notre ex (et je ne suis en aucun cas immunisé). Si vous ne pouvez pas résister à cette tentation, vous devez au moins attendre que beaucoup d'eau ait coulé sous les ponts. Je parle d'un mois MINIMUM. Après, il faut que vous soyez consciente que vous n'allez sans doute pas réussir à obtenir ce que vous désirez de cette discussion. Je vous suggère de vous mettre d'accord à l'avance sur ce dont vous allez parler, et de choisir quelques questions à vous poser mutuellement, choisies parmi la liste suivante.

1. Peux-tu me dire honnêtement pourquoi, selon toi, notre relation s'est terminée ?
2. Qu'est-ce que, selon toi, nous aurions pu faire de différent pour sauver notre relation, si une telle chose avait été possible ?
3. Quand as-tu remarqué pour la première fois que ça ne marchait pas ?

4. Quelles sont certaines des choses positives dont tu voudras toujours te rappeler ?
5. Si tu pouvais donner n'importe quel conseil à mon/ma futur·e partenaire pour qu'iel puisse satisfaire au mieux mes besoins, que lui dirais-tu ?
6. De quoi devons-nous accepter chacun la responsabilité concernant l'échec de notre relation ?
7. Qu'as-tu appris à ton propos quand tu étais avec moi ?
8. Quels sont, à ton avis, mes plus gros défauts dans une relation ?
9. Quelles sont, à ton avis, mes plus grandes qualités dans une relation ?
10. Est-ce que tu veux qu'à l'avenir nous soyons ami·e·s ?
11. Quel va être, à ton avis, l'histoire que nous allons nous raconter sur notre relation ?
12. Est-ce que tu aimerais me demander pardon pour quelque chose en particulier ?

Tourner la page, tout particulièrement quand nous pensons que sera grâce à une parole de l'autre, est impossible. Nous pensons qu'une parole peut nous donner la paix, mais ce n'est pas le cas. Cela étant dit, si votre ex et vous faites preuve d'empathie et que vous communiquez avec honnêteté, avoir cette discussion vous permettra peut-être d'obtenir des éléments de réponses aux questions lancinantes qui vous torturaient.

Si vous ne pouvez pas avoir cette ultime discussion avec votre ex (pour toutes sortes de raisons, dont le fait que vous n'ayez aucune envie de voir à nouveau sa sale de face de rat), vous pouvez aussi bien essayer de tourner la page toute seule comme une grande.

Voilà comment on s'y prend.

Tout d'abord, réfléchissez à votre relation. Faites-le avec autant d'honnêteté que possible. Reconnaissez les bons moments, mais n'oubliez pas les raisons qui ont mené à la rupture. Accepter qu'il existait des problèmes peut vous aider à comprendre pourquoi la relation s'est terminée. Si vous avez du mal à faire preuve d'honnêteté dans votre réflexion, demandez de l'aide à un·e ami·e qui était au premier rang du drame en trois actes qu'a été votre relation. Parfois, un point de vue amical et bienveillant plus objectif peut débloquer des souvenirs jusque-là inaccessibles.

Ensuite, videz votre sac. Ça peut avoir l'air un peu nunuche, mais écrivez votre journal, créez, commencez la boxe thaïe ou trouvez n'importe quel autre moyen d'expression. Considérez l'idée d'écrire une lettre à votre ex dans laquelle vous coucherez sur le papier tout ce que vous avez sur le cœur. Écrivez-la, mais ne l'envoyez pas. Gardez-la soigneusement dans vos brouillons, à côté de vos huit lettres de démission. C'est l'acte d'écrire qui est thérapeutique.

Enfin, pardonnez et passez à autre chose. Le pardon consiste à abandonner la rancœur et le désir de vengeance. Vous n'avez pas besoin de pardonner ou de fermer les yeux sur ce qu'il s'est passé, mais pardonner à votre ex – et, surtout, SURTOUT, à vous-même – est sans doute le facteur clé pour pouvoir tourner la page.

UN MOT SUR LE PARDON

De nombreuses études – dont le travail du docteur Robert Enright, qui a développé un modèle de pardon en plusieurs étapes – ont enquêté sur les liens existant entre pardon et santé mentale. Pour résumer : pardonnez-vous. Et pardonnez votre ex, même si c'est une grosse merde qui ne le mérite pas. Enright et d'autres ont scientifiquement prouvé que le pardon crée une meilleure qualité de vie, améliore la santé physique, et entraîne une attitude plus positive.

Est-ce que vous avez tous les deux fait des trucs qui n'étaient pas corrects ? Peut-être bien. Est-ce que vous avez même franchement fait de la merde, au point que vous en avez encore honte et que vous vous sentez encore coupable ? Probablement. Mais vous savez quoi ? Vous êtes un être humain. Vous avez des défauts, vous foirez des trucs parfois, et vous n'êtes pas parfaite. Nous méritons tous·tes d'être pardonné·e·s et d'apprendre de nos erreurs. Prenez une grande respiration, pardonnez-vous, pardonnez-la, pardonnez-lui, et allez de l'avant.

Passez à autre chose (ou pas)

Je déteste avoir l'air d'un vieux schnock des années 1990 (c'est faux, je kiffe), mais l'époque me manque où quand une relation était finie, elle était finie. À moins d'être un harceleur condamnable au pénal, il n'y avait pas moyen de garder un œil sur son ex. Les ruptures étaient abruptes et douloureuses, mais vous n'aviez pas besoin de vous demander si vous deviez arrêter de suivre ou bloquer quelqu'un qui venait de vous briser le cœur.

Je vais vous donner un truc : la meilleure manière de tourner la page, ce n'est pas de rafraîchir de manière obsessionnelle le fil/le mur/la page de votre ex sur les réseaux sociaux. Cela ne vous permet pas de guérir, bien au contraire. Les réseaux sociaux ont tendance à faire suppurer les plaies résultant d'une rupture. C'est tellement facile, vous vous dites que vous allez seulement jeter un coup d'œil à son profil, comme ça, en passant, et la seconde d'après, vous pleurez toutes les larmes de votre corps.

Même si vous réussissez à éviter les pièges tendus par les réseaux sociaux, l'idée d'oublier complètement une personne ou une expérience n'est pas réaliste et peut mener à la honte et à la culpabilité. S'accrocher à des souvenirs et des sentiments pour quelqu'un est tout à fait naturel, et il est possible de s'éprendre de quelqu'un tout en éprouvant encore des sentiments pour son ex-partenaire. Même si cela n'est pas très confortable et peut sembler déplacé, vous avez bel et bien en vous la capacité d'éprouver de l'amour simultanément pour plusieurs personnes.

Il n'est pas nécessaire d'oublier complètement quelqu'un pour passer à autre chose. On peut guérir de cette blessure sans complètement « passer à autre chose ». Mais vous pouvez avoir l'impression que vous n'y arrivez pas pendant une période bien plus longue qu'il ne serait nécessaire, ou productif, ou raisonnable. Tout d'abord, foutez-vous un peu la paix. Ensuite, essayez de comprendre pourquoi vous vous sentez coincée comme ça. Nommer les choses est incroyablement libérateur, croyez-moi. Voici quelques-unes des raisons les plus courantes pour lesquelles vous avez du mal à passer à autre chose (et je précise que chacune de ces raisons est tout à fait normale).

- **Vous lui étiez attachée !** Même si iel était nul·le, la chimie qui était associée à cet attachement continue à se produire dans votre cerveau. Il faut du temps pour qu'elle se neutralise. Respectez le rythme lent de la disparition de l'attachement plutôt que d'essayer de la forcer.
- **Vous êtes attachée au fantasme de ce qui aurait pu exister.** Peut-être qu'iel vous a déçue, mais quel potentiel vous aviez ensemble ! C'est à ce dernier que vous avez du mal à renoncer. Et peut-être que vous étiez la seule à le voir, ce potentiel, si bien que vous ne pouvez même plus en parler, ce qui rend les choses encore plus difficiles.
- **Vous n'aimez pas être toute seule,** c'est tout. Même si la relation était foireuse, une partie de vous préférerait replonger dans ce cauchemar plutôt que de connaître la solitude. Cette dernière est l'une des émotions les plus difficiles à accepter, donc il est tout à fait raisonnable que vous souhaitiez y mettre fin de toutes les manières possibles.
- **Vous aviez une connexion sexuelle incroyable, et votre corps est en manque.** C'est dur (hmmm) de passer d'une relation sexuelle géniale à pas de sexe du tout. Je veux dire, tout le système est sous le choc. L'autre manque physiquement à votre corps au point que vous avez l'impression d'être accro. Je comprends tout à fait. Mais la meilleure manière de se sevrer, ici, c'est l'abstinence totale (du corps de l'autre).
- **Quand ça se passait bien, ça se passait tellement bien.** Quand ça se passait mal, c'était épuisant, mais quand ça se passait bien, oh là là, vous n'aviez encore jamais rien connu d'aussi chouette, et vous avez peur

de plus jamais connaître ça avec quelqu'un d'autre. Ce n'est pas vrai. Ça a l'air vrai, je sais, mais ce n'est pas vrai. Et même si c'est la cinquième fois de suite que vous avez ce sentiment après une rupture, je sais qu'il reste difficile de croire que vous serez de nouveau bien un jour avec quelqu'un. Mais croyez-moi, ce sera le cas.

- **Vous étiez accro au drama.** Peut-être que c'était le bordel, le chaos, du grand n'importe quoi… mais qu'est-ce que vous aimiez ça ! Vous êtes en manque, vous voulez juste votre dose. Comme je l'ai dit, supportez le sevrage, trouvez des distractions, et vivez un jour à la fois. Ça va aller mieux, promis.
- **Quand on y réfléchit, l'impact qu'a eu cette relation sur votre vie a été énorme.** Peut-être même qu'elle l'a définie. Même si, au bout du compte, vous n'étiez pas le couple du siècle, iel vous a fourni du sens, un but, une identité. Et d'un coup, c'est genre « Mais je suis qui en fait ? ». Prenez du temps pour réfléchir à cette question. Essayez de nouvelles choses. Rétablissez votre sens du moi. Acceptez que vous êtes peut-être en train de vivre une crise existentielle qui concerne moins la relation elle-même que votre capacité à vous connecter à votre moi authentique.

Vous avez entendu parler du concept de rupture sans douleur ? Eh bien c'est un mythe, mon lapin. Si vous consacrez beaucoup de temps à essayer de savoir comment mettre un terme à votre histoire sans vous exposer, vous et votre partenaire, à la douleur, eh bien vous allez être sacrément déçue. On n'échappe pas à la douleur, à la souffrance, à la perte : quand une relation se termine, on a le cœur brisé, c'est tout.

Bien sûr, on peut les repousser quelque temps, mais enterrer ces émotions ne vous aidera pas longtemps.

Les ruptures sont violentes. Au lieu d'aspirer à une séparation indolore impossible, reconnaissez consciemment cette blessure et embrassez-la.

Comprenez que vous naviguez dans des eaux troubles et difficiles : c'est cette acceptation qui vous permettra d'en sortir au plus vite.

Aller de l'avant ne signifie pas oublier ou supprimer la douleur, mais bien plutôt en apprendre quelque chose. Chaque rupture est porteuse d'une leçon, et si vous êtes prête à l'apprendre, vous en sortirez plus sage et mieux connectée aux besoins et aux désirs de votre moi véritable. La douleur peut sembler insupportable à l'heure actuelle, mais la bonne nouvelle est que ce n'est que temporaire. N'hésitez pas à vous rafraîchir la mémoire en jetant un coup d'œil à votre tatouage de cheville « Tout passe » (super bien placé, au fait !). Vous pouvez vous sentir déprimée, ce qui est somme toute assez logique, mais rappelez-vous, c'est également une occasion de grandir et de mieux vous connaître.

Si vous affrontez votre première vraie rupture, rappelez-vous : on est là, et on est tous passés par là. Et si c'est votre quatorzième, eh bien nous le savons au moins vous et moi, le temps ne fait pas grand-chose à l'affaire et ça reste toujours aussi difficile. Mais si Gloria Gaynor a survécu et que comme la Mano, je peux très bien me passer de toi (mais je ne toucherai pas à ton chat), vous aussi, vous en êtes capable. Bon, je ferai de nous deux mes plus beaux souvenirs (Barbara), tu vas me manquer (Maître Gims), et c'est vrai que nous étions formidables, comme le chantait l'autre maître, mais les feuilles mortes, tout ça, tout ça.

Pour résumer : autorisez-vous à ressentir ce que vous avez à ressentir, autorisez-vous à guérir, et, quand vous serez prête, allez de l'avant avec un cœur regonflé à bloc. Nous allons en parler dans le prochain chapitre, mais d'abord, essayez de répondre à ces quelques questions.

?

1. **Si vous n'êtes pas à l'heure actuelle en train de jouer avec l'idée de rompre, est-ce que vous avez discuté avec votre partenaire de vos préférences quant à la manière dont vous aimeriez que soit gérée la rupture, si jamais elle devait se produire ?**
2. **Dans vos relations passées, comment se sont déroulées vos ruptures ? Avez-vous des regrets ?**
3. **À quoi ressemblent en général pour vous les jours suivant directement une rupture ? Est-ce que vous aviez ce dont vous aviez besoin lors de ces premières journées ?**
4. **Que veut dire « tourner la page », pour vous ? Quels sont les mécanismes de survie qui vous aident ? Qu'est-ce que vous ferez différemment la prochaine fois que vous aurez le cœur brisé ?**
5. **Comment faites-vous le deuil de vos relations passées ? Avez-vous été capable de faire preuve de compassion et de patience envers vous-même ? Est-ce qu'il y a des choses que vous pourriez faire dès à présent pour être mieux préparée ?**
6. **Est-ce que vous vous êtes déjà remise en couple avec un·e ex-partenaire ? Comment ça s'est passé au final ? Quels sont les facteurs qui ont empêché la rupture d'être « consommée » ?**

7. Avez-vous déjà pensé à demander une « pause » dans une relation ? Qu'est-ce qui vous a alors empêchée de mettre plutôt un point final à cette relation ? Est-ce un problème qu'il vaudrait mieux essayer de résoudre avec votre partenaire ?
8. Pensez-vous souvent à mettre un terme à votre relation actuelle, sans réussir à sauter le pas ? Après avoir lu ce chapitre, qu'est-ce qui, selon vous, pourrait faire pencher la balance ?
9. Écrivez la liste des questions pratiques qui se poseraient dans le cas d'une potentielle rupture. Y a-t-il un plan que vous pourriez établir ensemble à l'avance pour résoudre les questions, par exemple de la cohabitation, des finances partagées ou des groupes d'amis communs ?
10. Est-ce qu'une partie importante de vous pense qu'il y a quelque chose à sauver dans votre relation ? Comment imaginez-vous les nouvelles bases sur lesquelles vous pourriez repartir ?
11. Quelles étapes du deuil de la relation vous semblent les plus décourageantes ? Pouvez-vous imaginer trois manières dont vous pourriez prendre soin de vous pendant ces moments difficiles ?
12. Comment avez-vous défini le fait de « tourner la page » par le passé, et comment y êtes-vous parvenue ? Est-ce que les choses seraient différentes aujourd'hui ?

Épilogue

Fonce, Alphonse !

Vous êtes arrivée à la fin de ce livre, et vous êtes pile-poil en plein milieu d'une relation qui comble vos besoins. C'est génial ! C'est sans doute votre meilleure relation amoureuse à ce jour, grâce à mes conseils judicieux. Ce n'est pas la peine de me remercier, votre sourire béat me suffit.

Même si nous en avons déjà parlé, permettez-moi de vous rappeler juste deux-trois trucs pour que votre relation reste sur les rails. Une sorte de *best of*, si vous voulez.

1. N'ignorez pas les petites demandes de connexion de votre lapin en sucre. Regardez attentivement les TikTok idiots qu'il vous envoie et n'oubliez pas de lui rendre la pareille. Lisez l'article stupide sur les extraterrestres qu'il vous a envoyé, et qui d'ailleurs n'est pas si stupide en fin de compte. (C'est vrai, c'est troublant tout ça. Avez-vous fait vos propres recherches ?)
2. Sortez ensemble de votre zone de confort ! Faites des activités qui vous font monter l'adrénaline et qui

vous foutent la trouille ! Non seulement ça réveille, mais ça approfondit également votre connexion.

3. Organisez-vous des rencards. Câlinez-vous dans des endroits inattendus. Roulez-vous des patins juste comme ça, pour la beauté du geste.
4. Mettez régulièrement sur la table des sujets gênants qui vous rendent vulnérables, ainsi, les conversations gênantes le seront de moins en moins.
5. Réfléchissez activement à la façon dont vous pourriez être une meilleure partenaire pour votre moitié, puis mettez-vous au boulot. N'arrêtez jamais de grandir et d'évoluer, et n'oubliez pas de célébrer vos évolutions respectives.
6. Faites vos trucs à vous en dehors de la relation, avant d'y revenir et d'en parler.
7. Assumez vos responsabilités quand vous faites du mal à l'autre, même si vous n'en aviez pas du tout l'intention. Dites que vous êtes désolée en ayant l'air de le penser sincèrement – parce que c'est le cas.
8. Faites des compromis. Faites des sacrifices. Mais pas au point d'éprouver de la rancœur.
9. Accordez le bénéfice du doute à votre douce moitié. Rappelez-vous qu'elle ne voulait pas vous blesser. Rappelez-vous que c'est plus chouette d'être connecté·e·s que d'avoir raison.
10. Ne vous réprimez pas quand vous avez besoin d'être rassurée ou validée. Être capable de demander est la preuve que vous avez de bonnes capacités communicationnelles.

11. Ne vous réprimez pas quand vous voulez lui dire à quel point iel est chou, sexy, intelligent·e, et à quel point vous l'adorez.
12. Ne cessez jamais de créer un environnement qui permet à chaque membre de la relation de se sentir suffisamment en sécurité pour exprimer son moi le plus authentique.

En revanche, si, après une relation qui a duré six semaines ou six mois ou dix ans, vous vous retrouvez à nouveau célibataire, eh bien, bienvenue au club ! Et vous allez voir, peut-être que ce club n'est pas ultra-sélect, mais il est très sympa. C'est très désagréable – en général – de se retrouver à nouveau célibataire, mais, même si vous le savez déjà, je suis légalement obligé de vous le dire en tant que thérapeute : il n'y a pas que les relations amoureuses dans la vie. C'est nul, je sais… mais ce livre est presque terminé, alors faites preuve d'un peu de charité, s'il vous plaît !

La vie bouillonne de possibilités de connexions et d'expériences qui vont bien au-delà d'un couple solide ou du fait de savoir exactement à quoi vont ressembler vos samedis soir pour les années à venir. Appuyez-vous sur vos ami·e·s, consacrez-vous à vos passions, prenez soin de votre carrière (si vous le devez), jouissez du luxe, du calme et de la potentielle volupté qu'offre la solitude, et matez à la suite les vingt-cinq saisons de *Koh-Lanta*. Voire vingt-six, selon la date de sortie de ce livre. Quoi, qu'est-ce que vous dites ? Vous pensez qu'ils vont faire appel à moi pour la vingt-septième saison ??? (Petit message à l'univers : je suis on ne peut plus disponible.)

Même si ni vous ni moi n'enfilerons jamais de mini-short ni n'échafauderons de stratégies plus ou moins machiavéliques pour éviter une sentence irrévocable, votre existence (comme la mienne) équivaut à la **totalité** de vos diverses expériences. Bien sûr, les relations amoureuses peuvent donner lieu à des saisons mémorables, mais rappelez-vous, elles ne sont pas toute la série !

Est-ce qu'on peut se calmer une minute s'il vous plaît ?

Je recommande de faire une pause après une rupture amoureuse. Mes clients ne suivent pas toujours mon avis. *Moi-même*, je ne suis pas toujours mon avis. C'est tentant, parce que remonter immédiatement à cheval permet de dissimuler à moindres frais les émotions négatives qui accompagnent une rupture.

Il importe de savoir que, parfois, cela signifie seulement que le travail de deuil a été mis sur pause. Et le deuil trouve toujours un moyen de refaire surface. Généralement, sans surprise, au pire moment possible et sous la forme d'une colère irrationnelle, d'une tristesse soudaine ou de l'incapacité à se connecter à une autre personne. C'est extrêmement rageant !

Rendez service à tout le monde : faites une pause. Découvrez qui vous êtes quand vous n'êtes pas en couple. Jouissez du célibat. Essayez quelque chose de nouveau ou redécouvrez des plaisirs passés.

Il n'existe pas de limite dans le temps à ce type de pause, mais l'idée, c'est d'en arriver au point où vous seriez heureuse d'avoir un premier rencard avec vous-même.

Vous avez besoin d'un baromètre plus spécifique ? Si vous répondez « non » à plus d'une des sept questions suivantes, vous avez sans doute besoin d'un peu plus de temps pour guérir.

1. Avez-vous tourné la page de votre dernière relation sans cultiver un ressentiment qui risque d'affecter votre capacité à vous comporter de manière authentique avec un nouveau partenaire ? (Rappelez-vous : il s'agit de dosage – il est tout à fait normal que certains sentiments subsistent !)
2. Pouvez-vous penser à votre relation précédente sans ressentir de la douleur ou de la colère ?
3. Êtes-vous dans l'ensemble satisfaite d'être célibataire et de passer du temps toute seule ?
4. Avez-vous redécouvert des intérêts et des passions individuelles que vous aviez mis sous le boisseau lors de votre relation précédente ?
5. Êtes-vous à la recherche d'une nouvelle relation parce que vous avez authentiquement envie de vous connecter avec quelqu'un d'autre, et pas uniquement pour échapper à la solitude ?
6. Est-ce que vous avez l'impression d'avoir grandi et appris des choses de votre dernière relation, et êtes-vous prête à appliquer ces leçons dans le futur ?
7. Est-ce vous avez regardé, depuis le pilote jusqu'à l'épisode final : *The Office*, *Mad Men*, *Ted Lasso*, *Twin Peaks* ou bien sûr *Buffy contre les vampires* ? (Trente épisodes minimum, selon la convention collective. Comment ça, de quoi ?)

Ne forcez rien, ne craignez rien

Vous serez prête à revenir dans la jungle des relations amoureuses quand vous serez prête, point barre. Vous n'avez pas à obéir au calendrier de quelqu'un d'autre. Vérifiez régulièrement en interne si vous êtes prête ou non à rencontrer de nouvelles personnes. Quand le moment sera venu, il est probable que vous en aurez tout simplement envie.

Faites un rituel pour chasser les mauvaises ondes de votre dernière relation. Brûlez un peu de sauge. Organisez une séance de spiritisme et demandez aux esprits de vous libérer. Faites une fête de rupture dont le thème sera « dire du mal de votre ex ». Cuisinez un gâteau ayant la forme de son visage et balancez-le contre le mur (et non, on ne lèche pas les murs après, même si c'est du chocolat : c'est sale). Peignez un grand tableau d'adieu et jetez-le au feu. Créez la playlist de rupture parfaite, et dansez tout votre soûl. Eh, vous savez quoi ? Vous pouvez même aller voir un·e thérapeute et parler.

Quelle que soit la manière dont vous voulez mettre vos affaires en ordre avant de repartir pour un petit tour, je la cautionne. L'objectif consiste à se relancer dans l'âpre arène de la drague en étant plus ou moins en paix avec votre dernière relation. Disons suffisamment en paix. Il faut avoir compris que oui, il vous reste quelques bleus à l'âme, et que vous êtes un peu plus sur vos gardes, mais que vous êtes aussi plus consciente de la façon dont le passé vous affecte, et que vous êtes prête à aller de l'avant. Et, nous l'espérons, un peu plus optimiste quant à votre capacité à trouver quelqu'un qui vous correspond mieux grâce à tout ce que vous avez appris à propos de vous-même et de ce que vous cherchiez.

Vous avez le droit de ne pas être complètement guérie. Quoi que ça veuille dire, en fait. Ça n'existe pas vraiment, une « guérison totale », même quand vous travaillez avec TherapyJeff. C'est dire. Nous avons tous des casseroles ; nous avons tous de la rancœur ; nous avons tous des boutons qui réactivent nos traumatismes. Et vous pouvez très bien continuer à être triste à cause d'un ex, ou de deux, ou de cinq.

Être « guérie » ne signifie pas avoir fait table rase de votre passé émotionnel. Passer à autre chose ne signifie pas effacer vos expériences passées, mais bien plutôt les intégrer à la personne que vous êtes aujourd'hui.

Vous avez des cicatrices émotionnelles, mais vous avez accepté ces cicatrices comme faisant partie de votre histoire : ces balafres reçues en pleine bataille témoignent de votre résilience et sont la preuve que vous avez déjà eu le cœur brisé et que vous en êtes ressortie plus forte, plus sage et plus capable d'amour que jamais. Elles représentent votre développement personnel et constituent des facettes nouvelles et intéressantes de votre moi authentique.

Ne devenez pas obsédée par l'idée d'être la personne la plus « guérie » du coin avant d'avoir à nouveau des rencards. Assurez-vous seulement que vous ne retournez pas dans la fosse le cœur habité par un mélange de peur, de désespoir et d'évitement, et tout ira bien. Mieux que bien, d'ailleurs : vous allez tout déchirer !

Une fois que vous êtes prête, les possibilités sont infinies. Demandez à vos potes de vous arranger des coups. Réinstallez vos applis de rencontre. Traînez au bar du coin. Visitez un club libertin ! Faites ce que vous voulez, quoi ! L'important est de rester cohérente avec ce que vous voulez vraiment ou la façon dont vous voulez le découvrir. Vous n'avez pas besoin d'avoir réponse à tout, mais ça aide d'avoir au moins quelques idées. Et ça aide encore plus si vous pouvez être souple et adaptable au moment où vous commencez à rencontrer de nouvelles personnes. N'hésitez pas à revenir en arrière et à relire les chapitres pertinents pour pouvoir puiser dans votre grosse énergie amoureuse.

Récapitulons : amendez et révisez vos listes en vous fondant sur votre expérience la plus récente. Faites preuve d'indulgence à votre égard ainsi qu'à celui des nouvelles personnes que vous rencontrez. Allez-y doucement, et laissez les choses se faire naturellement. Soyez franche à propos de ce que vous cherchez. Prenez le risque d'être vulnérable avec quelqu'un qui semble potentiellement vous correspondre. Demandez-vous comment vous pouvez guérir, grandir et évoluer dans une relation de façon à être plus ouverte à l'intimité.

Que vous soyez seule, au tout début d'une relation ou sérieusement maquée, restez toujours fidèle à vous-même, et respectez vos besoins, vos valeurs et vos désirs. Au bout du compte, il ne s'agit pas, en vérité, de trouver un partenaire parfait. Pour la simple raison que ça n'existe pas. En revanche, il existe un individu authentique, complet et épanoui que vous méritez d'être, et un grand nombre de super partenaires potentiels qui aspirent à la même chose.

Rappelez-vous toujours, l'amour est un *ajout* de ouf à la vie. Ce n'est pas le seul facteur capable de déterminer votre bonheur. Vous êtes plus que suffisante à ce dernier à cet instant précis.

Certes, ce livre est un ouvrage à propos des relations. Mais, et ce n'est pas non plus un retournement de situation de dingue, c'est surtout un livre à propos de VOUS. Quand vous chercherez activement à apprendre des choses sur vous-même et sur ce dont vous avez besoin, vous **trouverez** des connexions authentiques, soutenantes et guérissantes – quand bien même ce serait avec vous-même.

Aux mariages, la table des célibataires est de loin la plus fun de toutes

Pour citer plus ou moins Miley Cyrus, vous pouvez vous acheter des fleurs. Écrire votre prénom dans le sable. Danser. Tenir votre propre main.

Décider d'être seul·e, maintenant et pour toujours, est un choix de plus en plus populaire. Et il était temps (pour citer Lizzo cette fois), parce que, sérieux, QUI A LE TEMPS POUR ÇA ? Concentrer votre énergie à votre carrière, vos amitiés, votre santé mentale et physique ou un projet créatif est tout aussi valide que l'investir dans la quête d'une relation amoureuse. Donc, s'il vous plaît, faites tout ce que vous pouvez pour vous assurer que vous travaillez à construire la vie que vous désirez *vous-même*. Et non celle que, selon la société, vous *devriez* désirer.

Être célibataire est super cool, et il n'y a jamais eu de meilleur moment pour l'être. Des recherches ont clairement démontré que les personnes célibataires possédaient un sens plus aigu de l'autodétermination et avaient plus de probabilités de connaître un développement et une croissance continus. Elles ont la chance de pouvoir consacrer du temps à leur propre amélioration, d'apprendre de nouvelles compétences et de commencer à se connaître vraiment sans être influencées par un partenaire amoureux. Quel bol.

En 2015, une étude publiée dans le *Journal of Social and Personal Relationships* a découvert que les célibataires avaient une plus grande probabilité de maintenir des relations avec leurs ami·e·s, leurs frères et sœurs, leurs parents, leurs voisins et leurs collègues que les personnes mariées. Qu'est-ce que cela signifie ? Au moins qu'être dans une relation amoureuse n'est pas la seule manière de favoriser un solide système de soutien et une participation active à une communauté.

Ne pas avoir à penser à son ou sa partenaire quand l'on prend les petites ou les grandes décisions dans la vie ? Mais c'est LE RÊVE. Vous voulez mater compulsivement *Charmed* pour la sixième fois ? Eh bien personne ne vous dira que oui, mais ce soir, il y a match. Le BONHEUR, franchement. Vous voulez apprendre à piloter une montgolfière et avez prévu d'y consacrer les dix prochains week-ends ? Personne ne va vous dire que ça l'inquiète et que vous vous rappelez la fois où vous aviez attrapé froid au camping, alors vous imaginez, tout là-haut… Rien du tout, silence radio. L'EXTASE.

Notre satisfaction générale dans la vie peut crever le plafond quand on n'est pas en permanence en train de chercher des compromis avec quelqu'un d'autre ou de devoir réfléchir à l'impact qu'auront nos décisions sur iel.

Et sans offense pour les personnes en couple, que je respecte de tout mon cœur, mais franchement, le choix volontaire du célibat, ça, c'est vraiment punk.

Tout arrive en même temps

Je terminerai par ça : encore une fois, ce n'est pas parce qu'une relation est terminée que vous avez perdu votre temps ou que vous n'en avez rien retiré. Vous avez lu mon livre, ou pas ?

Avec chaque relation, vous voyez un peu plus clairement ce qui fonctionne et ce qui ne fonctionne pas. Vous êtes plus consciente de la manière dont vous apparaissez. Vous avez une meilleure idée de vos valeurs et de vos besoins. Vous en savez davantage sur les compromis que vous êtes prête à faire et ceux qui relèvent de la science-fiction. Réussie ou non, chaque relation est un miroir qui reflète nos forces, nos faiblesses et certains motifs récurrents, qui nous offre la possibilité de grandir, d'apprendre et d'évoluer. Oui, les deuils amoureux sont pénibles. J'aimerais qu'il y ait un raccourci. Allez, au boulot la science ! Mais en attendant, vous pouvez utiliser ces expériences pour cultiver des relations plus saines et plus épanouissantes dans le futur.

J'ai été avec Kate (ma coautrice) pendant quasiment toute ma trentaine. Ce furent mes plus belles années. Je plaisante. Chaque nouvelle année est ma meilleure année ! Nous avons été mariés sept de ces années-là. J'ai ressenti tellement d'excitation et de soulagement quand je l'ai rencontrée. Elle est drôle, équilibrée, intelligente et sexy en diable. Nous partageons des intérêts et des valeurs similaires et avons suffisamment les mêmes goûts en matière de séries. Je pensais et j'espérais que nous resterions mariés toute la vie. Mais au fur et à mesure, nous nous sommes rendu compte que certains de nos besoins essentiels n'étaient pas satisfaits. Des besoins qui n'étaient peut-être pas particulièrement importants au début de la relation, mais qui ont grandi par la suite.

Ce serait tellement pratique si nous pouvions regarder chaque relation dans le rétro et dire : « *Ah, c'est ça que j'ignorais. Je vais veiller à ce que cela n'arrive plus jamais.* » Mais ce n'est malheureusement pas comme ça que les choses fonctionnent.

Nos besoins et nos désirs évoluent avec le temps, et il n'est pas toujours possible de prévoir la trajectoire de cette évolution.

La fin d'une relation n'est pas un échec. Vous n'êtes pas limité à un seul grand amour (Kate ? Partante pour enchaîner sur *Divorcez comme vous êtes* ?)

Oui, un profond sentiment de perte accompagne le fait de reconnaître que notre chemin diverge parfois de celui de notre partenaire. Mais cette reconnaissance s'accompagne également d'une leçon susceptible de nous rendre plus fort·e·s : nous avons tous la capacité d'apprendre, de changer, et de nous adapter. Nous ne sommes pas mentalement ou émotionnellement figé·e·s dans le temps – ouf. Nous sommes des êtres dynamiques et capables d'évoluer.

Donc ouais, chaque nouvelle année est ma meilleure année. Et la meilleure année de Kate. Et la VÔTRE. Parce que chaque année est riche de nouvelles expériences, de nouvelles leçons et de nouvelles occasions de se développer. Chaque année, nous gagnons en clarté sur nos besoins et nos envies aussi bien au niveau relationnel qu'individuel. Nous sommes davantage au contact de notre moi authentique. Et ça, très chère, ce n'est jamais du temps perdu. Jamais.

Et maintenant vient le moment dont je crains l'arrivée depuis des mois. L'ultime salve de questions qui doit clore notre voyage ensemble. Non, je ne pleure pas – c'est VOUS qui pleurez.

Si ces questions vous semblent familières, c'est normal. Et ça veut dire que vous avez été une lectrice attentive (de la part de Kate et de moi : un grand merci, du fond du cœur, de nous avoir lu·e·s). Prenez quelques minutes pour réfléchir aux questions ci-après, puis comparez vos réponses à celles que vous avez faites au début de l'introduction. Je suis prêt à parier mon à-valoir que vos réponses sont désormais plus nuancées, plus adaptées à une relation qui fonctionne sur le long terme, et plus au diapason de votre moi authentique.

Et si vous mettez un peu de temps à trouver la ou le partenaire que vous méritez, rappelez-vous que l'heure NE tourne PAS quand il s'agit d'amour et de bonheur. Dans cette vie, à n'importe quel âge – et, bien évidemment, quand nous quittons le plan des mortels pour retourner dans le monde spirituel (n'oubliez pas de précommander *Décédez comme vous êtes* !) –, notre capacité à nous connecter ne connaît aucune limite.

1. **Comment décririez-vous votre attitude générale envers les rencontres et les relations amoureuses ?**
2. **Qu'est-ce qui s'est bien passé dans vos relations précédentes ?**
3. **Qu'est-ce qui a moins bien marché dans ces relations ?**
4. **Est-ce que vous vous aimez bien quand vous fréquentez quelqu'un ?**
5. **Vous est-il facile ou difficile de rester vous-même lors d'un rencard ?**
6. **Exprimez-vous vos besoins et vos désirs avec assurance ?**
7. **Vous sentez-vous prête pour une relation ?**
8. **Avez-vous correctement fait le deuil de vos relations passées ?**
9. **Quelles sont vos peurs en matière de rencontres amoureuses ?**

10. Qu'appréciez-vous le plus en matière de rencontres amoureuses ?
11. Vous croyez-vous capable de trouver quelqu'un qui vous corresponde ?
12. Qu'est-ce que ce livre vous a apporté ? Quelle est l'idée phare que vous avez retenue ? Qu'est-ce que vous ferez différemment dorénavant ?

Quelques recommandations de livres d'auteurs et d'autrices que j'adore

Aziz Ansari et Eric Klinenberg, *Modern Romance*, trad. de Claire Kreutzberger, Paris, Hauteville, 2017 (2015).

Aaron T. Beck, *Love Is Never Enough: How Couples Can Overcome Misunderstandings, Resolve Conflicts, and Solve Relationship Problems Through Cognitive Therapy*, New York, Harper Perennial, 1989.

Michael Ian Black, *You're Not Doing It Right: Tales of Marriage, Sex, Death, and Other Humiliations*, New York, Gallery Books, 2012.

Shan Boodram, *The Game of Desire: 5 Surprising Secrets to Dating with Dominance – and Getting What You Want*, New York, Dey Street Books, 2019.

Elizabeth Earnshaw, *I Want This to Work: An Inclusive Guide to Navigating the Most Difficult Relationship Issues We Face in the Modern Age*, Louisville, Sounds True Inc., 2021.

Jessica Fern, *Polysecure: Attachment, Trauma and Consensual Nonmonogamy*, Victoria, Thornapple Press, 2020.

Lindsay C. Gibson, *Se construire avec des parents immatures*, trad. de Delphine Billaut, Paris, Leduc, 2021 (2015).

John M. Gottman et Nan Silver, *Les Couples heureux ont leurs secrets : les sept lois d'une union réussie*, trad. de Denyse Beaulieu, Paris, JC Lattès, 2006 (1999).

John Gottman et Nan Silver, *What Makes Love Last?: How to Build Trust and Avoid Betrayal*, New York, Simon and Schuster, 2012.

Harville Hendrix, *Le Couple, mode d'emploi*, trad. de Francine Beauvoir, Paris, Imago, 2022 (2019).

Dre Sue Johnson, *Serre-moi fort. Sept conversations pour une vie entière d'amour*, trad. de Stéphanie Rowley-Perpete, Paris, First, 2014 (2008).

Emily Nagoski, *Je jouis comme je suis : guide pour une sexualité féminine épanouie*, trad. de Marion McGuinness, Paris, Leduc, 2021.

Esther Perel, *L'Intelligence érotique : Faire (re)vivre le désir dans son couple*, trad. de Valérie Moran, Paris, Pocket, 2006.

Terrence Real, *Nous : au-delà de Toi + Moi. Les Secrets pour construire une relation plus aimante*, Paris, Eyrolles, 2023 (2022).

Eve Rodsky, *Fair Play: A Game-Changing Solution for When You Have Too Much to Do (and More Life to Live)*, New York, G.P. Putnam's Sons, 2019.

Marshall Rosenberg, *Les Mots sont des fenêtres (ou bien ce sont des murs). Initiation à la communication non violente*, trad. de Farrah Baut-Carlier, Paris, La Découverte, 2016 (2015).

Stan Tatkin, *Programmés pour l'amour. Comment la compréhension du cerveau et du style d'attachement de votre partenaire peut aider à désamorcer les conflits et à construire une relation solide*, trad. de Nicolas Ducellier, Paris, Les Éditions La Comédie Française, 2023 (2012).

Remerciements

Merci à notre fantastique agente, Adriana Stimola, du Stimola Literary Studio, qui nous a guidé·e·s à travers tout le processus éditorial et a réussi à rendre tout ça un peu marrant.

Merci à nos merveilleuses éditrices, Thea Diklich-Newell, de Voracious, et Jess Duffy, d'Orion Spring : leurs commentaires avisés ont grandement amélioré ce livre. Et merci à Lauren, Jess, Gia, Arik, Ben, Lucy, Emily, Bart et tous les autres qui, à Voracious, ont permis à ce livre d'exister.

Merci à notre ami, Brandon Hrycyk, dont l'illustration de couverture a donné vie à notre vision, ainsi qu'à Jill Hrycyk pour son soutien moral.

Notre chien Josh a sincèrement empiré les choses, mais nous savons à quel point il a envie de voir son nom imprimé (c'est un chien narcissique).

Achevé d'imprimer en Espagne par Liberduplex en août 2024
Pour le compte des Éditions Marabout (Hachette Livre)
58, rue Jean Bleuzen, 92178 Vanves Cedex
Dépôt légal : août 2024
ISBN : 978-2-501-18873-9
7887001 – Ed 01

PAPIER CERTIFIÉ